Helmuth Figdor

Praxis der psychoanalytischen Pädagogik II

AF612971

Folgende Titel sind bisher im Psychosozial-Verlag
in der Reihe »Psychoanalytische Pädagogik« erschienen:

BAND 01 Gerd Biermann: Nelly Wolffheim und die Psychoanalytische Pädagogik. 1997.

BAND 02 Christa Reuther-Dommer, Eckhard Dommer: »Ich will Dir erzählen...«. Geistig behinderte Menschen zwischen Selbst- und Fremdbestimmung. 1997.

BAND 03 Helmuth Figdor: Scheidungskinder – Wege der Hilfe. 1998.

BAND 04 Ch. Büttner, U. Finger-Trescher, H. Grebe, H. Krebs (Hg.): Brücken und Zäune. Interkulturelle Pädagogik zwischen Fremdem und Eigenem. 1998.

BAND 05 W. Datler, H. Figdor, J. Gstach (Hg.): Die Wiederentdeckung der Freude am Kind. 1998.

BAND 06 Susanne Kupper-Heilmann: Getragenwerden und Einflußnehmen. Aus der Praxis des psychoanalytisch orientierten heilpädagogischen Reitens. 1999.

BAND 07 Michael Maas: Leben lernen in Freiheit und Selbstverantwortung. Eine psychoanalytische Interpretation der Alternativschulpädagogik. 1999.

BAND 08 Wilfried Gottschalch: Mit anderem Blick. Grundzüge einer skeptischen Pädagogik. 2000.

BAND 09 Barbara Bräutigam: Der ungelöste Schmerz. Perspektiven und Schwierigkeiten in der therapeutischen Arbeit mit Kindern politisch verfolgter Menschen. 2000.

BAND 10 U. Finger-Trescher, H. Krebs (Hg.): Mißhandlung, Vernachlässigung und sexuelle Gewalt in Erziehungsverhältnissen. 2000.

BAND 11 Astrid Kerl-Wienecke: Nelly Wolffheim – Leben und Werk. 2000.

BAND 12 Roland Kaufhold: Bettelheim, Ekstein, Federn: Impulse für die psychoanalytisch-pädagogische Bewegung. 2001.

BAND 13 M. Muck, H.-G. Trescher (Hg.): Grundlagen der Psychoanalytischen Pädagogik. 2001.

BAND 14 K. Steinhardt, W. Datler, J. Gstach, Johannes (Hg.): Die Bedeutung des Vaters in der frühen Kindheit. 2002.

BAND 15 V. Fröhlich, R. Göppel (Hg.): Was macht die Schule mit den Kindern? – Was machen die Kinder mit der Schule? 2003.

BAND 16 U. Finger-Trescher, H. Krebs (Hg.): Bindungsstörungen und Entwicklungschancen. 2003.

BAND 17 M. Dörr, R. Göppel: Bildung der Gefühle. 2003.

BAND 18 Helmuth Figdor: Kinder aus geschiedenen Ehen: Zwischen Trauma und Hoffnung. 2004.

BAND 19 Kornelia Steinhardt: Psychoanalytisch orientierte Supervision. Auf dem Weg zu einer Profession? 2005.

BAND 20 Fitzgerald Crain: Fürsorglichkeit und Konfrontation. Psychoanalytisches Lehrbuch zur Arbeit mit sozial auffälligen Kindern und Jugendlichen. 2005.

BAND 21 Helmuth Figdor: Praxis der psychoanalytischen Pädagogik I. 2006.

BAND 22 A. Eggert-Schmid Noerr, U. Pforr, H. Voß-Davies: Lernen, Lernstörung und die pädagogische Beziehung. 2006.

Band 23 V. Fröhlich, R. Göppel (Hg.): Bildung als Reflexion über die Lebenszeit. 2006.

REIHE: »PSYCHOANALYTISCHE PÄDAGOGIK« BAND 24
Herausgegeben von Wilfried Datler
und Urte Finger-Trescher

Helmuth Figdor

Praxis der psychoanalytischen Pädagogik II

Vorträge und Aufsätze

Mit einem Vorwort von Hans-Jürgen Wirth

Psychosozial-Verlag

Bibliografische Information Der Deutschen Nationalbibliothek
Die Deutsche Nationalbibliothek verzeichnet diese Publikation in der Deutschen Nationalbibliografie; detaillierte bibliografische Daten sind im Internet über <http://dnb.d-nb.de> abrufbar.

Originalausgabe
© 2007 Psychosozial-Verlag
E-Mail: info@psychosozial-verlag.de
www.psychosozial-verlag.de
Alle Rechte vorbehalten. Kein Teil des Werkes darf in irgendeiner Form (durch Fotografie, Mikrofilm oder andere Verfahren) ohne schriftliche Genehmigung des Verlages reproduziert oder unter Verwendung elektronischer Systeme verarbeitet, vervielfältigt oder verbreitet werden.
Umschlagabbildung: Théâtre D'Amour, um 1620
Umschlaggestaltung nach Entwürfen des Ateliers Warminski, Büdingen.
Printed in Germany
ISBN 978-3-89806-559-7

Inhalt

Vorwort

In der Geschichte der *psychoanalytischen Bewegung* und der *psychoanalytischen Pädagogik* gab es eine Phase, die Anna Freud in ihrer »Sigmund-Freud-Vorlesung« an der *New York Academy of Medicine* 1954 als eine »Periode des Optimismus« bezeichnete. Man glaubte, die neuen psychoanalytischen Einsichten in die unbewusste Genese neurotischer Symptome könnten dazu genutzt werden, Eltern und Pädagogen über die kindliche Psyche aufzuklären, um damit neurotische Fehlentwicklungen abzuwenden. »Die Nutzbarmachung der Psychoanalyse für eine Umwälzung der Erziehungsmethoden war durch die Hoffnung bestimmt, die Bildung von Neurosen zu verhüten«, formulierte Anna Freud (1954, S. 1312) diese Haltung. Man könnte auch von einer »euphorischen Phase« sprechen, denn in dieser Frühzeit der psychoanalytischen Bewegung waren ihre Protagonisten geradezu fasziniert von den revolutionären Entdeckungen über das unbewusste Seelenleben, die von der psychoanalytischen Forschung ans Tageslicht befördert wurden. Sie machten sich daran, unbewusste Konflikte, Symptombildungen und Fehlleistungen überall aufzudecken – bei ihren Patienten, bei ihren Kollegen, teilweise auch bei sich selbst, in sozialen Organisationen und in kulturellen Schöpfungen. Man begeisterte sich für diese neue tiefenpsychologische Sicht des Menschen, die es vermochte, bislang unerklärliches, irrationales Verhalten verstehbar zu machen. Dieses neue Verständnis suggerierte auch die – freilich illusionäre – Überzeugung, man habe die Probleme bereits im Griff, wenn man sie nur im hellen Licht der psychoanalytischen Aufklärung betrachtet.

In dieser Phase des Optimismus – so schreibt Anna Freud – schob man »fast die ganze Schuld an der neurotischen Entwicklung des Kindes auf Handlungen der Eltern«, wie beispielsweise »falsche Schlafordnung, Verbot sexueller Äußerungen, Unterdrückung der Sexualneugier, Kastrationsdrohungen, Missbrauch elterlicher Autorität« usw. »Man hoffte, dass eine Modifizierung dieser elterlichen Haltungen die infantile Angst und folglich die infantilen Neurosen aus der Welt schaffen würde.«

Sehr bald wurden diese optimistischen Erwartungen allerdings enttäuscht. Man musste feststellen, dass die Aufklärung von Eltern und Pädagogen in Sachen

Psychoanalyse nur sehr bedingt präventiv wirkte. Auf die optimistische Phase folgte eine »Periode des Pessimismus«, die von der Erkenntnis regiert wurde, »dass Neurosen nicht durch Umwelteinflüsse, sondern durch eine Vielfalt von unvermeidlichen inneren Faktoren verursacht werden«. Anna Freud nennt als Beispiele: »angeborene Faktoren wie die Bisexualität«, »die Unersättlichkeit der infantilen Triebansprüche, die zu unlustvollen pathogenen Versagungen führen«, »Konflikte der ödipalen Phase mit den begleitenden Inzestphantasien«, die »Reinlichkeitserziehung und die damit verbundenen analen und urethralen Versagungen«, die »Abstillung als der traumatische orale Vorläufer späterer Kastrationsideen« usw. Im Lichte dieser pessimistischen Theorie erscheint der Einfluss von Eltern und Pädagogen eher unbedeutend, da die Konfliktdynamik vollständig von der angeborenen Ambivalenz und dem naturhaft vorgegebenen Kampf zwischen den Strebungen des Es und denen des Über-Ichs bestimmt zu sein scheint.

Aber auch diese einseitig pessimistische Theorie hielt der wissenschaftlichen Diskussion und der pädagogischen und klinischen Erfahrung nicht stand. Weder kann der Einfluss von Eltern, Pädagogen und des sozialen Milieus auf die Persönlichkeitsbildung des Kindes bestritten werden, noch kann man ernsthaft behaupten, die anthropologisch vorgegebenen Entwicklungskrisen, Triebkonflikte und die notwendigen Frustrationserlebnisse hätten keinen Einfluss auf die kindliche Psyche.

Die Kritik am pädagogischen und therapeutischen Optimismus der psychoanalytischen Gründerjahre musste präzisiert werden. Dieser Optimismus griff ja vor allem deshalb zu kurz, weil er das Beharrungsvermögen des Unbewussten, den »Widerstand«, unterschätzte und von rationaler Aufklärung allein schon therapeutische Wirkung erwartete. Der »Denkfehler« der Optimisten bestand darin, dass sie sich an die Eltern wandten wie an rein rational pflichtorientierte Erwachsene, die nur besserer Informationen über die kindliche Psyche und über die Quellen kindlicher Fehlentwicklungen bedürften, um ihr Erziehungsverhalten entsprechend zu korrigieren. Dabei wurde jedoch übersehen, dass Eltern und Pädagogen selbst Menschen sind, die unbewusste Konflikte haben, welche sie veranlassen, entgegen besserer pädagogischer Einsicht ihre Kinder als Mittel zu benutzen, um sich die eigene emotionale Entwicklung zu erleichtern oder um sich vom Druck bisher ungelöster unbewusster Probleme zu entlasten (vgl. Richter 1963).

Die psychoanalytische Pädagogik, die psychoanalytische Sozialarbeit und die psychoanalytische Familientherapie haben auf unterschiedlichen Wegen diese Einsicht formuliert und zum Ausgangspunkt ihrer Konzepte gemacht. Sie betrachten die emotionale Beziehung des Erwachsenen zum Kind als die entscheidende Basis des pädagogischen und therapeutischen Handelns. Wenn es auf dieser Ebene zu neurotischen Verstrickungen zwischen dem Erwachsenen und dem Kind kommt, werden noch so schöne und ausgefeilte pädagogische Konzepte funktionalisiert für das Ausagieren neurotischer Bedürfnisse und damit konterkariert. Und umgekehrt eröffnet die stabile emotionale Beziehung zum Erwachsenen dem Kind die Möglichkeit, unlustvolle Versagungen, Verbote, notwendige Frustrationen – selbst wenn es deren Notwendigkeit nicht einsieht – innerlich zu verkraften und nicht neurotisch, psychosomatisch oder verhaltensgestört zu reagieren.

In gewisser Weise ist der Widerstreit zwischen diesen beiden pädagogischen Haltungen noch immer ein Grundkonflikt, mit dem sich alle Eltern und Erzieher auseinander setzen müssen. Wie ein roter Faden zieht sich die Frage, wie mit diesem Dilemma zwischen der Notwendigkeit zu erzieherischer Einschränkung einerseits und dem Wunsch, der autonomen Entwicklung des Kindes Gestaltungsraum zu geben andererseits, umzugehen ist, durch die Vorträge und Artikel von Helmuth Figdor. Die Besonderheit von Figdors Ansatz besteht darin, dass er sich nicht auf ein entweder – oder zwischen diesen beiden pädagogischen Haltungen einlässt, sondern den Widerspruch auf einer neuen Ebene – gleichsam dialektisch – aufhebt. Die »Lösung« die Helmuth Figdor anbietet, besteht darin, dass sich jedem Erzieher die Aufgabe stellt, sowohl mit seiner eigenen verbliebenen Kindlichkeit in Kontakt zu bleiben, als auch in der Lage zu sein, sich mit dem Kind einfühlend zu identifizieren, auch und gerade dann, wenn einschränkende und das Kind frustrierende Erziehungsmaßnahmen notwendig sind. Figdor empfiehlt, auch in Konfliktsituationen, »die Identifizierung mit den Kindern nicht zu verlieren, um dadurch die Zuneigung zu ihnen aufrecht erhalten zu können«. Aber wir können uns nur in Kinder einfühlen, wenn wir auch mit dem Kind in uns selbst in einem anerkennenden Kontakt stehen. Dies bleibt bei Figdor freilich keine bloße Forderung. Der Text führt den Leser / die Leserin in das kindliche Erleben zurück, sodass sich dieser Kontakt spontan herstellt, und es auf diese Weise auch gelingt, die eigene Kindlichkeit zu akzeptieren, anzuerkennen, zu lieben – die Voraussetzung dafür, dass es uns auch wirklich gelingt, unsere Kinder mit Liebe zu erziehen. In diesem Sinne lässt sich Sigmund Freuds Bemerkung in einem Brief an C. G. Jung vom 06.12.1906 von der Psychoanalyse auf die Pädagogik übertragen: »Es ist dann eigentlich eine Heilung durch Liebe.«

Gießen, im November 2006
Hans-Jürgen Wirth

Einleitung: Was heißt »Psychoanalytisch-pädagogische Praxis«?

Jedes Handeln hat ein *Ziel*. So natürlich auch jedes pädagogische Handeln: Das Kind soll etwas tun oder lassen, es soll etwas lernen, sich an etwas erfreuen, vor Diesem oder Jenem keine Angst mehr haben usw. Vor allem aber haben wir als Erziehende immer eine (mehr oder weniger konkrete) Vorstellung davon im Kopf, wohin sich unser(e) Kind(er) langfristig entwickeln soll(en). Insofern ist und kann Pädagogik keine *wertfreie* Wissenschaft sein: Pädagogische Handlungsziele verändern sich einerseits von Situation zu Situation, andererseits sind besonders die längerfristigen Entwicklungsziele in hohem Maße historisch, kulturell und von der Persönlichkeit der Eltern/Erzieher abhängig.

Neben diesem »normativen« Aspekt beinhaltet jedes Handeln aber auch eine Vorstellung davon, wie ich handeln muss, um mein(e) Ziel(e) zu erreichen, also eine oder mehrere *Theorien.* Geht es um pädagogisches Handeln, so beziehen sich diese Theorien auf die möglichen bzw. wahrscheinlichen Auswirkungen verschiedener Handlungsalternativen auf das Erleben, die Gefühle, das Verhalten und schließlich auf die Gesamtentwicklung des Kindes. Diese Auswirkungen kann ich aber natürlich nur dann abschätzen, wenn ich eine Ahnung davon habe, was in Kindern vorgeht, wenn ich in dieser oder jener Weise mit ihnen umgehe. Mit anderen Worten: Jeder pädagogischen Handlung ist auch eine bestimmte Vorstellung von der *Psychologie des Kindes* eingeschrieben.

Was heißt in diesem Zusammenhang nun *psychoanalytisch-pädagogisches* Handeln? Zunächst nichts anderes als die Anwendung des reichen Wissensschatzes der Psychoanalyse über die menschliche Psyche und die seelische Entwicklung auf die Pädagogik, und zwar auf beide der genannten Bereiche: den normativen und den theoretischen.

Der normative Aspekt der Psychoanalytischen Pädagogik

In einer Hinsicht ist die Psychoanalyse – als *Psychotherapie* – tatsächlich »wertfrei«: Im Gegensatz zu anderen Psychotherapieformen geht es in der Psychoanalyse nie darum, den Patienten in Richtung auf bestimmte Verhaltensweisen zu verändern. Dennoch hat sie natürlich ein Ziel: ihn (wieder) »psychisch gesund« zu machen. Psychische Gesundheit bestand für Sigmund Freud in der Fähigkeit eines Menschen, *arbeiten*, *lieben* und *Glück erleben* zu können. Nichts anderes ist aber auch das oberste Ziel Psychoanalytischer *Pädagogik*. Es wäre eine Anmaßung, als »Experte« quasi objektiv darüber befinden zu wollen, ob es z. B. »besser« wäre, wenn ein Kind Schuster oder Lehrer, Künstler oder Wissenschaftler wird; es steht uns nicht zu, Eltern darin zu beeinflussen, ob sie eher sportliche, kreative oder geistige Talente ihrer Kinder besonders fördern wollen; nicht einmal, was sie ihm erlauben oder welche Grenzen sie ziehen sollen. Aber es ist die Aufgabe der Psychoanalytischen Pädagogik zu warnen, wenn der erzieherische Umgang der Eltern oder Pädagogen mit dem Kind Gefahr läuft, Entwicklungsprozesse zu initiieren, die später einmal in neurotisches Leid münden können, bzw. umgekehrt darüber aufzuklären, welche pädagogischen Maßnahmen die Chance auf künftige psychische Gesundheit erhöhen. (Im ersten Kapitel: *Wie viel Erziehung braucht der Mensch?* werde ich mich ausführlicher mit der Frage beschäftigen, was unter psychischer Gesundheit verstanden werden kann.[1])

Die theoretische Kompetenz der Psychoanalytischen Pädagogik

Die Psychoanalyse wurde von S. Freud um 1900 herum begründet und hat sich über einen Zeitraum von nun schon über hundert Jahren (weiter)entwickelt. Und das heißt: 100 Jahre Erfahrung mit jenen psychischen Vorgängen, die dazu führen können, dass Menschen eines Tages nicht mehr mit sich zurechtkommen, indem sie (als Kinder) etwa unter Stuhlproblemen, Einnässen, Wutanfällen, irrationalen Ängsten, Stottern, Nägelbeißen, Ticks, Allergien, Erbrechen, übermäßiger Schüchternheit, Hyperaktivität u. a. m. leiden, (als ältere Kinder und Jugendliche) mit Lernschwierigkeiten, Disziplinproblemen, Prüfungsängsten, Kopfschmerzen, mangelndem Selbstvertrauen, destruktiven Neigungen oder Depressionen zu kämpfen haben oder später, als Erwachsene, ebenfalls durch Ängste, mangelndes Selbstvertrauen, Gewaltdurchbrüche

1 Eine theoretische Erörterung findet sich in Figdor 2005a.

oder Depressionen, ferner durch sexuelle und Beziehungsprobleme, psychosomatische Beschwerden, Hysterien, innere Zwänge u.a.m. beeinträchtigt sind. Dabei ist es vor allem die Kenntnis der unbewussten Seelenvorgänge, die die Psychoanalyse in die Lage setzt, pädagogische Vorgänge unter psychohygienischen Gesichtspunkten zu beurteilen.[2]

»Innerpsychische Konflikte«

Neben »gesunder psychischer Entwicklung« wird ein weiterer Begriff in meinen Ausführungen immer wieder auftauchen: der Begriff des »inneren« oder »innerpsychischen Konflikts«. Darunter sind jene Konflikte zu verstehen, in welche ein Mensch angesichts gegensätzlicher Bedürfnisse gerät. Klassisches Beispiel ist der so genannte »Ambivalenzkonflikt« zwischen Liebes- und Hassgefühlen gegenüber ein und derselben Person. Andere für Kinder typische innerpsychische Konflikte ergeben sich, wenn ein Kind um die Befriedigung eines beliebigen Bedürfnisses kämpft, die ihm von den Personen, die es liebt und denen es (gleichzeitig) gefallen möchte, vorenthalten wird; der Konflikt zwischen »regressiven« und »progressiven« Strebungen, also z.B. zwischen dem Wunsch, verwöhnt zu werden, aber andererseits schon groß und selbständig sein zu wollen; oder Loyalitätskonflikte, wie sie sich typischerweise bei Scheidungskindern ergeben. Solche innerpsychischen Konflikte beschämen Kinder, machen ihnen Schuldgefühle und Angst – Angst vor Vergeltung, Liebesverlust, Verlassenwerden, aber auch Angst, die geliebten Menschen zu vertreiben, zu verletzen oder zu zerstören, wenn man große Wut gegen sie verspürt. Werden diese Ängste zu groß, führt das dazu, dass Teile des auslösenden Konflikts – Bedürfnisse, Gefühle, Phantasien – ins Unbewusste »verdrängt« werden. Verdrängtes ist aber nicht ein für alle Mal verschwunden, sondern kommt in veränderter Gestalt wieder zum Vorschein, etwa in Form der oben beschriebenen Symptome.

2 Natürlich eröffnen diese bloß skizzenhaften Ausführungen eine Vielzahl theoretischer und wissenschaftstheoretischer Fragen, u.a. zum Wesen »psychischer Gesundheit«, zur Relation von Pädagogik und Psychoanalyse im allgemeinen, im besonderen zur methodischen Frage, wie aus rekonstruktiv gewonnenen Erkenntnissen (Psychoanalyse) überhaupt prospektive Erkenntnisse über künftige Entwicklungen (Pädagogik) gewonnen werden können, ferner zum Zusammenhang von pädagogischer Realität und innerpsychischen Vorgängen, zum Verhältnis von psychoanalytischer zu nicht-psychoanalytischer Pädagogik. Vgl. dazu u.a. Bittner 1986, 1996; Bittner/Ertle 1985; Datler 1993, 1995; Fatke 1985; Figdor 1989a, 1989b, 1990, 1993, 1995, 2005a; Leber 1985; Randolph 1990; Schmid 1990; Trescher 1985, 1993; Winterhager-Schmid 1992.

Nun sind innerpsychische Konflikte nicht verhinderbar, ebenso wie die Vorstellung illusionär wäre, es könne ein Leben ohne Verdrängung (ohne Unbewusstes) geben. Was hingegen sehr wohl im Bereich des Möglichen liegt, ist, das Ausmaß dieser Konflikte zu verringern, das heißt: die Stärke der dabei hervorgerufenen Affekte, vor allem das Ausmaß der Angst zu beschränken. Es gibt in diesem Buch keine Überlegung, die nicht früher oder später darauf Bezug nähme, wie das Kind die betreffende Situation erlebt, und es gibt keine Bezugnahme auf das Erleben des Kindes, ohne in Erwägung zu ziehen, ob sich dadurch, wie ein Kind eine bestimmte Situation erlebt, seine inneren Konflikte zuspitzen oder entspannen können.

Pädagogische Haltungen

Es wird aber in diesem Buch nicht nur um das Erleben der Kinder, sondern auch um jenes der Eltern, bzw. Pädagogen gehen. »Pädagogische Kochrezepte« erwecken zwar den Anschein praktischer Nützlichkeit, tatsächlich helfen sie jedoch wenig. Denn welchen Sinn hätte es, Sie z.B. angesichts einer Auseinandersetzung über das Zubettgehen aufzufordern, »die Ruhe zu bewahren, und Ihr Anliegen dem Kind gegenüber zwar bestimmt, aber stets freundlich zu vertreten«, wenn Sie in der fraglichen Situation vor Ärger fast platzen und sich angesichts der Verzögerungstaktiken ihres Kindes hilflos fühlen? Und was hätte es für einen Sinn, Ihnen vorzuschlagen, dem Sohn oder der Tochter, den/die Sie beim (verbotenen) Naschen ertappt haben, »mit Humor zu begegnen (›Du Gauner, du!‹), anschließend das Verbot in Ruhe zu erklären und zu erneuern und mit dem Kind nach Kompromissen zu suchen«, wenn Sie in Wirklichkeit eine Stinkwut haben, sich hintergangen fühlen, sich kränken oder um ihre Autorität fürchten und sich vielleicht angstvoll ausmalen, wo all das noch hinführen könnte?

Mit anderen Worten: Handlungsratschläge müssen nicht nur zur Situation und zum Kind passen, sondern auch zur Gefühlslage der Eltern bzw. Pädagogen. Zwar wird es schon vorkommen, dass ich Ihnen zu dem einen oder anderen Problem auch einen ganz konkreten Rat gebe. In der Hauptsache geht es mir in diesem Buch jedoch um etwas anderes: Wie wir auf unsere Kinder spontan reagieren, hängt wesentlich von den Gefühlen ab, die sie mit ihrem Verhalten bei uns auslösen. Diese Gefühle aber sind abhängig davon, wie wir das Kind wahrnehmen. (Wenn mir jemand versehentlich auf den Fuß steigt, wird es mir wenig ausmachen. Habe ich hingegen den Eindruck, derjenige hätte es mit Absicht getan, werde ich möglicherweise empört reagieren.) Wie wir unsere Kinder bzw. ihr Verhalten wahrnehmen, ist aber zu einem großen Teil nicht Wissen, sondern Interpretation. Und diese Interpretationen gehen nicht selten an der psychologischen Realität der Kinder, das heißt: an den Gefühlen und Motiven, die sie im Augenblick tatsächlich beherrschen, vorbei. Mein Ziel ist, Ihnen das Erleben der Kinder näher zu bringen, Ihnen verstehen zu helfen, warum sie gerade so sind wie sie sind, so tun wie sie tun. Und dann kann es durchaus geschehen, dass Sie Situationen, mit welchen Sie bislang nicht so gut zurecht kamen, plötzlich anders erleben, das heißt aber, dass sich die Art und Weise, mit welcher Sie auf das Verhalten Ihres Kindes gefühlsmäßig reagieren, verändert. Oder – anders ausgedrückt –, dass Sie ihrem Kind bzw. seinem bislang so problematischen Verhalten mit einer veränderten *Haltung* begegnen. Manchmal genügt eine veränderte Haltung auf Seiten der Erwachsenen, um auch beim Kind eine spontane Veränderung zu initiieren. Zumindest aber erweitert sie Ihre Handlungsmöglichkeiten, weil Sie Dinge ausprobieren können, die Ihnen bislang aus emotionalen Gründen gar nicht offen standen.

In diesem Sinne hoffe ich, das Versprechen des Buchtitels wenigstens in dem einen oder anderen Fall einlösen zu können: bei der schwierigen, aber doch erfüllenden Aufgabe, das Leben mit Kindern zu gestalten, praktisch hilfreich zu sein.

Wien im Mai 2006
Helmuth Figdor

1.
Wie viel Erziehung braucht der Mensch?

Editorische Vorbemerkung:
Im April 2002 feierte die *Familienberatungsstelle der Stadt Fürth* ihr 50-jähriges Bestehen mit einer Festveranstaltung. H. Figdor wurde eingeladen, den Festvortrag zum Thema »Wie viel Erziehung braucht der Mensch?« zu halten. Das Publikum bestand aus Mitarbeiter/innen der Beratungsstelle, Lehrer/innen und Eltern.

Sehr geehrte Damen und Herren!
Liebe Kolleginnen und Kollegen!

I.

Wie viel Erziehung braucht der Mensch? »Sehr schwierig zu beantworten!« meinte ein Freund, seines Zeichens Biologe, murmelt dann etwas vom Anteil des Gehirns am Gesamtgewicht und von milieuabhängigem Wachstum und meint schließlich: »Also ganz grob geschätzt: ca. 200g/kg Lebensgewicht?« Ich sollte mich also doch eher an die pädagogischen Fachleute halten. »Die Frage ist ganz einfach zu beantworten: 100%! Letztlich ist alles eine Sache der Erziehung!« Diese recht klare Auskunft kam von einer Erziehungsberater-Kollegin. Ich fragte noch einen Kollegen (aus derselben Beratungsstelle): »Ich würde sagen: so wenig als möglich!« Eine gewisse Widersprüchlichkeit dieser beiden Experten-Meinungen ist nicht von der Hand zu weisen. Also wandte ich mich an einen wissenschaftlichen Laien und stellte die Frage meiner Nachbarin, einer gebildeten, stets elegant gekleideten, älteren Dame. »Wenn man sich so umschaut: offenbar heutzutage überhaupt keine!« lautete ihre Antwort und sie fügte hinzu: »Leider!«

Sie haben natürlich schon bemerkt, wodurch es zu so unterschiedlichen Ansichten kommen konnte. Offenbar verbindet jede dieser vier Personen mit »Erziehung« ganz Unterschiedliches. Und hier liegt auch wissenschaftlich gesehen die Schwierigkeit, diese Frage zu beantworten: Es müsste zunächst einmal definiert werden, was unter »Erziehung« zu verstehen ist: das Insgesamt aller Umwelteinflüsse? Die Einübung kultureller Konventionen und Rituale? Die Vermittlung von Werthaltungen? (Allein diese letzte Bestimmung eröffnet ein unübersehbares Spektrum von weltanschaulichen Varianten.) Oder die Vermittlung von »Bildung«? Unter Erziehung wurde in der Geschichte der Pädagogik auch der Kampf gegen die (»niedere«) Triebnatur der Menschen verstanden. Oder, im Gegensatz dazu, der Schutz des Kindes vor schädlichen Einflüssen der Kultur, damit das »Gute« der menschlichen Natur sich ungestört entwickeln könne. Usw.

Die letzte Formulierung leitet schon zur nächsten Schwierigkeit über: Das Verb *brauchen* verlangt, semantisch gesehen, immer ein »um zu ...«, also die Bezugnahme auf ein *Ziel*. Also: Wie viel Erziehung braucht der Mensch, um z.B.

- ein harmonisches Zusammenleben in der Familie zu gewährleisten?
- um ein guter Schüler zu werden?

- um ein friedliebender, toleranter Mensch zu werden?
- um sich in einer kapitalistischen Konkurrenzgesellschaft möglichst gut durchsetzen zu können?
- oder um ein kritischer, gesellschaftliche Verhältnisse in Frage stellender Mensch zu werden?

Was wie eine Einleitung begann, ist eigentlich schon der 1. Teil meines heutigen Vortrages: Die Frage »Wie viel Erziehung braucht der Mensch?« scheint allgemein gar nicht beantwortbar zu sein. Zu unterschiedlich sind die Definitionen von »Erziehung«, zu unterschiedlich, ja widersprüchlich die Ziele, um die es dabei geht: Pädagogik ist keine wertfreie Wissenschaft. Alles wissenschaftliche Nachdenken über praktisches Erziehungshandeln setzt normative Positionen voraus, die nicht wissenschaftlich objektivierbar sind, sondern auf *Wertentscheidungen* beruhen. Daraus könnte man konsequenterweise schließen, dass es unsinnig sei, die Frage »Wie viel Erziehung braucht der Mensch?« überhaupt zu stellen.

II.

Nun gehe ich freilich davon aus, das sich die Veranstalter – durchaus keine pädagogischen Laien – bei ihrem Titelvorschlag sehr wohl etwas gedacht haben. Und offenbar hielt auch ich die Frage für interessant, sonst hätte ich mich nicht darauf eingelassen.

Ungeachtet der wissenschaftstheoretischen Berechtigung von Fragen, wie z.B. »Was wird unter ›Erziehung‹ verstanden«, haben wir dennoch wohl alle das Gefühl, dass es sich bei der Frage um das notwendige »Ausmaß« von Erziehung um eine *praktisch* durchaus relevante Frage handelt. Aus meiner Erziehungsberatungstätigkeit, aber auch den Erfahrungen, die ich persönlich im Zusammenleben mit Kindern machte, glaube ich, dass mit der Frage »Wie viel Erziehung braucht der Mensch?« heutzutage zumeist gemeint ist: *Welches Ausmaß an Interventionen braucht das spontan, nach seinen Bedürfnissen und Impulsen sich verhaltende Kind, um sich gut zu entwickeln*? Dabei geht es um zweierlei Arten von Interventionen. Erstens um alle Arten von *Hilfe, Unterstützung* und *Förderung*: Sollen wir dem Baby den Schnuller, der ihm aus dem Mund gefallen ist, wieder geben (woraufhin es sofort wieder still und zufrieden ist) oder ihm den Raum lassen, den Schmerz in Aktivität umzusetzen, die es das verlorene Stück selbst finden lässt? Sollen wir ihm die Schuhbänder, die sich nicht und nicht knüpfen lassen, binden? Sollen wir Auseinandersetzungen mit anderen Kindern schlichten oder es seine eigenen Erfahrungen machen und Strategien finden lassen? Sollen wir das Kind vor dem Erleben von Misserfolgen, z.B. beim Schifahren zu stürzen, eine Zeichnung nicht so hinzukriegen, wie es möchte, bewahren? Sollen wir ihm Kritik oder schlechte Zensuren durch Lehrer ersparen, indem wir die Verantwortung für Üben, Lernen und richtige Hausübungen übernehmen, weil die Kritik demotivierend wirken könnte, oder wäre es für die Lernmotivation wichtig, dass sich das Kind dem Konflikt zwischen seiner Unlust, die Hausübung zu machen und dem Wunsch, von der Lehrerin belobigt zu werden, ausgesetzt erlebt? Und so weiter, bis hin zur Frage, ob man die Tochter oder den Sohn durch Rat oder Tat unterstützt, den Burschen oder das Mädchen, in welches er/sie sich verliebt hat, zu gewinnen oder umgekehrt, auf diese Beziehung besser zu verzichten.

Die zweite Art von Interventionen bezieht sich auf die Aufstellung und Realisierung von *Grenzen*, die seinem spontanen Verhalten entgegengesetzt werden: Sollte man möglichst alle Wünsche der Kinder erfüllen? Sollte man ihren spontanen Impulsen möglichst keine Verbote entgegenstellen? Soll man sie mit Aufforderungen, Geboten möglichst verschonen? Abgesehen von der lebenspraktischen Unmöglichkeit, auf jegliche Grenzen zu verzichten, hört man dann aber auch immer wieder: »Kinder brauchen Grenzen!« Gut, aber (eben) welche bzw. wie viele Grenzen müssen sein? Wo fängt hingegen die schädliche Unterdrückung von Spontaneität, Freude, Kreativität, Lebendigkeit an? Und natürlich ist die Frage nach den Grenzen auch immer mit der Frage »Wie setze ich sie durch, ohne dem Kind in seiner Entwicklung zu schaden?« verknüpft.

Diese Aufzählung dürfte nicht nur jeden Zweifel daran zerstreuen, dass es sich bei der Frage »Wie viel Erziehung braucht der Mensch?« tatsächlich um eine relevante Frage handelt, ich bin geneigt zu postulieren, dass es sich um *die pädagogische Frage schlechthin* handelt. Und nun das nahezu Unglaubliche: Die herkömmliche Erziehungswissenschaft bleibt uns nicht nur eine auch für die Praxis des Erziehens hilfreiche Antwort weitgehend schuldig, sondern stellt diese Frage kaum einmal, drückt sich geradezu um sie herum. Die Theoretiker unter den wissenschaftlichen Pädagogen beschränken sich darauf, vorliegende und mögliche Definitionen von Erziehung und Bildung und die in ihnen enthaltenen Wertentscheidungen herauszuarbeiten und kritisch zu reflektieren, klammern die Frage nach der praktischen Realisierung jedoch aus. Und die so genannten *Empiriker* unter den Erziehungswissenschaftlern? In ihren Schriften scheint es ja durchaus um konkrete Praxis und konkrete Ziele zu gehen, etwa:

Wie bringe ich Babys möglichst effizient dazu, nachts durchzuschlafen? (Durch Ignorieren ihres Weinens!) Ab welchem Alter sind Kinder in der Lage, eine Fremdsprache systematisch zu erlernen? (Sehr früh, schon im Kindergartenalter!) Welchen Anteil hat das häusliche Engagement von Eltern am Lernerfolg der Kinder? (Einen sehr hohen!) Mit welchen Methoden erreiche ich, dass Kinder, die ein Instrument erlernen sollen, auch ordentlich üben? (indem mangelhaftes Üben ebenso wie ungenügende Schulleistungen sanktioniert wird, etwa mit der Drohung des Ausschlusses aus der Musikschule!) u. a. m.

Wie Sie sehen können, geht es bei diesen (empirisch durchaus fundierten) Empfehlungen aber um eine andere Art von »Zielen«. Nicht die langfristige Entwicklung der Heranwachsenden steht zur Debatte, sondern kurzfristige und isolierte Ziele. Nur deshalb ist es auch möglich, mit empirischen Methoden der Beobachtung und experimentellen Arrangements Methoden auf ihre *Effizienz* hin zu prüfen. Aber hängt der Wert dieser effizienten Methoden nicht davon ab, ob die Effekte, die man erzielen will, pädagogisch überhaupt legitim sind? So wie in der theoretischen und systematischen Pädagogik die Praxis, wird von den Empirikern unter den Erziehungswissenschaftlern die *grundsätzliche Reflexion* ihrer Ziele ausgeklammert. Es wird gar nicht danach gefragt,

- ob das auf diese Weise realisierte Durchschlafen des Babys im Hinblick auf die langfristige Entwicklung des Kindes überhaupt ein zu befürwortendes Ziel darstellt: Möglicherweise ist das Durchschlafen nämlich nicht die Folge innerer Ruhe und Ausgeglichenheit, sondern das Ergebnis von Resignation in der frühesten Liebesbeziehung und eine Vorform von Depression;
- ob für die gesunde Verarbeitung der (unvermeidlichen) innerpsychischen Konflikte[1] von Kindergartenkindern nicht andere Aktivitäten wie Symbolspiele oder Psychodrama ausgeweitet werden sollten, während hingegen zusätzlicher Lehrstoff, wie z.B. eine Fremdsprache, unter Umständen zwar keine intellektuelle, aber emotionale Überforderung nach sich ziehen könnte;[2]
- ob das schulische Engagement der Eltern nicht eine zentrale Funktion der familiären Beziehungen gefährdet: das Gefühl von Geborgenheit zu schenken, Trost zu spenden, die Sicherheit, geliebt zu werden, zu vermit-

1 S. *Einleitung* in diesem Band.
2 Vgl. dazu meine Arbeit über die Möglichkeiten psychoanalytischer Pädagogik im Kindergarten: Figdor 2005a.

teln. Möglicherweise ginge es eher darum, das gegenwärtige Unterrichtssystem zu überdenken, als die Eltern zum verlängerten Arm der Lehrer zu machen und die Schule in die Familie hinein auszudehnen;[3]
- ob nicht ein auf Pflichtgefühl aufgebauter Klavier-, Flöten- oder Gitarrenunterricht zwar kurzfristig Erfolge zeitigt, die Entwicklung einer engen emotionalen Beziehung des Kindes zur Musik bzw. zum Musizieren jedoch eher behindert, sodass das aktive Musizieren früher oder später wieder aufgegeben wird;[4] usw.

III.

Diese Unverbundenheit von (hehrer) pädagogischer Theorie und (theoretisch blinden) Methoden, die die universitäre Erziehungswissenschaft allenthalben auszeichnet, kann mit einiger Berechtigung als eine Art pathologischer Zustand der Erziehungswissenschaft charakterisiert werden. Da wir aus dem Bereich der familiären Erziehung ganz gut wissen, dass psychische Probleme der Eltern zu psychischen Problemen der Kinder führen, darf es uns nicht wundern, wenn die »Kinder« der Erziehungswissenschaft – also die praktisch tätigen Pädagogen – mit den Anforderungen ihres Berufsfeldes nicht zurechtkommen. Sollen sie doch in der Praxis schaffen, was der Erziehungswissenschaft nicht einmal theoretisch gelingt: wissenschaftlich fundierte, also auch theoretisch reflektierte Praxis zu leisten.

Sehen wir uns einmal die Probleme, vor die sich praktisch tätige Pädagogen infolge des beschriebenen Theorie-Praxis-Dilemmas gestellt sehen, etwas näher an. In einem Seminar mit fortgeschrittenen Pädagogik-Studenten (Titel: »Familiäre Erziehung«) forderte ich die Teilnehmer/innen auf, sich in die Rolle von Eltern zu versetzen. Das war nicht schwer, da einige von ihnen tatsächlich Kinder hatten, andere wohl irgendwann Kinder haben würden und die meisten nicht nur aus theoretischem Interesse dieses Seminar besuchten, sondern sich auch so etwas wie eine wissenschaftlich fundierte Elternschulung erwarteten.

Wir begannen mit der Frage, *worum es ihnen in der Erziehung ihrer Kinder hauptsächlich ginge*. Jede/r Student/in sollte sich auf die drei ihm/ihr wichtigsten

3 Vgl. dazu Kap. 8: *Schulprobleme oder Problemschule* in diesem Band.

4 Zur pädagogischen Bedeutung des Musizierens vgl. Kap. 9: *Das Unbewusste im Musizieren* in diesem Band.

Aspekte festlegen. Folgende Liste kam dabei zustande (Auszug):

- Die Bedürfnisse der Kinder sollten sich entfalten können
- Förderung der intellektuellen Fähigkeiten
- Impulse und Emotionen dürfen nicht unterdrückt werden
- Das Kind soll ein ausgeglichener und glücklicher Mensch werden
- Die Kinder dazu führen, sich an humanistischen Werten zu orientieren
- Die Kinder in ihren Wünschen und Gedanken ernst nehmen
- Erziehung zu Toleranz, Kooperationsbereitschaft und Gewaltlosigkeit
- Entwicklung von Kreativität
- Förderung des Selbstbewusstseins
- Förderung von Autonomie und Selbständigkeit im Handeln und Denken
- Entwicklung von Kritikfähigkeit und der Fähigkeit, Widerstand zu leisten
- Entwicklung von Leistungsbereitschaft
- Die Kinder sollen sich am Leben erfreuen

Natürlich ist diese Liste das Resultat einer zufällig unter dem Dach einer Universitäts-Lehrveranstaltung zusammengekommenen Studentengruppe. Allerdings wiederholte ich dieses kleine Experiment ein paar Mal in anderen Seminaren und konnte feststellen, dass – von kleineren Varianten abgesehen – sich die Ergebnisse weitgehend deckten. Und es sind eben jene pädagogischen Vorstellungen, die auch vom Großteil der Pädagogen und Eltern geteilt werden, die in den letzten Jahren den Weg in meine Praxis fanden, um sich supervidieren bzw. beraten zu lassen. Und ich nehme an, vielen von Ihnen wird es so ähnlich gehen wie mir: Zwar ist darauf hinzuweisen, dass von einem wissenschaftlich-systematischen Standpunkt aus gesehen, diese Auflistung höchst uneinheitlich ist – die Ziele richten sich einmal auf die Gegenwart, dann wieder auf die Zukunft der Kinder, neben Zielen stehen Methoden, und einige Formulierungen postulieren weniger Methoden als eher Haltungen –, aber grundsätzlich ist gegen diesen Katalog nichts Entscheidendes einzuwenden. (Natürlich gäbe es da noch das eine oder andere, das hinzufügbar wäre. In meiner persönlichen Zielliste wäre unter anderem noch Mut zum Anderssein, Neugier gegenüber Fremden, Musikalität und Eloquenz, Humor, liebendes Sich-Einlassen-Können auf andere Menschen, Lust am Denken und körperliche Gesundheit gestanden. Aber das sind nur individuelle Akzentuierungen von »Toleranz«, »Kreativität«, »Kooperations- und Kritikfähigkeit«; und »so erzogene« Kinder werden aller Voraussicht nach auch die Fähigkeit zum Lieben entwickeln. Und wenn ich die Studentengruppe gefragt hätte, ob man nicht Gesundheit und Humor in die Liste aufnehmen sollte, hätten sie sicher keinen Einspruch erhoben.)

Nun sind Sie, meine Damen und Herren, ebenso wie ich, meine Studenten oder die Pädagogen und Eltern, mit denen ich in meiner Praxis zu tun habe, natürlich nicht repräsentativ für die Gesamtbevölkerung. Bezogen auf Menschen des west- und mitteleuropäischen Kulturraumes, die in urbanem Milieu leben und zumindest der mittleren Bildungsschicht angehören, dürfte diesem Katalog pädagogischer Orientierungen aber doch eine gewisse Repräsentativität eigen sein.

Die erste Konkretisierung der Frage »Wie viel Erziehung braucht der Mensch?« bezog sich, wie Sie sich erinnern, auf das, was wir in diesem Zusammenhang mit »Erziehung« meinen: das Ausmaß an das spontane Tun des Kindes unterstützenden bzw. begrenzenden Interventionen. Nun können wir unsere Leitfrage auch um das »Um zu«, also um die in sie semantisch eingeschriebene(n) Zielvorstellung(en) erweitern: »Wie viel an einerseits unterstützenden und andererseits Grenzen setzenden Interventionen braucht der Heranwachsende, um sich so zu entwickeln, wie wir die Kinder, wenn sie groß sind, gerne hätten: Menschen zu werden, die glücklich, intelligent, tolerant, kreativ usw. sind – ich brauche die ganze Liste jetzt nicht zu wiederholen. Der »Katalog« umfasst aber auch schon Vorstellungen darüber, wie dies zu bewerkstelligen wäre: Gefühle, Gedanken ernst nehmen, nicht unterdrücken, Wertorientierungen vermitteln, etc.

Diese Vorstellungen aber sind noch recht abstrakt und lassen auch die Frage nach dem »Wie viel« offen. Also wollten wir in unserem Seminar den Schritt in die Praxis wagen. Dazu stellten wir uns folgende Situation vor:

Eine Kindergartengruppe. Personen der Handlung: Andrea, 4 Jahre alt (reitet inbrünstig auf dem einzigen Schaukelpferd), Peter, 5 Jahre alt, weitere 23 Kinder (die sich unterschiedlich beschäftigen), Erzieherin (sitzt bei einer Gruppe und hilft beim Basteln), eine Helferin (tut dies und das).

Szene: Peter fordert Andrea auf, ihn auf das Schaukelpferd zu lassen. Andrea schaukelt weiter. Peter beginnt zu schimpfen, Andrea schaukelt weiter. Die Erzieherin wird aufmerksam und schaut zu den beiden. Andrea schaukelt immer noch, aber nicht mehr lange: Bevor die Erzieherin eingreifen kann, hat Peter Andrea einen Stoß gegeben, sodass sie vom Schaukelpferd fällt. Andrea liegt am Boden, heulend, Peter reitet triumphierend gen Westen oder sonstwohin.

Haben Sie das Bild plastisch vor Augen? Gut! Und jetzt kommt die Frage: Was müsste die Erzieherin »pädagogisch richtigerweise« tun?

– Peter die Chance geben, »seine Bedürfnisse zu entfalten«, seine »Impulse und Emotionen nicht unterdrücken«, seine »Fähigkeit, Widerstand zu leisten« fördern, sein »Selbstbewusstsein stärken«? Das würde bedeuten, gar nichts zu tun! Was freilich auf Kosten der Bedürfnisse, Impulse und des Selbstbewusstseins Andreas ginge.

- Beide, Peter und Andrea »zu Toleranz, Gerechtigkeit« auffordern? Angesichts der (entwicklungspsychologisch bedingten) mangelnden Fähigkeit von Vier- bis Fünfjährigen, ihre Impulse zu kontrollieren, käme das aber möglicherweise einer Unterdrückung von Bedürfnissen (hier: schaukeln zu wollen) und von Gefühlen (hier etwa: die Wut Peters über Andreas Ignoranz) gleich.
- Die Kinder im Gespräch eine Kompromisslösung finden lassen (Förderung von »Kooperationsbereitschaft«, »Kreativität«, »Intelligenz«)? Solche Kompromisse können vielleicht einen Teil der Bedürfnisse (Schaukeln) aufnehmen, aber was geschieht mit Peters Ärger, mit Andreas verletztem Stolz und ihrer Wut auf Peter? Für beide ist der andere Schuld, erlebten aber von Seiten der Erzieherin keine Unterstützung. Das geht wiederum auf Kosten des »Selbstbewusstseins«, ja vielleicht ladet sich die Beziehung zur Kindergärtnerin mit einem Teil der unabführbaren Aggressionen auf.

Usw., usw. Schmerzlich führt uns eine simple, ganz alltägliche Szene wie der »Kampf ums Schaukelpferd« vor Augen, wie wenig Orientierungshilfe theoretische Positionen für die pädagogische Praxis zu leisten imstande sind. Oder ist es so, dass die Frage, was in dieser Situation »pädagogisch richtig« wäre, falsch gestellt ist? Dass es darauf gar keine Antwort gibt? Würde das aber nicht heißen, dass (wissenschaftliche) Pädagogik darauf verzichten müsste, überhaupt Praxiskompetenz zu beanspruchen?

IV.

Bevor wir uns dieser deprimierenden Schlussfolgerung anschließen, wollen wir etwas anderes versuchen. Wenden wir uns der Erzieherin von Peter und Andrea zu. Sie hat es ja noch schwerer als unsere Studenten, denn sie hat weder die Zeit, über die »pädagogisch richtige« Intervention nachzudenken, noch hat sie die Freiheit zu sagen: »Ich tue gar nichts, weil ich keine Antwort auf die Frage, was richtigerweise zu tun wäre, finde.« Sie *muss* aktiv werden, also tut sie etwas, und zwar *ganz spontan*. Aus meiner Erfahrung mit Erzieher/innen und Eltern gibt es 3 Interventionsmuster, die in solchen und ähnlichen alltagspädagogischen Situationen besonders häufig zur Anwendung kommen.

Intervention 1: Erklären und Mahnen

Nachdem sich unsere Erzieherin davon überzeugt hat, dass Andrea nichts Ernstliches passiert ist, Andrea Peter der Anwendung roher Gewalt (»Er hat mich gestoßen«) und Peter Andrea der Rücksichtslosigkeit (»Sie schaukelt schon seit 3 Stunden«) angeklagt hat, erklärt sie Peter, dass man Konflikte nicht so (nämlich gewaltsam) lösen dürfe, und er in einem solchen Fall zu ihr kommen solle.

Mit einiger Wahrscheinlichkeit passiert daraufhin Folgendes:

Als Peter jedoch keine Anstalten macht, auf seinen erbeuteten Thron zu verzichten, um mit Andrea einen Kompromiss zu finden, zieht sie Peter von seinem hohen Ross und verbannt ihn an einen der Tische, wo sich andere Kinder mit Zeichnen und Basteln beschäftigen, was nun dieser mit Heulen quittiert. Dass Andrea nach dieser Genugtuung triumphierend wieder das Schaukelpferd besteigen will, kommt ihr allerdings auch nicht ganz gerecht vor, sodass sie dies untersagt, und nun auch Andrea in Peters Heulkonzert einstimmt.

Sieht man von denkbaren Varianten – z. B. eher Andrea als Peter die Hauptschuld zu geben – ab, folgt die Erzieherin einem in der heutigen pädagogischen Praxis häufig anzutreffenden Interventionsmuster: Zunächst versucht sie, den Kindern *zu erklären*, dass sie sich nicht »richtig« verhalten hätten, und greift, als das Erklären »nichts fruchtet« zu einer Sanktion. Gleichzeitig erwartet sie sich, die Kinder mögen aus diesem Konflikt etwas »lernen«, d. h., sich in Zukunft anders verhalten. (Tut dies eines der beiden weiterhin nicht, läuft es Gefahr, in den Augen der Erzieherin demnächst als »verhaltensgestört« wahrgenommen zu werden.)

Intervention 2: Vorwürfe machen

Eine andere, in der Praxis häufig zu beobachtende Strategie verfolgen die von mir so genannten »Vorwurfsmütter«, bzw. »Vorwurfspädagogen«. Ihre Intervention dreht sich um den Satz:

»Wir haben uns doch ausgemacht...!« Im vorliegenden Fall: »...dass nicht gestoßen oder gehaut wird«, bzw. – falls eine solche Regel existieren sollte –: »...dass nicht länger als 5 Minuten geschaukelt wird.«

Typischerweise wird das Interventionsmuster »Vorwurf« von emotionalen

Sanktionen begleitet: Ernster Blick und gerunzelte Stirn signalisieren dem Kind, dass es etwas sehr Schwerwiegendes verbrochen hat; andere Mütter oder Pädagoginnen (tatsächlich findet man diesen Typ weit seltener unter Männern) äußern, dass sie vom Kind »sehr enttäuscht seien« (obwohl sie zumeist weniger enttäuscht als hilflos und wütend sind); oder – die nächste Steigerungsstufe –: »Wenn Du so bist, hab ich dich gar nicht lieb!«

Intervention 3: »Jetzt reicht es!«

Als eher »unpädagogisch« gilt ein drittes, nichtsdestoweniger ebenso häufig praktiziertes Interventionsmuster:
»Aus, Schluss jetzt! Gehaut wird nicht! Es reicht! Du setzt Dich jetzt dort an den Tisch!« (mit mehr oder weniger erhobener Stimme).

Ich denke, sie werden mir zustimmen, wenn ich behaupte, dass es sich dabei um für unsere Zeit typische Verhaltensweisen von Pädagogen und Eltern handelt, wenn es darum geht, mit Kindern um die Einhaltung von Regeln bzw. Grenzen zu kämpfen. Und es würde mich wundern, wenn sich nicht die meisten von Ihnen daran erinnern könnten, auch schon das eine oder andere Mal entsprechend gehandelt zu haben (Ich erinnere mich sehr wohl!).

Was ich zunächst vorhabe, ist, *nicht* die Frage zu stellen, ob eine dieser Interventionen pädagogisch »richtig« ist bzw. die eine mehr als die andere, sondern zu fragen, *aus welchen Gründen Erzieher/innen so handeln, wenn sie handeln*. Als nächstliegende Antwort drängt sich auf: »Aus keinem besonderen Grund, sie handeln eben *spontan*!« Aber Spontaneität ist nicht gleich Zufälligkeit! Ich habe bei einer früheren Gelegenheit[5] versucht zu zeigen, dass jedem noch so spontanen Handeln jeweils bestimmte »Theorien« eingeschrieben sind, auch wenn diese Theorien dem Handelnden im Augenblick nicht bewusst sein sollten: Theorien über das Kind, über die Gründe seines Verhaltens, über die Wirkung meiner Intervention und/oder die Bedeutung für die seelische Entwicklung. Diese *»handlungsleitenden Theorien«* lassen sich unschwer aus der jeweils spontanen Intervention der Pädagogin *schlussfolgern*. In unserem Beispiel lassen sich u.a. folgende Theorien bzw. theoretische Vorstellungen erkennen, die unsere drei fiktiven Erzieherinnen unbewusst leiten:

5 Kap. 10 im 1. Band: *In der Praxis ist alles ganz anders* (Figdor 2006a). Vgl. dazu auch Datler 2003.

(1) Vier- bis Fünfjährige sind fähig, die Befriedigung von Bedürfnissen aufzuschieben, ihre Emotionen, wie z. B. Wut, zu beherrschen, das, was sie bewegt, zu verbalisieren und auf die Entscheidung der Erzieherin zu warten.
(2) Erklärungen setzen Kinder dieses Alters in die Lage, in Zukunft ihren Bedürfnissen nicht mehr freien Lauf zu lassen, sondern sich entsprechend den Vorstellungen der Erzieherin zu verhalten.
(3) Letztere Theorie setzt voraus, dass ein Vier- bis Fünfjähriger im Zustand emotionaler Erregung in der Lage ist, die Erklärungen der Erzieherin aufzunehmen, vernünftig zu verarbeiten, Selbstkritik zu üben und sich vorzunehmen, es das nächste Mal anders zu machen.

Ohne diese drei theoretischen Annahmen wäre nämlich die Intervention unserer ersten (erklärenden und mahnenden) Erzieherin sinnlos. Es sei denn, sie geht davon aus,
(4) dass ein psychisch normal entwickeltes Kind gar nicht so »triebgesteuert« sein dürfte, also ein eher lockeres Verhältnis zu seinen aktuellen Bedürfnissen haben müsste, sodass ihm der Verzicht auf sofortige Befriedigung nicht schwer fällt und es daher auch gar nicht in die Situation gerät, sich besonders zu ärgern.

Ich könnte mir vorstellen, dass unsere Erzieherin jetzt ein wenig verunsichert ist, und – um ihre spontane Reaktion zu rechtfertigen – sich auf eine weitere Annahme beruft:
(5) Selbst wenn es stimmen sollte, dass man Kinder dieses Alters, die etwas sehr gerne wollen oder erregt sind, mit Vernunftgründen nicht zur Einsicht bringen kann, sollte man doch erwarten dürfen, dass sie Regeln und Werte (z. B. Gewaltverzicht) so weit respektieren, dass sie ihre augenblicklichen Impulse im Zaum halten können.

Diese letzte Annahme leitet offenbar auch die zweite (Vorwürfe machende) Erzieherin, sonst würde sie den Kindern die Regelverletzung nicht vorwerfen, und wäre auch nicht so enttäuscht. Bei ihr werden noch zwei weitere theoretische Annahmen sichtbar:
(6) Einem Kind Schuldgefühle zu machen, erleichtert ihm die soziale Anpassung.
(7) Einem Kind Liebesentzug in Aussicht zu stellen, erleichtert ihm die soziale Anpassung.

Um nicht in den Ruf zu kommen, Angst als Erziehungsmittel einzusetzen, mithin nur eine subtile Variante »schwarzer« Pädagogik zu betreiben, müsste sie freilich außerdem behaupten, dass

(8) Schuldgefühle und die Androhung von Liebesentzug Kinder dieses Alters keineswegs ängstigen, vielmehr Selbstreflexion und Einsicht aktivieren und eine gesunde Gewissenbildung fördern.

Noch nicht erwähnt haben wir die dritte Erzieherin. Sie hält sich nicht lange mit Erklärungen und Vorwürfen auf. Ihr Ärger über die Kinder verrät hingegen, dass sie wahrscheinlich von den selben Annahmen wie die erste und/oder zweite Erzieherin ausgeht. Die Bemerkung: »Jetzt reicht es!« lässt uns vermuten, dass sie nur des Erklärens müde ist, etwa im Sinn der Redewendung »Wer nicht hören will, muss fühlen!«

In allen drei Fällen folgt der Erstintervention der Erzieherin, als Andrea und Peter sich nicht einsichtig zeigen, eine Sanktion. Diese hat zwei Seiten: erstens besteht sie in der Verhinderung der Befriedigung (Schaukeln bzw. auf den/die andere/n loszugehen) und zweitens im deutlich gezeigten Ärger der Erzieherin auf das Kind bzw. auf beide Kinder. Somit gilt die »Theorie Nr. 8« nicht nur für die »Vorwurfserzieherin«, sondern für alle drei. Es sei denn, man träfe die zusätzliche Annahme:

(9) Die Beziehung der Kinder zur Kindergarten-Erzieherin ist nicht so eng, dass sie deren Ärger als »Liebesentzug« wahrnehmen oder fürchten würden. Vielmehr lernen die Kinder, dass ihr Verhalten Konsequenzen zeitigt, wodurch sie ein wichtiges Stück sozialer Kompetenz erwerben.

V.

Wahrscheinlich bedarf es gar nicht eingehender entwicklungspsychologischer und psychoanalytischer Kenntnisse um zu erkennen, dass Kinder dieses Alters nicht so »funktionieren«, wie es diesen 9 »Theorien« entspräche:

- Kinder bis zum 3. Lebensjahr sind kaum fähig, auf Bedürfnisse zu verzichten. (Sie lassen sich höchstens ablenken, und auch das nicht immer.)[6] Noch (mindestens) bis ins 6. Lebensjahr fällt ihnen jeder Verzicht immer noch überaus schwer und ist von massiven Unlustgefühlen begleitet.

6 Vgl. dazu das 2. Kap.: *Die ersten drei Jahre* in diesem Band.

Dass die Kinder in solchen Situationen emotional reagieren, das heißt, sich unglücklich fühlen, sich kränken, zornig werden, mitunter sogar verzweifelt sind, ist völlig normal.

- In einer solchen Situation aus dem Konflikt »auszusteigen«, das Geschehen und die eigenen Gefühle einem Dritten (hier: der Erzieherin) gegenüber in Worte zu fassen, ist natürlich illusionär. Übrigens: Im Zustand starker emotionaler Erregung sind selbst die meisten Erwachsenen zu einem solchen Umgang mit eigenen Gefühlen kaum imstande. (Und von jenen, die das zuwegebringen, leiden nicht wenige unter einer neurotischen Aggressionsverdrängung und/oder Konkfliktscheue.)
- Zustände starker emotionaler Erregung schließen Vernunftsregungen wie Einsicht, (selbst)kritische Beurteilungen und Vorsätze aus. Und zwar nicht nur bei Kindern, auch bei uns Erwachsenen.
- Dass das eigene Tun von der Umwelt einer Bewertung unterzogen wird, bemerken Kinder schon sehr früh. Von der Wahrnehmung, ob sich die Mama (der Papa, die Oma...) über mein Verhalten freut oder nicht, bis hin zu dem, was wir im weitesten Sinn als *Gewissen* bezeichnen, ist es freilich ein weiter Weg. Unter normalen Entwicklungsbedingungen dürfen wir die Fähigkeit, das eigene Tun nach verinnerlichten Regeln oder Grundsätzen zu richten – und zwar selbst dann, wenn diese im Gegensatz zu aktuellen oder egoistischen Bedürfnissen und Interessen stehen – nicht vor dem 6. Lebensjahr erwarten. Es mag also durchaus sein, dass Peter, vielleicht auch Andrea sehr wohl *wissen*, dass das, was sie tun, in den Augen der Erzieherin nicht in Ordnung ist; aufgrund dessen jedoch anzunehmen, dass sie im Augenblick eines dringenden Bedürfnisses (schaukeln) oder eines starken Gefühls (Empörung, Zorn) ihr Verhalten nach diesem Wissen (nach Regeln) richten könnten, wäre eine Illusion.
- Es sei denn, die Bedürfnisse und Gefühle werden vom Kind als nicht so besonders dringend empfunden. Der von uns erschlossenen »handlungsleitenden Theorie« Nr. 4 entsprechend, sollte man das von 4- bis 5-jährigen Kindern erwarten dürfen. Mit dieser Erwartung setzt sich jedoch »Theorie« Nr. 4 als auch »Theorie« Nr. 5 jedoch in Gegensatz zu allem, was uns die Psychoanalyse über die emotionale Entwicklung von Kindern lehrt: Ich habe bei einer früheren Gelegenheit[7] zu zeigen versucht, dass das Tun von Kleinkindern in hohem Maß triebgesteuert (»sexuell«) ist, »Triebbedürfnisse« aber mit einem unabdingbaren Drang zur Befriedi-

7 Kap. 4 im 1. Band: *Über die Sexualität der Kinder* (Figdor 2006a).

gung versehen sind. Andreas und Peters Verhalten ist also – entwicklungspsychologisch gesehen – völlig normal. Ja noch mehr: Würden sich Andrea und Peter *von sich aus* tatsächlich so verhalten, wie die Erzieherin(nen) in unserem Beispiel sich das offenbar vorstellen, müssten wir uns ernsthafte Sorgen um ihre gesunde, seelische Entwicklung machen: Große Anpassungsbereitschaft von Kleinkindern (vorzeitiges »Regelbewusstsein« bzw. »Gewissen«) deutet auf eine zu früh einsetzende und zu starke Verdrängung von Gefühlen bzw. Triebbedürfnissen hin. Verdrängungen aber sind stets das Ergebnis von Angst. Zur Verdrängung eines Bedürfnisses oder der starken Gefühle, mit denen es (normalerweise) ausgestattet ist, kommt es dann, wenn die damit verbundene Angst (z.B. vor Strafe und/oder Liebesverlust) die Lust, welche die Befriedigung des Bedürfnisses oder das Ausleben des Gefühls verspricht, überschreitet: Die drohende Aggression der Umwelt wird dann (unbewusst) vom Kind gegen die eigenen Bedürfnisse oder Gefühle gerichtet, und diese – komplett oder zum Teil – ins Unbewusste verbannt. Somit ist nicht auszuschließen, dass ein vorzeitig entwickeltes Regelbewusstsein bzw. Gewissen den Beginn einer neurotischen Persönlichkeitsentwicklung markiert.

- Weil ich Menschen, die ich liebe, nichts Böses antun will, aber auch weil es für jeden Menschen schwer ertragbar ist, ein »Schuldiger« zu sein, gehören Schuldgefühle (Gewissen) zu den wichtigsten Regulatoren unseres Handelns. Das ist in Ordnung, solange ich über mein Handeln die Kontrolle habe, solange ich zwischen gegensätzlichen Handlungsmotiven (z.B. zwischen der Befriedigung eines Bedürfnisses und dem Wunsch, einem anderen zu gefallen) frei entscheiden kann. Wenn ich hingegen ein Kind und als solches meinen Triebbedürfnissen ausgeliefert bin, andererseits aufgrund meiner existentiellen Abhängigkeit fürchten muss, mit meiner Schuld die Liebe des anderen zu verlieren, werden Schuldgefühle zu den mächtigsten »Verdrängern«. Damit aber offenbaren sich auch die »Theorien« 6, 7 und 8 als Illusion.

- »Theorie« 9, wonach »Angst vor Liebesentzug« nicht erlebt würde, wo gar keine Liebe bestand, ist zwar in sich logisch stimmig, widerspricht aber sowohl der Beziehungsrealität in unseren Kindergärten, als auch der derzeitigen Kindergartenpädagogik. Nicht nur, dass (die meisten) Kinder und Erzieherinnen einander zärtlich zugetan sind, wünschen wir uns das ja auch vom Kindergarten: Ich wäre als Vater, Mutter (wohl auch als Erzieherin) ziemlich besorgt, wenn ich annehmen müsste, dass meine Kinder 3, 5 oder 8 Stunden pro Tag mit einem Erwachsenen verbringen, dem sie nicht liebevoll zugeneigt sind und von dem sie umgekehrt nicht eine entsprechende Zuneigung erfahren können.

Halten wir kurz inne. Den Ausgangspunkt bildete die Frage »Wie viel Erziehung braucht der Mensch?« Ich habe dann diese Frage als Frage nach dem *notwendigen Ausmaß von unterstützenden und begrenzenden Interventionen* gegenüber dem spontanen Verhalten der Kinder interpretiert und glaube mit Ihnen darin einig zu sein, dass es sich dabei um eine der drängendsten Fragen des pädagogischen Alltags handelt. Nun bemühe ich Ihre Aufmerksamkeit schon eine gute halbe Stunde lang, ohne eine Antwort gefunden zu haben. Ja, im Gegenteil, es scheint ganz so, als würden die Überlegungen, zu denen ich Sie einlade, die Sachlage nur immer mehr komplizieren: Dort wo sich Pädagogen langfristiger pädagogischer Entwicklungsziele eingedenk sind, klammern sie die Praxis aus (theoretische Erziehungswissenschaft) oder kommen, wenn sie das nicht tun, auf keinen grünen Zweig (die Studenten meines Seminars). Dort, wo jedoch Handlungskonzepte entworfen bzw. tatsächlich praktiziert werden (aufgrund empirischer Untersuchungen oder spontan aus der Situation heraus), scheinen die getroffenen Maßnahmen geradezu eine Gefahr für eine gute, gesunde Entwicklung der Kinder darzustellen. Mithin spreche ich jenen, die nachdenken, ab, zu wissen, was zu tun ist, und jenen, die tagtäglich gezwungen sind, pädagogisch zu handeln, dass sie wissen, was sie tun. Was bleibt da noch, als Ohnmacht zu predigen? Daraus zöge freilich kaum jemand einen nennenswerten Gewinn, zumal das Gefühl von Ohnmacht ohnedies zu den häufigsten emotionalen Problemen gehört, von denen Erzieher/innen, Lehrer/innen und Eltern heutzutage heimgesucht werden.

VI.

Vor etlichen Jahren pflegte das Österreichische Fernsehen Montag abends »künstlerisch anspruchsvolle Filme« zu senden, die sich – von klingenden Regisseur-Namen abgesehen – vor allem durch zwei Eigenschaften von Filmen anderer Wochentage unterschieden: Sie waren (meist) in schwarz/weiß gehalten und gingen (stets) schlecht aus. Da es damals noch kein Kabel- oder Satelliten-Fernsehen gab, erkor ich den Montag zum fernsehfreien Abend: Ich hatte keine Lust auf die Frustration, die es mir brachte, wenn die Protagonisten, mit denen ich mich kraft der filmischen Suggestion identifizierte, in ihren

Hoffnungen scheiterten; wenn Liebende getrennt, sympathische Gauner erwischt oder gar getötet wurden; der ersehnte Erfolg im letzten Augenblick sich doch nicht einstellte; die »Bösen« triumphierten usw. Das Leben ist überreich an traurigen und tragischen Ereignissen (sie bilden sogar die Substanz meines Berufes als Psychoanalytiker), also wünsche ich mir zu meiner Zerstreuung Geschichten, die gut ausgehen, vielleicht auch trösten und Zuversicht schenken.[8]

Die Entscheidung zwischen (erleichternder) Komödie und beschwerender Tragödie[9] fällt üblicherweise im 3. Akt. Nach der Einführung in das Geschehen, die Bekanntschaft mit den Hauptpersonen, mit deren Wünschen, Zielen und Konflikten (1. Akt) kommt es im 2. Akt zur tragischen Zuspitzung oder Verwirrung. So gesehen, befinde ich mich zurzeit mit meinem Vortrag nach dem Schluss des 2. Aktes. Diese Metapher bemühe ich natürlich in erster Linie, um mir auch für den Schlussteil meines Vortrages Ihre Aufmerksamkeit zu sichern: Vielleicht ist die Sache doch nicht so ausweglos, wie sie im Augenblick zu sein scheint? Vielleicht sind wir inzwischen einer Lösung des Theorie-Praxis-Dilemmas der Pädagogik schon recht nahe gekommen? (Auch in so manchem Drama besteht das als »gut« erlebte Ende nicht in der Realisierung der von Anfang an gehegten Erwartungen oder Wünsche, sondern in der ganz plötzlichen Öffnung eines neuen Weges. Denken Sie etwa an »Casablanca«, wenn nach der tragischen Trennung des Liebespaares die Schlussszene: »Louis, ich glaube dies ist der Beginn einer wunderbaren Freundschaft!« den Betrachter – mich zumindest – alles andere als deprimiert zurücklässt ...)

Also, welche »wunderbare Freundschaft« habe ich Ihnen anzubieten? Zunächst meine »Diagnose« des Theorie-Praxis-Problems heutiger, aufgeklärter Pädagogen: Meines Erachtens beruht das beschriebene Dilemma auf einer unseligen Vermischung von *missverstandenen Psychoanalyse-Bausteinen* mit einer (meist uneingestandenen) *behavioristischen Grundhaltung* der meisten

8 Was Kinder betrifft, gehört (neben der Entlastung von inneren Konflikten) Tröstung und das Schenken von Zuversicht zu den wichtigsten Funktionen guter Kinderliteratur und auch der klassischen Volksmärchen: Vgl. Kap. 6 und 7 in diesem Band.

9 Eine Ausnahme bildet die antike Tragödie und die ihr angelehnten Formen der klassischen Tragödie und der (meist ja ebenfalls tragischen) Oper (zur Beziehung von Oper und antiker Tragödie vgl. A. Gier 1998.). Ihre seelische Funktion beschrieben die antiken Philosophen bekanntlich als »Katharsis«, also als eine Art Reinigung von Seele und Geist. Als ich vor etwa einem Jahr einer wunderbaren Aufführung von Massenet's »Werther« in der Wiener Staatsoper beiwohnte, hörte ich meine Sitznachbarin während des 3. Aktes heftigst schluchzen. Nach dem Schlussvorhang (also nach Werthers Tod) wandte sie sich an ihren Begleiter mit den Worten: »Welch ein vergnüglicher Abend!« In Kap. 9 *Das Unbewusste im Musizieren* gehe ich auf Phänomene wie diese ein wenig näher ein.

Pädagogen und Eltern. Mit »behavioristischen Grundhaltung«[10] meine ich hier, dass in der Praxis Pädagogen in ihrem Denken und Handeln meist nur das *äußere Verhalten* der Kinder im Auge haben, hingegen die psychischen Voraussetzungen, die zu einem bestimmten Verhalten führen, vernachlässigen, ebenso die innerpsychischen, nicht sichtbaren Folgen, die von den Interventionen der Pädagogen ausgehen können. Ich werde versuchen, diesen »Befund« an zwei Beispielen zu erläutern.

Beginnen wir bei den psychoanalytischen Missverständnissen. Diese finden wir besonders deutlich bei den Studenten des Seminars, über das ich ihnen erzählt habe, vertreten. Erinnern Sie sich an das zentrale Dilemma der Studierenden:

Wenn wir wollen, dass aus unseren Kindern kreative Menschen werden; Menschen, die ihre Bedürfnisse und Gefühle spüren können; die selbstbewusst ihre Lebensverhältnisse aktiv zu gestalten fähig sind: dann dürfen wir ihre Impulse, Wünsche und Gefühlsäußerungen nicht unterdrücken, denn die Unterdrückung führt zur Verdrängung und die Verdrängung zu neurotischer Anpassung. (Neurotische Anpassung heißt, dass sie zwar äußerlich »zu funktionieren« scheinen, jedoch um den Preis künftiger neurotischer Symptome: Lebensunzufriedenheit, Depression, psychosomatische Leiden, Beziehungsprobleme, sexuelle Störungen, affektive Labilität wie z. B. Wutausbrüche, Selbstwertprobleme, Konfliktscheu, Zwangssymptome, Lern- und Leistungshemmungen, Phobien [irrationale Ängste], Panikattacken u. a. m.)

Wenn wir aber wollen, dass unsere Kinder den Anforderungen der Gesellschaft entsprechen können, etwa jenen der Schule, um dort erfolgreich sein zu können; wenn wir mit ihnen zu Hause in familiärer Harmonie leben wollen, sodass wir (als Eltern) uns an ihnen erfreuen können; wenn wir wollen, dass sie anderen liebenswert, sympathisch erscheinen, sodass sie Freunde gewinnen können; wenn aus ihnen Menschen werden sollen, die sich durch soziale Gesinnung und Toleranz auszeichnen: dann werden wir nicht umhin können, ihren

10 Die behavioristische Psychologie reduziert den Gegenstand wissenschaftlicher psychologischer Forschung auf den Bereich beobachtbaren Verhaltens und beschäftigt sich mit dem Erlernen von Verhaltensweisen (»Lerntheorie«) und den Möglichkeiten der Veränderung von Verhaltensweisen (»Klassische Verhaltenstherapie«). Die hohe Exaktheit der (statistisch quantifizierbaren) Beobachtungen bezahlt diese Richtung der Psychologie mit einer beträchtlichen Einbuße an möglichen Erkenntnissen: Alles, was nicht exakt beobachtbar und messbar ist, muss aus der wissenschaftlichen Forschung ausgeschlossen werden. Darunter aber fällt so ziemlich alles, was für Pädagogen von substantiellem Interesse ist: »Neigungen«, »Bedürfnisse«, »Gefühle«, »innerpsychische Konflikte«, das »Unbewusste«, »Haltungen«, »Persönlichkeit und Persönlichkeitsentwicklung«, »Selbständigkeit« usw.

spontanen Impulsen und Bedürfnissen auch Grenzen zu setzen, ihnen zu erklären, dass es so nicht geht, dass es wünschenswert bis notwendig ist, sich anders zu verhalten als sie selbst es wollen. Und wenn das Gut-Zureden nicht hilft – was leider eher die Regel als die Ausnahme ist – bleibt nur die Alternative, entweder auf die Einhaltung von Grenzen und Regeln immer wieder zu verzichten oder aber ihre Einhaltung mit Hilfe der Androhung bzw. dem Vollzug von Sanktionen durchzusetzen. Dann aber haben wir gerade das getan, was wir gemäß unserem ersten pädagogischen Grundsatz auf keinen Fall wollten: das Kind zu Anpassung zu zwingen.

Diesem scheinbar unauflöslichen Dilemma liegt auf Seiten der Studierenden, vieler Pädagogen (aber auch mancher Psychoanalytiker) eine Art mechanistisches Missverständnis der psychoanalytischen Verdrängungstheorie zugrunde, das sich darin äußert, dass die besondere Art und Weise, wie ein Kind die Versagung eines aktuellen Bedürfnisses *erlebt*, völlig außer Acht gelassen wird, so als ob jede Versagung quasi automatisch zu einer Verdrängung führen müsste. Um zu verdeutlichen, was ich mit »Erleben der Versagung« meine, gehen wir noch einmal zu Peter zurück.

Er wurde gerade von der (ersten) Erzieherin ermahnt, dass man andere nicht mit Gewalt vom Schaukelpferd stoßen dürfe und zu anderen Kindern an einen Tisch verbannt. Wir haben gehört, dass er daraufhin zu heulen anfing. Aber warum heult er? Was geht durch seinen Kopf? Was fühlt er gerade?

Natürlich können wir das aufgrund bloßer Beobachtung nicht wissen. Wenn wir aber versuchen, uns in Peters Lage zu versetzen, werden wir bemerken, dass es eine Reihe ganz unterschiedlicher Möglichkeiten gibt, wie Peter diese Situation erlebt haben könnte bzw. warum er heulte:

(a) »Die anderen schaukeln dauernd, nur ich darf nie, das ist gemein! Wartet nur, das nächste Mal bin ich der erste!«

(b) »Die blöde Andrea, wegen ihr ist die Christine (=Erzieherin) jetzt wieder böse auf mich, ich hasse sie. Wenn sie das nächste Mal vorbeikommt, stell ich ihr ein Bein!«

(c) »Mit den anderen schimpft die Christine nie so. Warum mag sie mich nicht?!«

(d) »Scheiße, verdammt, jetzt ist die Christine schon wieder bös mit mir, dabei wollte ich doch nur schaukeln! Was kann ich tun, dass sie mich wieder mag?«

(e) »Ich hab mir so vorgenommen, brav zu sein und jetzt hab ich es wieder nicht geschafft! Warum muss ich mich immer so ärgern? Warum schaffen das die anderen, dass sie immer gelobt werden?«

(f) »Sie (Christine) mag mich nicht, das hat sie gerade wieder bewiesen! Auch egal, ich mag sie ja auch nicht, das werde ich ihr schon zeigen!«

(g) »Hoffentlich sagt sie nichts meiner Mama beim Abholen. Dann kann ich mir zu Hause wieder das Theater anhören! Und mit dem Besuch im Park, auf den ich mich schon so gefreut hab, ist es wahrscheinlich auch Essig! Scheißleben! Der nächste, der mir in die Quere kommt, kriegt eine!«

(h) »Ich hätte so gern geschaukelt! Ich mag nicht hier sitzen und zeichnen, ich will schaukeln!«

Natürlich kann diese Liste der Befindlichkeiten fortgesetzt werden, auch sind Kombinationen denkbar, oder dass Peter von der einen in die andere wechselt. Das spielt aber im Augenblick gar keine Rolle. Es geht mir – anders als in einer Supervision – auch nicht darum, dass die Erzieherin versuchen sollte, Peters augenblickliches Erleben zu erraten um dann »besser« reagieren zu können: dazu hat sie weder Zeit, noch ist sie dazu in Stimmung. Und würde sie versuchen, mit Peter zu reden, würde sie wahrscheinlich kein Wort aus ihm herausbringen. Nein, mir geht es um etwas ganz anderes: Vier dieser Varianten, wie Peter die Intervention der Erzieherin erleben könnte, gehen tatsächlich in die von den Studenten befürchtete Richtung, nämlich Verdrängungsprozesse zu fördern:

- In der Variante *c)* fürchtet er um die Liebe der Erzieherin. Im Gefolge dieser Angst richtet er seine Wut gegen sich selbst, gegen seinen Ärger, wenn die Dinge nicht so laufen, wie er es gerne hätte. Das aber ist genau die innerpsychische Konfliktsituation, die leicht zu Verdrängung aggressiver Gefühle führen kann und in weiterer Folge zu einer inneren Distanzierung von Wünschen und Bedürfnissen: Je weniger wichtig ihm seine Anliegen sind, desto weniger wird er unangenehm auffallen, desto weniger wird er sich ärgern und desto eher wird er sich die Liebe der Erzieherin erhalten können.
- In den Varianten *e)* und *f)* glaubt er bereits, ihre Liebe verloren zu haben, was ihn an seinem Selbstwert zweifeln lässt (e) bzw. seine Aggressionsbereitschaft erhöht (f), was die Wahrscheinlichkeit künftiger Konflikte natürlich erhöht. Es steht zu bezweifeln, dass Peter diese Außenseiter-Position durchstehen wird. Wenn doch, erwarten ihn schwere Jahre: sich abgelehnt fühlen, immer im Kampf mit den Anforderungen des Kindergartens, später der Schule, was sich möglicherweise auf die gesamte Schulkarriere auswirken kann…

- Auch in Variante *g)* ist die Beziehung zur Erzieherin schwer beeinträchtigt: Sie erscheint als Bedrohung nun auch des häuslichen Friedens, koaliert mit den Eltern, sodass er sich überhaupt nirgendwo angenommen und akzeptiert fühlt.

Im Gegensatz dazu besteht keinerlei Grund, sich über Peters künftige Entwicklung Sorgen zu machen, falls er die geschilderte Konfliktsituation in etwa so erleben sollte, wie ich es in den Varianten *a)*, *b)*, *d)* und *h)* auszudrücken versuchte! Zwar ärgert sich Peter auch hier oder ist sogar wütend, aber aus anderen Gründen: nicht, weil man ihn nicht mag, schlechter behandelt, sondern lediglich weil er nicht schaukeln durfte; und was ihn im Hinblick auf die Erzieherin stört, ist, dass sie jetzt böse ist, was er nicht will, weil er sie mag. Aber er scheint nicht zu fürchten, ihre Zuneigung überhaupt verspielt zu haben. Er sinnt nach Alternativen: das nächste Mal der Erste beim Schaukelpferd zu sein (a), sich an Andrea zu rächen (b), die Erzieherin zu versöhnen (d), um seinen Schaukelwunsch weiter zu kämpfen (h).

Der Hauptunterschied zwischen den beiden Gruppen von Erlebnisweisen besteht darin, dass in den ersten vier (bedenklichen) Fällen Peter die Intervention der Erzieherin *als Symptom einer gefährdeten oder gestörten Beziehung* (»sie mag mich nicht«) erlebt, in den anderen vier (unbedenklichen) Fällen als *bloße Verhinderung eines ganz konkreten Bedürfnisses*: »Ich (als Erzieherin) kann nicht zulassen, dass Du Dein Bedürfnis zu schaukeln befriedigst, indem Du Gewalt anwendest!«

Sie erinnern sich: Ich habe vorher von einem »mechanistischen Missverstehen der psychoanalytischen Theorie der Verdrängung« gesprochen, das darin besteht, anzunehmen, dass die Versagung von Bedürfnissen quasi automatisch zu neurotischen Entwicklungen führe, indem die Kinder beginnen würden, wichtige Bedürfnisse oder Gefühle zu verdrängen. Berücksichtigt man hingegen das konkrete Erleben der Kinder in einer solchen Konfliktsituation, wird uns der Fehler dieser Betrachtungsweise deutlich vor Augen geführt: *Bedürfnis ist natürlich nicht gleich Bedürfnis.* Es scheint Bedürfnisse zu geben, die tatsächlich eine weitestgehende Befriedigung verlangen, unter anderem:

- die wichtigsten Menschen in meinem Leben lieben und mich von ihnen (bedingungslos) geliebt erleben zu können;
- mich anerkannt und respektiert zu fühlen;
- meine eigenen Gefühle spüren und ausdrücken zu können;

- zu erfahren, dass es in Ordnung ist, auf seine Wünsche und Bedürfnisse zu hören und sie befriedigen zu wollen;
- und – gewissermaßen als Resultat – mich selbst mögen zu können.

Ich nenne diese Art von Bedürfnissen *Entwicklungsbedürfnisse.* Von ihnen zu unterscheiden sind die hunderttausenden *Alltagsbedürfnisse*: etwas essen/nicht essen zu wollen, in den Park gehen, etwas Bestimmtes spielen, angreifen, weg- oder hinunterwerfen, nicht in die Schule gehen zu wollen, fernzusehen, Freunde zu treffen statt Hausübungen zu machen, etwas aus Wut kaputtzumachen, nicht ins Bett gehen zu müssen usw., usw. – und natürlich auch: auf das Schaukelpferd hinauf zu wollen bzw. die blöde Andrea hinunterzuschubsen oder sich an ihr zu rächen.

Der herausragende und für die pädagogische Praxis so bedeutsame Unterschied zwischen diesen beiden Arten von Bedürfnissen besteht darin, dass die Befriedigung der Alltagsbedürfnisse eine Sache des Augenblicks ist, während die Befriedigung der so genannten Entwicklungsbedürfnisse sich über längere Zeiträume entscheidet, nicht unmittelbar davon abhängt, ob eine Mutter, ein Vater, eine Erzieherin »Ja« oder »Nein« sagt, etwas erlaubt oder verbietet, hilft oder nicht, sondern *eine Eigenschaft der Beziehung* ist, oder richtiger ausgedrückt: *wie das Kind diese Beziehung erlebt!*

Freilich dürfen wir diese Unterscheidung zwischen Alltags- und Entwicklungsbedürfnissen nicht so interpretieren, dass es gleichgültig wäre, wie oder was wir als Eltern und Pädagogen tun, weil es lediglich darauf ankäme, dass wir die Kinder lieb haben und wertschätzen. Diese Liebe und Wertschätzung muss natürlich bei ihnen »ankommen«. Und diesbezüglich gibt es zwischen Alltags- und Entwicklungsbedürfnissen auch Zusammenhänge. Lassen Sie mich das anhand eines Beispieles aus erwachsenen Liebesbeziehungen verdeutlichen:

Stellen Sie sich vor, Sie befinden sich in einer glücklichen Liebesbeziehung. (Ich wünsche Ihnen von Herzen, dass Sie sich für diese Vorstellung nicht allzu sehr anstrengen müssen!) Stellen Sie sich vor, Sie würden gerne am Wochenende etwas unternehmen, z.B. einen Ausflug machen oder abends ins Kino oder Theater gehen. Ihr Partner/Ihre Partnerin hat aber keine Lust dazu, weil er/sie zu müde ist, lieber faulenzen oder fernsehen möchte oder etwas zu arbeiten hat. Sollte sich nun in dieser Meinungsverschiedenheit Ihr Partner/Ihre Partnerin durchsetzen, werden Sie möglicherweise enttäuscht sein, aber wohl kaum an seiner/ihrer Liebe zu zweifeln beginnen. Dass die Sache so harmlos ausgeht, weder zu einer Beziehungskrise führt noch Sie in Liebeskummer stürzt, hängt allerdings an drei Voraussetzungen:

- Sie müssen erlebt haben, dass sich Ihr Partner/Ihre Partnerin gewöhnlich bemüht, Ihnen Ihre Wünsche zu erfüllen.
- Sie müssen in diesem Gespräch spüren können, das er/sie Ihren Wunsch ernst nimmt und dass es ihm/ihr Leid tut, nein sagen zu müssen bzw. heute so gar keine Lust zu haben.
- Sie müssen sich über die augenblickliche Enttäuschung mit der Aussicht trösten können, dass Ausflug, Kino oder Theater eben bei nächster Gelegenheit stattfinden wird können.

Ist es hingegen so, dass sich solche Zurückweisungen häufen; sollte Ihr Partner/Ihre Partnerin auf Ihren Vorschlag antworten: »Also wirklich nicht! Du hast vielleicht Ideen!« oder noch schlimmer (falls Sie darauf etwas entgegnen sollten): »Würdest Du mich jetzt bitte in Ruhe weiterlesen/fernsehen lassen?!«, wird es Ihnen wohl ziemlich schwer fallen, sich weiterhin ungetrübt geliebt und in dem, was Ihnen wichtig ist, respektiert zu fühlen.

Wir müssen also offenbar unsere *Fragestellung* verändern. Statt zu fragen *wie viel* Erziehung der Mensch braucht, bzw. – in unserer erweiterten Formulierung – *welches Ausmaß* an Interventionen gegenüber dem *bedürfnisgeleiteten* Tun der Kinder notwendig sei, geht es offenbar um eine ganz andere Frage: Was müssen Eltern oder Pädagogen tun, dass ihre Interventionen *die Befriedigung der Entwicklungsbedürfnisse* des Kindes nicht in Frage stellen und zwar unabhängig davon, worum es konkret bei dieser Intervention geht (also auch im Fall von Konflikten um Alltagsbedürfnisse).

Auf den ersten Blick handelt es sich dabei um eine Frage, die – genau genommen – angesichts *jedes einzelnen pädagogischen Aktes* gestellt und beantwortet werden müsste. Damit freilich hätte ich mich nur theoretisch aus der Affäre gezogen, die ganze Verantwortung jedoch (wieder einmal) auf die »Praktiker« abgeschoben. Zudem wäre es eine in der Praxis nicht einlösbare Verantwortung, weil in der pädagogischen Praxis für das kontinuierliche Analysieren des eigenen Handelns ja überhaupt keine Zeit und kein Raum zur Verfügung steht. Ich möchte Ihnen jedoch zeigen, dass sich auf diese veränderte Frage eine sowohl allgemeine als auch praktizierbare Antwort finden lässt. Zuvor muss ich aber noch auf die andere Seite des pädagogischen Theorie-Praxis-Dilemmas eingehen: Ich habe ja von einer »Vermischung von missverstandenen Psychoanalyse-Bausteinen (davon war gerade die Rede) mit einer – meist uneingestandenen – behavioristischen Grundhaltung« gesprochen. Was ist also damit gemeint?

VII.

Diese »behavioristische« Grundhaltung besteht ganz einfach darin, Persönlichkeitseigenschaften und charakteristische Haltungen mit *Verhaltensweisen* gleichzusetzen bzw. zu verwechseln. Beispiele einer solchen Gleichsetzung bzw. Verwechslung, sind etwa folgende (regelmäßig anzutreffenden) Annahmen vieler Pädagogen:

- dass ein Kind, das immer »bitte« und »danke« sagt, ein freundliches Gemüt hätte;
- dass ein Mensch, der immer zurücksteckt und mit anderen teilt, eine soziale Gesinnung hätte;
- dass ein Kind, das nicht auf andere Kinder hinhaut, keine Aggression in sich trüge, usw.

Daraus wird dann »pädagogisch« gefolgert:

- Wenn man ein Kind anhält, immer »bitte« und »danke« zu sagen, wird es ein freundliches Gemüt entwickeln;
- wenn man Kinder konsequent dazu anhält, zurückzustecken und mit anderen zu teilen, wird es eine soziale Gesinnung entwickeln;
- wenn man Kinder soweit bringt, dass sie nicht auf andere hinhauen, werden sie sich zu friedliebenden Menschen entwickeln …

Bzw. umgekehrt: Wenn Kinder *nicht* »bitte« und »danke« sagen, sich egoistisch *verhalten* und ihrem Ärger *Luft machen*, muss befürchtet werden, dass aus ihnen egozentrische, unsoziale und aggressive Menschen werden. Daher meinen viele Eltern und die meisten Pädagogen, dass es ganz wichtig sei, *dass sich schon kleine Kinder so verhalten, wie wir das von Erwachsenen erwarten würden*. Wohlgemerkt, es geht nicht darum, Peter *zu erlauben*, dass er Andrea vom Schaukelpferd stößt: Natürlich muss das die Erzieherin verhindern, sie trägt ja die Verantwortung dafür, dass die Kinder sich/einander nicht wehtun! Das »behavioristische Missverständnis« besteht darin, dass sie die *Erwartung* hat, dass Andrea *von sich aus* bereit sein müsste, Peter auf das Schaukelpferd zu lassen bzw. Peter *von sich aus* fähig und bereit sein müsste, den Konflikt anders als körperlich zu lösen und dass sie das gegenteilige Verhalten der beiden als pädagogisch bedenklich, als im weiten Sinn pathologisch *interpretiert*.

Auf den ersten Blick mag manchem von Ihnen diese Unterscheidung als Haarspalterei erscheinen, sie ist jedoch alles andere als das. Obwohl die Erzieherin in jedem Fall einschreiten muss, ist das praktische Resultat, d.h. die Art und Weise, *wie* sie das tut, ein völlig anderes: erwarte ich nämlich von einem Menschen ein bestimmtes Verhalten, etwa das Einhalten einer Regel, wird es mich enttäuscht, gekränkt oder ärgerlich machen, wenn meine Erwartung nicht eintritt. Als Erzieherin von Andrea oder Peter werde ich ein dementsprechendes Gesicht machen, die Kinder anfahren, Vorwürfe machen und den Kindern noch eine ganze Weile für ihr Verhalten böse sein. Ganz spontan beantworte ich die Intoleranz und Aggression der Kinder mit Gegenaggression. Bewerte ich hingegen die von mir aufgestellten Normen und Regeln zwar als notwendig, im Hinblick auf den Entwicklungsstand und die ganz normalen Interessen und Wünsche der Kinder jedoch eigentlich als Zumutung, als beträchtliche Einschränkung, werde ich – ganz im Gegenteil – *sogar erwarten, dass die Kinder die Regeln nicht einhalten können oder wollen.* Das aber führt bei mir zu einer ganz anderen Gefühlssituation: Ich kann sowohl Andreas als auch Peters Verhalten gut verstehen, ich wünschte, Andrea könnte weiterschaukeln, ich wünschte, ich könnte Peter ein anderes Schaukelpferd bieten, ich spüre, wie schwierig es ist, sich schrecklich zu ärgern, wütend zu sein, den Ärger und die Wut aber nicht ausleben zu können. Die Intoleranz und die Aggression von Andrea und Peter rufen dann spontan (!) ganz andere Gefühle hervor: nicht (Gegen)Aggression, sondern *Verständnis*; die *Zuneigung* zu den Kindern bleibt erhalten; dass ich eingreifen muss, *bedaure* ich; und statt auf die Kinder böse zu sein, verspüre ich das Bedürfnis *zu trösten*, *Ersatzbefriedigung* anzubieten, die Enttäuschung der Kinder *wieder gut zumachen.*

Dadurch verändert sich aber auch die Art und Weise, *wie das Kind die Erzieherin erlebt.* Nichts ändert sich natürlich an der Tatsache, dass Andrea nicht schaukeln kann, solange sie will und Peter seinen Ärger nicht einfach durch Hinhauen loswerden kann. Sonst aber ist alles anders, wobei 3 Aspekte eine besondere Rolle spielen:

- Erstens erlebt das Kind im ersten Fall, also angesichts der tatsächlich aggressiv gestimmten Erzieherin: »Christine (die Erzieherin) ist böse auf mich.« Von da ist es nur ein kleiner Schritt zu: »Sie mag mich nicht«.
- Zweitens stellt sich das Kind die Frage, *warum* es nicht gemocht wird und findet die nahe liegende Antwort: »Weil sie nicht mag, was ich will und tu und fühle.« Das ist aber genau der Gedanke, der aus der Frustration eines Alltagsbedürfnisses – Schaukeln, bzw. Andrea zu strafen – die Frustration eines Entwicklungsbedürfnisses werden lässt, nämlich des Bedürfnisses geliebt zu werden, und zwar so, wie ich bin. Damit verknüpft ist ein Angriff auf das narzisstische Gleichgewicht (Selbstwert), dass ich liebenswert bin.
- Drittens erlebt Peter, aber auch Andrea die Intervention der ärgerlichen, weil in ihren (unangemessenen) Verhaltenserwartungen enttäuschten

> Erzieherin nicht als bloßes »Nein«, sondern als gegen sich gerichtete *Aggression*. Beide Erlebnismomente – nicht geliebt zu werden und sich aggressiv angegriffen zu fühlen – erschüttern die Kinder in ihrer Sicherheit, sich geborgen zu fühlen. Der Verlust dieser Sicherheit nagt an den Grundfesten des Wohlbefindens, indem er existentielle Ängste aktiviert.

Wir sehen, dass Peter und Andrea durch die aggressive Stimmung der Erzieherin und die daraus resultierende emotionale Färbung ihrer verbietenden Intervention in eine Gefühlslage geraten sind, in der es überhaupt nicht mehr um das Schaukeln oder den Ärger Peters auf Andrea, also um die »Alltagsbedürfnisse« geht. Aus den Vier- und Fünfjährigen, die etwas Verbotenes wollten, wurden (was die Gefühlslage betrifft) Zwei- bis Dreijährige, die sich ihrer schützenden Beziehung beraubt sehen. *Angst* aber gebietet allemal, bei Kindern wie bei Erwachsenen, die (bedrohliche) Situation augenblicklich zu verändern: passiv, indem man so lange verzweifelt schreit, bis die »gute Mama, die mich verlassen hat« wiederkehrt (also die Erzieherin wieder lieb wird); oder aktiv, indem man gegen den Aggressor, die böse Erzieherin, kämpft, bis die gute (die nicht mehr nein,- sondern jasagende) Erzieherin wieder »zurückkehrt«.[11] Führen beide Strategien – natürlich handelt es sich hier um unbewusste Prozesse – nicht zu hinreichendem Erfolg, also zu einem Gefühl sicheren Aufgehobenseins, bleibt nur mehr der dritte Weg: die Wendung gegen die eigene Person. Und das heißt, all das an mir, wovon ich glaube, dass es die unverzichtbare Liebe der wichtigsten Bezugspersonen gefährdet, zu bekämpfen: Wunsch und Leidenschaften; Gefühle, vor allem aggressive; aber auch Gedanken und Phantasien, die mit diesen Regungen verknüpft sind. Was dann von außen betrachtet vielleicht als Beruhigung erscheint, der Erzieherin und den Eltern den Eindruck vermittelt, das Kind sei »zur Vernunft gekommen« bzw. habe sich »sozial weiterentwickelt«, ist leider alles andere als das: nicht das Ergebnis von Entwicklung, sondern Resultat von Verdrängung. Das heißt aber zugleich, dass das Verdrängte – das leidenschaftliche Wünschen und Fordern, die archaische Wut – keineswegs überwunden ist. Vielmehr lauert es im Unbewussten, um früher oder später wieder hervor zu kommen, sei es in Form von abrupten Affektdurchbrüchen, sei es in Form (verschiedenster) neurotischer Symptome.[12]

11 Zu dieser für Kleinkinder typischen »Spaltung« in die »gute« und die »böse« Mama (bzw. Erzieherin) vgl. auch Kap. 2 *Die ersten drei Jahre* in diesem Band.

12 Ein paar der ganz alltäglichen neurotischen Beeinträchtigungen unserer Lebenszufriedenheit habe ich auch in der *Einleitung* erwähnt.

Ganz anders sieht die Sache hingegen aus,

- wenn unsere Erzieherin verstehen kann, wie viel Spaß es Andrea macht, zu schaukeln, aber auch den kleinen Triumpf nachempfinden kann, den es für das Mädchen bedeutet, gegenüber dem älteren Buben die Mächtigere zu sein (vielleicht deshalb, weil sie zu Hause gegenüber dem Bruder meist den kürzeren zieht?[13]);
- wenn die Erzieherin gleichzeitig Peters wachsende Ungeduld und seinen wachsenden Ärger auf Andrea spüren kann, und auch versteht, dass ihm in diesem Augenblick wohl gar keine andere Möglichkeit zu Gebote stand, als Andrea gewaltsam »vom hohen Ross« zu stürzen;
- und sich daher die Erzieherin im Klaren ist, dass sich ihre Intervention, ihr »Nein«, gegen ganz normale Bedürfnisse, gegen altersgemäße Gefühlsregungen lebendiger und liebenswerter Kinder richtet; dass sie diese Kinder aufgrund ihrer Verantwortung jetzt (leider) ihrer Befriedigung berauben, sie enttäuschen muss und damit die daraus entstehende Aggression der Kinder, wenigstens zum Teil, auf sich zieht.

Während im ersten, eher üblichen Fall die Erzieherin die Kinder, von denen sie sich anderes erwartet hat, als Aggressoren erlebt und sich gegen diese Aggressionen zu verteidigen sucht, bleibt diese Erzieherin sowohl mit den Wünschen als auch den Aggressionen der Kinder *identifiziert*, und zwar gleich in dreifacher Hinsicht: Mit Andrea gegen Peter, mit Peter gegen Andrea und schließlich mit beiden *gegen sich selbst*. In diesem Identifiziert sein mit den Kindern – gegen die ordnungsstiftenden Interventionen, zu denen ich als Erzieherin gezwungen bin – nehme ich eine Haltung an, die sich auch so ausdrücken ließe: »Ich verstehe, dass du (dies oder jenes) willst/fühlst/getan hast, aber leider kann ich es nicht zulassen; klar, dass du jetzt auf mich böse bist, schließlich erwartest Du legitimer Weise, von mir Freundlichkeit, Loyalität, Unterstützung und nicht Zurückweisung zu erhalten.« Denkt man als Erzieher einen solchen Satz, folgt ganz automatisch die Frage: »Was könnte ich tun, damit es euch wieder gut geht? Wie ließe sich Ärger und Frust abreagieren (ohne dass es zu neuerlichen Konflikten mit mir kommt)?[14] Was könnte euch ersatzweise Freude machen?« Mit anderen Worten: An die Stelle des (spontanen) Bedürfnisses der (ersten) Erzieherin, eine (weitere) Sanktion zu setzen, tritt nun ein (ebenso spontanes) Bedürfnis nach Unterstützung, Trost und Wiedergutmachung.

13 Das wäre ein Beispiel für den unbewussten Prozess der *Übertragung* primärer Beziehungserfahrungen (in der Familie) auf eine andere Beziehungssituation.

14 Vgl. dazu Figdor 2005a.

VIII.

Ich nenne diese Haltung, auch in Konfliktsituationen wie der mit Andrea und Peter die Identifizierung mit den Kindern nicht zu verlieren und dadurch die Zuneigung zu den Kindern aufrecht erhalten zu können, *Haltung der verantworteten Schuld.* Von »Schuld« spreche ich, weil – in dieser Haltung – nicht das Kind als Verursacher des Konflikts erlebt wird, sondern ich als Erwachsener dem Kind die Befriedigung eines legitimen und altersgemäßen Bedürfnisses bzw. das Ausleben eines normalen und natürlichen Gefühls untersage. Dabei spielt es überhaupt keine Rolle, warum ich das tue – etwa, weil ich ein anderes Kind schützen muss; auf die Einhaltung von Regeln achten muss, ohne die ein Zusammenleben nicht möglich wäre; weil ich mich nach Vorschriften richten muss; weil ich aus gesundheitlichen Gründen oder pädagogischen Erwägungen (Paradebeispiel: Fernsehen) nein sage; oder schlicht deshalb, weil ich gerade nicht will und mich für die Befriedigung eines eigenen Bedürfnisses (z.B. in Ruhe zu lesen, statt mit dem Kind zu spielen) entscheide: In allen Fällen *bin ich schuld an der Frustration des Kindes*, mute ihm zu, sich damit abzufinden, dass der Mensch, den es liebt und von dem es sich geliebt fühlen will, ihm einen (im Augenblick großen) Wunsch nicht erfüllt, sondern verweigert, ihm in der Auseinandersetzung mit einem anderen nicht hilft, sondern augenscheinlich sogar auf dessen Seite steht.

Und was heißt »verantwortete« Schuld? Damit meine ich, dass ich als Erzieherin, Vater oder Mutter diese Schuld, die Kinder in ihren Alltagsbedürfnissen frustrieren zu müssen, durchaus verantworten kann, weil diese Frustrationen zwar in hohem Maße unlustvoll sind, jedoch die gesunde Entwicklung des Kindes nicht gefährden, solange – und das ist die Bedingung, dass ich die Grenzen, die ich setze, auch *verantworten* kann – solange ich dafür Sorge trage, die Befriedigung der *Entwicklungs*bedürfnisse des Kindes nicht zu gefährden: sich geliebt und geborgen, in seinen Wünschen und Meinungen respektiert zu fühlen, mit sich zufrieden zu sein usw. Manchmal ist es ja sogar die Sorge um die Befriedigung der Entwicklungsbedürfnisse, die von uns verlangt, dem Kind die Erfüllung von Alltagsbedürfnissen zu verweigern: indem die Erzieherin Peter hindert, auf andere Kinder hinzuhauen, verhindert sie zugleich, dass Peter zum Außenseiter der Gruppe wird; indem ich das Fernsehen beschränke, fördere ich das aktive Spielen und damit die Phantasieentwicklung des Kindes; indem ich mir die Freiheit nehme, auch meinen eigenen Wünschen im Zusammenleben mit den Kindern ein Recht auf Befriedigung einzuräumen, verringere ich die Gefahr, mich zu überfordern, gereizt und unzufrieden zu werden bzw. erhöhe ich die Chance, dass mein Kind erleben kann, dass mir das Zusammenleben mit ihm Freude macht.

Das pädagogisch Bedeutsame an dieser Haltung ist die *Gleichzeitigkeit* des Wissens um die eigene Schuld (an der aktuellen Enttäuschung des Kindes) und des Wissens darum, diese Enttäuschung gegenüber dem Kind verantworten zu können. Es gibt viele Pädagogen und Eltern, die sich angesichts der Grenzen, die sie setzen, schuldig fühlen. Aber ihre Schuld mündet nicht in ein *Bedauern*, sondern in *schlechtem Gewissen*: sie fühlen sich als schlechte Pädagogen oder Eltern. Und es gibt auf der anderen Seite viele Pädagogen, die die Grenzen, die sie setzen, vor sich und den Kindern sehr wohl verantworten, aber sie sind dabei *nicht mit den Kindern identifiziert* und vernachlässigen die Frustration, die sie ihren Kindern antun, oder richtiger: *sie spüren sie nicht.*

Beide Haltungen sind einseitig und für die Entwicklung der Kinder nicht unbedenklich. Eltern mit schlechtem Gewissen neigen dazu, die Grenzen so weit zu ziehen, dass sie permanent überfordert sind. Die Kinder solcher Eltern genießen mitunter ein enormes Maß an Freiheit, ihre Alltagsbedürfnisse zu befriedigen, während die für die Entwicklung so wichtige liebevolle Atmosphäre zwischen Erwachsenen und Kindern sukzessive verloren geht. (Denken Sie an den von mir vorher herangezogenen Vergleich: Sie wollen am Samstag Abend etwas unternehmen, ihr/e Partner/in jedoch bliebe lieber zu Hause. Was haben Sie von diesem Abend, wenn er/sie widerwillig nachgibt, aber den ganzen Abend durch seine schlechte Laune deutlich zu verstehen gibt, sich [mit Ihnen!] nicht wohl zu fühlen.) Und wenn es dann doch ein »Nein« setzt, dann erfolgt es zwangsläufig in einem Zustand der Gereiztheit, der jenes Identifiziert-Bleiben mit dem Kind unmöglich macht. Wenn andererseits Pädagogen oder Eltern nur mit ihren Grenzen (*gegen* das Kind) identifiziert sind, etwa in dem Sinn »Es ist nur zu deinem Wohl!« – die Interventionen unserer drei fiktiven Erzieherinnen wären dafür ein Beispiel – besteht nicht nur die Gefahr, dass das Nein durch die Abwesenheit des Bedauerns vom Kind aggressiv erlebt wird. Darüber hinaus kann es leicht passieren, dass uns das Gefühl abhanden kommt, an welchem Punkt die Frustration von Alltagsbedürfnissen in die Frustration von Entwicklungsbedürfnissen »umschlägt«. Das passiert nämlich nicht alleine dann, wenn uns das Kind aggressiv statt bedauernd-zugeneigt erlebt, sondern auch dann, wenn es zu dem Eindruck gelangt: »*Nie* darf ich…« oder »Er/sie hilft *nie* zu mir«.

IX.

Die Haltung der verantworteten Schuld ist Teil einer umfassenderen Haltung, bei welcher es nicht mehr nur um die Identifizierung mit dem Kind in einer bestimmten Situation geht, sondern um die Art und Weise, wie ich meinem Kind grundsätzlich begegne, bzw. wie ich meine Rolle ihm gegenüber definiere. Sie lässt sich am besten durch folgende Aufforderung, die ich an alle Eltern bzw. Erzieher richten möchte, definieren:

»Denkt im Zusammenleben mit Euren Kindern nicht immer daran, die Kinder erziehen zu sollen! Denn dieses Selbstverständnis, primär Erziehender zu sein, kann leicht dazu führen, dass man den Lebensäußerungen des Kindes vorwiegend wertend begegnet (gut/schlecht, normal/gestört, reif/unreif, überdurchschnittlich/unterdurchschnittlich usw.) und sich demnach ununterbrochen bemüßigt fühlt, das Kind formen zu wollen. Das führt zwangsläufig dazu, dass das, was das Kind zurzeit ausmacht, nie genug ist, seinen Wert nicht in sich trägt, sondern immer nur im Hinblick auf etwas, das es erst zu erreichen gilt, also (als mehr oder weniger defizitär) bewertet wird. Versucht statt dessen, die Kinder in dem, was sie jetzt sind, fühlen und wünschen, zu verstehen und seid neugierig auf jedes neue Stück Persönlichkeit, das sich da entwickelt!«

Um zu verdeutlichen, wie ich das meine, möchte ich Sie noch einmal auffordern, sich Ihr eigenes Erleben vor Augen zu führen. Stellen Sie sich einen Partner vor, der Sie dauernd nur bewertet, ermahnt und etwas an Ihnen verändern möchte. Die Botschaft, die bei Ihnen ankommt, kann gar keine andere sein als: »Er wünscht sich eine andere Frau« bzw. »Sie wünscht sich einen anderen Mann.« Dagegen wird sich das Gefühl »Er/Sie liebt mich wirklich« wohl eher in Grenzen halten. Aber das ist noch nicht alles: Als erwachsene/r, selbstbewusste/r Frau/Mann werden Sie sich das nicht bieten lassen, werden dem Ansinnen ein/e andere/r werden zu sollen, Widerstand entgegensetzen bzw. darauf bestehen, selbst zu entscheiden, was Sie an sich verändern, in welche Richtung Sie sich entwickeln wollen. Ihr Partner, Ihre Partnerin wird sich damit abfinden müssen, mit Ihnen und nicht mit einem Wunschbild zu leben, oder es wird dazu kommen, dass sich Ihre Wege trennen. Nun stellen Sie sich aber vor, Sie hätten dieses Selbstbewusstsein nicht, stellen Sie sich vor, Sie wären abhängig, und zwar nicht nur existentiell, sondern auch emotional, weil die Ansichten des anderen für Sie allgemeine Gültigkeit haben, sie an deren Angemessenheit nicht zweifeln. Sie mögen dann zwar unzufrieden, ärgerlich sein, Konflikte vom Zaun brechen, aber tief im Inneren sind Sie überzeugt davon, dass er/sie recht hat. Was zwangsläufig dazu führt, dass Sie sich nicht nur von Ihrer Partnerin, Ihrem Partner nicht geliebt fühlen, sondern sich selbst nicht lieben, Ihren Widerstand, Ihre Aggression letztlich gegen sich selbst richten.

Die Haltung der verantworteten Schuld und die ihr eng verwandte *Neugier auf das sich entwickelnde Kind* haben etwas von einer »Pädagogik-kritischen Pädagogik« an sich: Ich möchte Eltern und Pädagogen auffordern, sich nicht immer nur als »Erzieher« zu definieren, also nicht immer bewerten, beeinflussen oder verändern zu wollen, sondern davon auszugehen, in jedem Kind eine Persönlichkeit vor sich zu haben, die es *zu entdecken* und *zu akzeptieren* gilt. (Eine Persönlichkeit *akzeptieren*, heißt ja nicht, alles *zu tun*, was er/sie will; davon war ja schon ausführlich die Rede!) Diese Persönlichkeit verändert und entwickelt sich zwar, aber lässt sich *nicht formen*: Sie formt sich selbst – unter dem *Einfluss* der Eltern/Erzieher, *aber nicht nach ihrem Willen.*

Anders ausgedrückt könne man sagen: Der Psychoanalytischen Pädagogik geht es darum

- das Kind, wie es ist, zu verstehen, indem ich versuche, mich in seine Welt einzufühlen (was gar nicht so schwer ist, weil sich diese von unserer eigenen Gefühlswelt gar nicht so sehr unterscheidet);
- das Kind daher auch akzeptieren und lieben zu können – und zwar unabhängig davon, ob wir das, was es *tun* will, zulassen können, ob es gerade »lieb und brav« ist oder sich weinerlich, trotzig oder aggressiv gegen uns richtet;
- also der Gestaltung *der Beziehung* das Hauptaugenmerk zu widmen – im Gegensatz zu traditionellen, »behavioristischen« pädagogischen Haltungen, die sich vorzugsweise um das *Verhalten* kümmern und dieses werten zu müssen meinen.

Nun ließe sich freilich einwenden: Beziehungsgestaltung gut und schön. Was aber ist mit Persönlichkeitseigenschaften wie soziale Gesinnung, Toleranz etc., von denen wir früher im Rahmen des Seminars sprachen? Dort haben wir sie doch als durchaus legitim erachtet! Auch wenn es stimmen mag, dass soziales Verhalten kleiner Kinder noch nichts mit sozialer Gesinnung zu tun hat, bleibt nicht die Frage, wie sie sich denn dann entwickeln kann? Die unter »verantworteter Schuld« beschriebene Haltung mag ja geeignet sein, die sich angesichts äußerer, alltäglicher Konflikte zwischen Kindern und Erwachsenen einstellenden inneren, emotionalen Konflikte zu entschärfen, was der künftigen psychischen Gesundheit der Heranwachsenden zuträglich ist. Aber geht diese Entschärfung nicht doch wieder zu Lasten jener anderen i. w. S. »sozialen« Erziehungsziele?

Es fehlt mir hier die Zeit, auf alle in dem Seminar geäußerten Ziele einzugehen und beschränke mich darauf, die Bedenken anhand dessen, was wir als »Toleranz« zu bezeichnen pflegen, zu diskutieren.

Wir haben vorher festgestellt: Tolerantes *Verhalten* ist nicht gleich *Toleranz* (im Sinne einer inneren Haltung, einer Persönlichkeitseigenschaft). Wenn sich ein Kind in einer bestimmten Situation »tolerant« *verhält*, d.h., die Wünsche oder Ansichten eines anderen gelten lässt, kann das nämlich eine ganze Reihe von Gründen haben:

- Das Kind kann aus einer augenblicklichen Liebesanwandlung oder einer besonderen affektiven Stimmung heraus das Bedürfnis haben, *zu geben.* (Gegenüber einer anderen Person oder zehn Minuten später wäre dann von dieser »Toleranz« möglicherweise nichts mehr zu bemerken.)
- Es könnte sich so verhalten, weil es etwas Bestimmtes erreichen will, also um für den Verzicht etwas *zurück zu bekommen.*
- Eine besondere Variante solcher »strategischer Toleranz« steht im Dienst des Bedürfnisses *zu gefallen.*
- Das Bedürfnis zu gefallen hängt ganz häufig mit der *Angst* zusammen, die Liebe wichtiger Personen zu verlieren, wenn ich (als Kind) auf meinen Wünschen und Ansichten beharre. (Dann wäre, was äußerlich als Toleranz erscheint, nur eine über Angst vollzogene Anpassung.)
- Eher früher als später wird aus einer solchen, aus Anpassungsnot zustande gekommenen »Toleranz« ein *neurotisches Symptom*, d.h., es steht dem Kind gar nicht mehr zu Gebote, sich für oder gegen seine eigenen Neigungen zu entscheiden: Es muss (stets) nachgeben.
- Um eine besonders bedenkliche Ausformung »neurotischer Toleranz« handelt es sich, wenn der Heranwachsende überhaupt *aufhört zu wünschen* oder *aufhört, eigene Ansichten zu vertreten.* (Nicht wenige »tolerante« Erwachsene leiden unter diesem Symptom, das sowohl im Hinblick auf das eigene Lebensglück als auch in gesellschaftspolitischer Hinsicht fatale Folgen haben kann.)
- Kinder (Menschen) »tolerieren« Anderes nicht selten aus dem Grund, *Konflikten aus dem Weg zu gehen,* die auszuhalten man sich nicht zutraut. (Diese Art von »Toleranz« ähnelt dem Füttern eines wilden Tieres, dem man nicht deshalb zu Fressen gibt, weil man es mag, also ihm etwas Gutes tun will, sondern um es zu besänftigen, um sich vor ihm zu schützen.)
- Schließlich kann die Offenheit und der Respekt vor den Wünschen bzw. Ansichten eines anderen bloß Ausdruck einer starken Neigung sein, sich mit einer bestimmten Person *zu identifizieren.* (Dass es sich auch dabei nur scheinbar um Toleranz handelt, zeigt sich spätestens dann, wenn die Identifizierung vollzogen ist und die auf diese Weise zu eigen gemachten Wünsche und Ansichten gegenüber dritten Personen radikal und intolerant vertreten werden.)

Woraus besteht dann aber »wahre« Toleranz? Die Erfahrungen, die die Psychoanalyse aus der Arbeit mit erwachsenen Patienten gewonnen hat, gewähren uns einen ganz guten Einblick in Komponenten, aus denen sich eine »tolerante Persönlichkeit« zusammensetzt:

- An erster Stelle ist – in psychoanalytischen Termini ausgedrückt – ein gutes *narzisstisches Gleichgewicht* zu nennen, also das, was wir umgangssprachlich als Selbstwertgefühl, Selbstsicherheit, Selbstbewusstsein bezeichnen würden. Selbstunsichere Menschen brauchen stets Zustimmung und fühlen sich durch abweichende Standpunkte bedroht. Sie neigen dazu, sich ausgenützt zu fühlen, wenn es anderen gut geht, weshalb es ihnen schwer fällt, zugunsten anderer auf Befriedigung zu verzichten.
- Eng mit einem hinreichend guten narzisstischen Gleichgewicht verbunden ist eine Haltung, die man als *vorwiegend libidinöse Grundeinstellung gegenüber der Welt* bezeichnen könnte. Damit meine ich nicht den »naiven Menschenfreund«, der von anderen Menschen immer nur das Beste erwartet: Solche Menschen werden bald enttäuscht, müssen ihre Kränkung entweder verdrängen, um ihr »positives« Menschenbild aufrecht zu erhalten oder sie kippen früher oder später geradezu ins Gegenteil, werden also misstrauisch und ziehen sich zurück. Mit jener »libidinösen Grundeinstellung« meine ich eher ein *Wissen um die Widersprüchlichkeit aller Menschen*, also die Gewissheit, dass es kaum Menschen gibt, die nur gut oder nur böse sind und die man – dementsprechend – nur lieben *oder* nur hassen kann, die *entweder* Freunde, Verbündete *oder* Feinde sind.
- Jene »libidinöse Grundeinstellung« ist wiederum nur die Kehrseite eines relativ *geringen Potenzials an ungebundener Aggression*. Was ist darunter zu verstehen? Im Gegensatz zu alltäglichem »Ärger«, »Zorn«, »Wut«, die sich immer auf einen Anlass zurückführen lassen, bei dem das Individuum eine nachvollziehbare Frustration erlebt hat, ist unter »ungebundener Aggression« eine Art permanent bestehender Aggressionsbereitschaft zu verstehen, die nur auf Gelegenheiten wartet, um sich äußern zu können. Solche Menschen *brauchen* die Feinde, von denen sie sich umgeben fühlen, oder sie müssen sie erfinden, um ihre latent brodelnde Aggression abführen zu können. (Unschwer erkennen Sie hier eine Dynamik, die auch beim Phänomen Fremdenhass oder bei faschistoiden Einstellungen wirksam ist. Auch erkennt man die große Verführung, die von solchen Ideologien für Menschen mit einer solchen Persönlichkeitsstruktur ausgeht.)
- Psychodynamisch aufs engste mit diesen drei Komponenten – narzisstisches Gleichgewicht, libidinöse Grundeinstellung, geringes Potenzial

ungebundener Aggression – ist die vierte Komponente von Toleranz verknüpft: eine relativ *geringe Neigung, sich von anderen Menschen bedroht zu fühlen.* Nur dann ist es mir möglich, mich auf das Andere, das Ungewohnte, das Fremde einzulassen, bzw. dem anderen mit Freundlichkeit und Rücksichtnahme zu begegnen. (»Tolerantes« bzw. »soziales« *Verhalten*, das aus Angst geboren ist, haben wir ja vorher als Unterwerfung und bloß äußere Anpassung entlarvt.)
– Schließlich ist noch eine inzwischen recht gut bekannte Komponente zu nennen, die sich weniger psychoanalytischer Erfahrung als sozialwissenschaftlicher Forschung verdankt: die Abhängigkeit von Toleranz vom *Bildungsstand* eines Individuums.

X.

Ich habe vorher gesagt, es fehle mir die Zeit, auf alle in jenem Seminar mit Studierenden formulierten »sozialen Ziele« einzugehen, weshalb ich mich auf das Ziel der Toleranz beschränken müsse. Aber habe ich in den letzten Minuten wirklich nur von den Komponenten jener Persönlichkeitseigenschaft, die wir »Toleranz« nennen, gesprochen? Im Seminar war neben der Toleranz noch von »Orientierung an humanistischen Werten«, von »Kooperationsbereitschaft«, »Gewaltlosigkeit«, aber auch »Kritikfähigkeit« und der »Fähigkeit, Widerstand zu leisten« die Rede. Aus meiner persönlichen Werte-Sicht habe ich dann noch »Mut zum Anderssein«, »Neugier gegenüber dem Fremden« und »liebendes Sich-Einlassen-Können auf andere Menschen« hinzugefügt. Ohne darauf jetzt näher einzugehen: Spielen nicht die für Toleranz verantwortlichen seelischen Dispositionen auch für diese anderen »sozialen« pädagogischen Zielsetzungen eine entscheidende Rolle? Sind nicht alle diese Ziele bloß Spezifikationen einer allgemeinen psychodynamischen Verfassung?

Wenn das stimmt, hat das für die Gestaltung pädagogischer Praxis bedeutsame Konsequenzen. Betrachten wir nämlich jene angeführten Komponenten »wahrer Toleranz«, wird klar, dass wir die Entwicklung von Heranwachsenden in Richtung auf soziale, humanistisch eingestellte, kritikfähige usw. Menschen nicht dadurch fördern, dass wir ihrer Spontaneität Grenzen setzen, sie belehren und kritisieren, ihnen Schuldgefühle im Hinblick auf verbindliche Normen machen, ihren Ärger und ihre Wut unterbinden, sie zum Verzicht anhalten usw., sondern vielmehr dadurch, dass wir uns bemühen,
– ihr Selbstwertgefühl zu stärken;
– ihr Vertrauen in (die Konstanz ihrer) Liebesbeziehungen zu fördern;

- ihre Affekte und Gefühle nicht zu unterdrücken;
- ihnen dort, wo ihre Alltagsbedürfnisse (aus verschiedensten Gründen) nicht befriedigt werden können, die Sicherheit vermitteln, dass dennoch mit ihnen und mit den relevanten Liebesbeziehungen alles in Ordnung ist;
- ihnen dort, wo das Ausleben von Affekten und Gefühlen (aus verschiedenen Gründen) nicht toleriert werden kann, »Räume« zur Verfügung zu stellen, in welchen eine teilweise Abfuhr und Verarbeitung dieser Affekte bzw. der beteiligten Vorstellungen möglich wird, sodass sie nicht in allzu großem Ausmaß verdrängt werden müssen. (Auf einen dieser »Räume«, die Phantasie, komme ich gleich noch zurück)

Dass heißt aber nicht weniger, als dass zwischen den im weitesten Sinn auf psychische Gesundheit gerichteten und jenen, bestimmte soziale Persönlichkeits- oder Charaktereigenschaften ins Auge fassenden Erziehungszielen gar kein prinzipieller Widerspruch besteht! Oder anders ausgedrückt: *Der Hauptkonflikt*, mit dem wir es sowohl in der pädagogischen Theorie als auch Praxis zu tun haben, besteht nicht zwischen gegensätzlichen Erziehungszielen, daher auch nicht zwischen gegensätzlichen »pädagogischen Strategien«, sondern *zwischen den Alltagsbedürfnissen und den affektiven Impulsen des Kindes auf der einen und der Welt, die wir als Erwachsene unseren Kindern bieten, auf der anderen Seite*. Als zentrale *Aufgabe* pädagogischer Praxis könnte man daher definieren: dafür zu sorgen, dass angesichts des grundsätzlichen, d.h. letzten Endes unvermeidlichen *Generationenkonflikts* die *Entwicklungsbedürfnisse* des Kindes nicht auf der Strecke bleiben.

Diese Einsicht führt zu einer emotionalen Einstellung gegenüber Kindern, die gleichzeitig eine der wichtigsten Bedingungen dafür ist, dass diese pädagogische Aufgabe gelingen kann. Diese emotionale Einstellung umfasst die von mir so genannte »Haltung der verantworteten Schuld« und die »Neugier auf das sich entwickelnde Kind«. Ihnen war ein großer Teil meines heutigen Vortrags gewidmet. Sie bilden gewissermaßen das Fundament dafür, dass diese pädagogische Aufgabe von Seiten der erziehenden Erwachsenen gelingen kann, indem sie die emotionalen Voraussetzungen dafür schaffen, sich gegenüber den Kindern spontan so zu verhalten, dass sie an den Alltagskonflikten wachsen können (statt mit sich selbst in unlösbare Konflikte zu geraten).

Natürlich ist es damit noch nicht getan Auf zwei weitere zentrale Bausteine psychoanalytisch-pädagogischer Praxis habe ich zwar ansatzweise aufmerksam gemacht, ohne ihnen jedoch ihren gebührenden Platz eingeräumt zu haben:

- Die Bedeutung der *Phantasie* als jenen Ort, an dem Bedürfnisse und

Gefühle, die – aufgrund des Interessenskonflikts zwischen den Generationen – im Alltag nicht untergebracht werden können, ersatzweise befriedigt bzw. ausgelebt werden können. Psychologisch ausgedrückt, geht es darum, den Kindern bei der *Symbolisierung* ihrer Regungen und Strebungen zu helfen: in Form von Spielen, des Hörens, Lesens und Erfindens von Geschichten oder des kreativ-künstlerischen Gestaltens.

– Die Bedeutung von Bildung, die angesichts (z.T.) erschreckender Bildungslücken breiter Bevölkerungsschichten, der ernüchternden Bilanz erziehungswissenschaftlicher Untersuchungen (»Pisa«) und der offensichtlich wachsenden Unzufriedenheit und Hilflosigkeit von Lehrern und Lehrerinnen eine enorme Herausforderung an die wissenschaftliche Pädagogik darstellt. Jeder von Ihnen, der in der Praxis steht, weiß auch, wo das Hauptproblem liegt: Immer weniger Schüler scheinen Lust am Lernen zu haben, immer weniger sind an dem, was ihnen ihre Lehrer beibringen wollen, interessiert und daher auch motiviert, zu arbeiten und sich anzustrengen. Mit dem Ergebnis, dass sie versagen oder das, was sie (für einen Test, eine Schularbeit oder Prüfung) gelernt haben, am nächsten Tag wieder vergessen haben.

– Einen vierten zentralen Baustein psychoanalytisch-pädagogischer Praxis musste ich hingegen heute ganz unerwähnt lassen: Ich habe am Beispiel Andreas und Peters recht ausführlich geschildert, was sich in der Beziehung zwischen den Kindern und der Erzieherin abspielen kann. Aber Kinder leben in mehr als bloß einer Beziehung. Diese Beziehungen sind aber eng miteinander verknüpft, färben gegenseitig ab, geben einander Bedeutung, wodurch sich Beziehungs*systeme* bilden. Das entwicklungspsychologisch bedeutsamste dieser Systeme ist die Triade Mutter-Vater-Kind. Gerade diese Triade scheint jedoch angesichts hoher Scheidungsraten und dem zunehmenden Verschwinden von Männern aus der Erlebniswelt der Kinder gefährdet. Mehr darüber zu sagen, ist aber heute keine Zeit mehr. Vielleicht bietet sich eine andere Gelegenheit, um auf diese Fragen, die zum Thema meines heutigen Vortrages eigentlich dazugehören würden, näher einzugehen.[15]

15 Zu den Möglichkeiten des Kindergartens, die Phantasie mehr als bisher üblich der emotionalen Entwicklung der Kinder nutzbar zu machen, vgl. Figdor 2005a. Zur Rolle der Märchen, sonstiger Kinderliteratur und des Musizierens für die psychische Entwicklung vgl. Kap. 6 und 7 in diesem Band. Zur Frage der Schule und der Bildungsmotivation vgl. Kap. 8 in diesem Band und Kap. 11 in Band 1 (Figdor 2006a). Die Probleme der Mutter-Vater-Kind-Triade bilden einen Schwerpunkt des 3. Kap. in diesem und des 5. Kap. in Band 1.

Schluss

Also: Wie viel Erziehung braucht nun der Mensch? Auf der Suche nach einer Antwort auf diese Frage hat sich, wie wir gesehen haben, die Frage selbst verändert. Halten wir uns die wesentlichen Etappen dieser Veränderung nochmals vor Augen:

- Wie viel Erziehung braucht der Mensch?
- Welches Ausmaß an Interventionen braucht das spontan nach seinen Impulsen und Bedürfnissen sich verhaltende Kind, um sich gut zu entwickeln?
- Wie viel an einerseits unterstützenden und andererseits Grenzen setzenden Interventionen braucht der/die Heranwachsende, um sich so zu entwickeln, wie wir die Kinder, wenn sie groß sind, gerne hätten: Menschen zu werden, die glücklich, intelligent, kreativ, tolerant, sozial, aber auch kritisch und bereit sind, für ihre Ziele zu kämpfen?
- Was müssen Eltern oder Pädagogen tun, dass ihre – unterstützenden oder Grenzen setzenden – Interventionen vom Kind so erlebt werden, dass diese Interventionen die Befriedigung der Entwicklungsbedürfnisse des Kindes nicht in Frage stellen, und zwar unabhängig davon, worum es konkret bei einer Intervention geht (also auch im Fall von Konflikten um Alltagsbedürfnisse)?

Was nun die letzte Frage betrifft, war es mein Hauptanliegen, Ihnen vor Augen zu führen, dass die Antwort darauf in erster Linie *nicht* darin besteht, bestimmte Interventionen *inhaltlich* festzulegen bzw. vorzuschreiben. Ob es Eltern oder Pädagogen gelingt, die Befriedigung der Entwicklungsbedürfnisse ihrer Kinder *trotz der unvermeidlichen Alltagskonflikte* zu gewährleisten, hängt vielmehr von der *inneren Haltung* der Eltern oder Pädagogen zu diesen Konflikten ab: Wenn wir die Wünsche und Ideen unserer Kinder, die Leidenschaft und die Unbedingtheit, von der sie getrieben sind, spüren und akzeptieren können, ist die Gefahr gering, auf die Kinder wirklich böse zu sein, nur weil uns Erwachsenen die Realisierung ihrer Wünsche gerade nicht möglich ist oder uns nicht ins Konzept passt. Und weil Eltern oder Pädagogen daher mit den Kindern identifiziert bleiben, auch wenn sie Grenzen setzen und auf der Einhaltung der Grenzen beharren müssen, können sie zugewandt bleiben und spüren, wie es dem Kind im Augenblick geht. Und weil sie spüren können, wie es dem Kind geht, wird es ihnen nicht allzu schwer fallen, die Intervention so zu setzen oder durch weitere Maßnahmen zu begleiten, die es dem Kind leichter machen, auf die Befriedigung ihres aktuellen (Alltags-) Bedürfnisses zu verzichten. Solche Eltern oder Pädagogen sind dann selten über das Verhalten ihrer Kinder empört, sind weder selbstgerecht noch von Schuldgefühlen gebeugt, sondern Erwachsene, die wissen, dass sie die Kinder mit den Frustrationen, die sie ihnen antun, nicht wirklich schädigen, solange sie deren zentrale Entwicklungsbedürfnisse berücksichtigen. Weil ihnen dennoch das Kind angesichts der ihm zugemuteten Frustrationen leid tut, sie somit das Bedürfnis entwickeln, den Kindern angesichts dieser Frustrationen beizustehen, wird das wohl auch gelingen: durch Zuspruch und Trost, durch Kompromiss- oder Ersatzangebote, durch die Zur-Verfügung-Stellung von (symbolischen) Räumen, die Ersatzbefriedigung und die Abfuhr von Affekten erlauben, die im Alltag mit den realen Bezugspersonen nicht untergebracht werden können …

Trotz dieser allmählichen Veränderung bzw. Entwicklung der ursprünglichen Fragestellung reizt es mich, in meinem Schlusswort doch eine direkte Antwort auf den ursprünglichen Titel meines Vortrags zu geben. Also (nochmals): *Wie viel Erziehung braucht der Mensch?*

Wenn wir mit »Mensch« *das Kind als solches* meinen und mit »Erziehung« das Setzen von *Grenzen*, lässt sich antworten: Keine!

Zwar ist es richtig, dass jede Art von Entwicklung ein dialektischer Prozess ist, also die Entwicklung von Neuem nur angesichts von Hindernissen stattfindet, wenn das bisher Erreichte nicht ausreicht, diese Hindernisse zu überwinden. Das gilt auch für die psychische Entwicklung: Das Baby sucht die Brust erst aktiv, wenn es die Brustwarze nicht in seinem Mund spürt; und es lernt seine ersten Worte, um das abwesende Objekt (z.B. die Mutter) herzuholen oder seine Bedürfnisse zu kommunizieren. Aber das Leben ist schwer genug und voller »natürlicher« Hindernisse: Die Brust nicht immer da, wenn man Hunger hat; die Mutter weg, obwohl man sie gerade braucht; die Eltern miteinander beschäftigt, obwohl man mit ihnen spielen will; die Stereoanlage tabu, obwohl die Knöpfe zum Ausprobieren verlocken; der Winter kalt, obwohl man nackt hinauslaufen will; das Spielen an den Genitalien in der Öffentlichkeit unanständig, obwohl es so angenehm ist; den eigenen Wünschen stehen andere Wünsche oder Interessen (die dem Kind ebenso wichtig sind) entgegen; usw., usw. Für Entwicklung ist also hinreichend »gesorgt«, dazu bedarf es keinerlei zusätzlicher, aus pädagogischen Gründen »erfundener«, zusätzlicher Grenzen.

Wenn wir unter Erziehung – immer noch – das Setzen von Grenzen verstehen, jedoch mit »der Mensch« *das Kind, welches in unserer erwachsenen Welt leben muss*, meinen, lautet die Antwort: Sehr viel! Genau genommen sind es aber nicht die Kinder, die jenes hohe Ausmaß an Erziehung brauchen, *sondern wir Erwachsene*: *Wir* müssen ihm viele Grenzen setzen, um zufrieden mit ihnen leben zu können; um unserer Arbeit und unseren Interessen nachgehen zu können; um die Kinder fähig zu machen, der nicht allzu kinderfreundlichen Struktur unserer Gesellschaft, auch unseres Schulsystems[16] gewachsen zu sein, um ihre Sicherheit und Gesundheit gewährleisten zu können usw.

In einem Punkt ist es jedoch tatsächlich *das Kind, das ein hohes Maß an Erziehung braucht*, wobei jetzt unter »Erziehung« freilich nicht Grenzen setzende, sondern *unterstützende Interventionen* zu verstehen sind. Damit ist nun keineswegs eine überfürsorgende Mutter oder Pädagogin gemeint. Von einer ganz anderen Art der Unterstützung ist da die Rede: dem Kind zur Seite zu stehen und Hilfen zur Verfügung zu stellen, mit der eben nicht immer nur »guten« (= befriedigenden), sondern immer wieder auch »bösen« (= frustrierenden) Welt, die wir als Erwachsene, als Eltern oder Pädagogen, repräsentieren, zurechtzukommen, ohne in existentielle Krisen (= nicht mehr hinreichend befriedigte Entwicklungsbedürfnisse) zu geraten. Oder anders ausgedrückt: Es braucht unsere Unterstützung und Parteinahme, um in den Alltagskonflikten *mit uns* nicht unterzugehen, sondern seine Lebendigkeit bewahren zu können.

16 Vgl. Kap. 11 im 1. Band (Figdor 2006a) und Kap. 8 in diesem Band.

2.
Die ersten drei Jahre

Pädagogisch bedeutsame Aspekte der Entwicklung von Babys und Kleinkindern

Editorische Vorbemerkung:
Viele Jahre hindurch hielt H. Figdor für Studienanfänger der Erziehungswissenschaft eine zweisemestrige Vorlesung mit dem Titel »Pädagogische Alltagsprobleme in Familie, Kindergarten und Schule«. Im Rahmen dieser Lehrveranstaltung waren zwei eineinhalbstündige Vorlesungen dem Thema »Verschmelzen und Liebhaben – Zur psychischen Entwicklung in den ersten drei Lebensjahren« gewidmet. Bei dem nachfolgenden Text handelt es sich um die schriftliche Überarbeitung des Vorlesungstextes aus dem Wintersemester 2003/04.

Guten Morgen!

Jetzt kennen Sie mich schon ein paar Wochen,[1] weshalb Ihnen zwei Begriffe, die ich immer wieder verwende, wohl schon vertraut sind: *Einfühlung* (in das Kind) und *Verstehen* (seines Erlebens). Sie haben von mir vernommen, dass für die Psychoanalytische Pädagogik Sich-Einfühlen-Können und Verstehen die Angelpunkte einer gelingenden Erziehung darstellen. Wir haben aber auch darüber gesprochen, dass das für uns Erwachsene gar nicht so leicht ist, da der größere Teil der besonderen Art und Weise, wie wir selbst als kleine Kinder die Welt erlebt haben, in der Zwischenzeit der Verdrängung anheim gefallen ist.[2] Immerhin steht uns aber ab dem 3., 4. Lebensjahr die sprachliche Verständigung zur Verfügung (wenngleich auch diese so manches Rätsel, das uns das Verhalten der Kinder aufgibt, nicht zu lösen vermag). Was aber geht im Kopf eines Neugeborenen, eines Ein- oder Zweijährigen vor sich?

Einfühlung und Verstehen ist nicht mit einer theoretischen Analyse zu verwechseln: Es handelt sich um ganz spontane und psychische Akte, die »sich einstellen« oder eben nicht. Dennoch hat *Wissen*, in diesem Fall entwicklungspsychologische Einsichten, an der Chance, sich einfühlen und verstehen zu können, einen großen Anteil, da es sich indirekt darauf auswirkt, wie wir das Kind spontan wahrnehmen. Und diese spontane Wahrnehmung hat wieder Auswirkungen auf unsere (ebenso spontanen) Gefühle, die wir gegenüber dem Kind in einer bestimmten Situation entwickeln.[3]

Also werde ich versuchen, Ihnen heute und nächste Woche die Welt der 0–3-Jährigen etwas näher zu bringen. Die größte Schwierigkeit dieses Vorhabens besteht darin, dass ich mich darauf beschränken muss, dies mit Worten zu tun, das Erleben der ganz kleinen Kinder sich aber gerade dadurch auszeichnet, dass es sich jenseits dessen abspielt, was wir üblicherweise mit sprachlichen Begriffen beschreiben und ausdrücken können. Ich probiere es dennoch.

1 Siehe »Editorische Vorbemerkung«.

2 Dieses Phänomen, das Sigmund Freud als »infantile Amnesie« bezeichnete, wird zu Beginn des 7. Kap. in diesem Band nochmals aufgenommen.

3 Vgl. die Ausführungen zur Haltung der »verantworteten Schuld« im vorigen Kapitel: *Wie viel Erziehung braucht der Mensch?*

1. Die sensomotorische Intelligenz

Stellen Sie sich bitte vor, Sie wären vor ein paar Tagen auf die Welt gekommen. Nehmen wir an, es ist alles gut gegangen, Ihr Schock, aus der dunklen, warmen Höhle des mütterlichen Bauches verbannt zu sein, hielt sich in Grenzen; schon bald spüren Sie den warmen Körper, auf den man Sie gelegt hat, erkennen den Herzschlag und Geruch des Wesens wieder, das Sie später einmal als »Mutter« erkennen und bezeichnen werden; Sie haben sich beruhigt und sind wieder eingeschlafen. Als Sie wieder aufwachten, hatten Sie ein ganz neues Erlebnis: Bevor Sie noch richtig realisieren konnten, dass Sie Hunger haben, lagen Sie an der Brust der Mutter, erlebten die Lust eines gefüllten Mundes und das Hinunterrinnen der warmen Milch. Ein wenig erschöpft von der Anstrengung des Saugens, aber angenehm erschöpft (etwa so wie Erwachsene nach einer Bergwanderung oder einem befriedigenden Liebesakt) schlafen Sie wieder ein. So geht das ein, zwei Tage.

Dann kommt der heutige Tag. Ihre Mutter ist Pädagogik-Studentin und beschließt das Wagnis, mit Ihnen die heutige Vorlesung zu besuchen. Einerseits scheint es Ihnen ja gut zu gehen, und unser heutiges Thema interessiert sie natürlich besonders. Da liegen Sie jetzt also am Schoß Ihrer Mutter und schlafen. Plötzlich wachen Sie auf, hier in diesem Hörsaal, und beginnen zu weinen. Zugegeben, der Raum ist architektonisch nur mäßig attraktiv, aber so schlimm ist es auch nicht. Und um Sie herum 400 nette, freundliche Menschen, die im Augenblick nur ein Interesse haben: wie es Neugeborenen geht. Das scheint Ihnen jedoch in keiner Weise zu schmeicheln, ganz im Gegenteil machen Sie einen überaus unglücklichen Eindruck.

Zwar hat Ihre Mutter gehofft, Sie würden diese eineinhalb Stunden durchschlafen, aber sie hat auch damit gerechnet, Sie könnten aufwachen. Sie hat sich einen bequemen Platz in einer hinteren Ecke gesucht und gibt Ihnen die Brust. Aber was tun Sie? Sie spucken die Brust aus, wenden sich abrupt ab und beginnen, wie am Spieß zu schreien. Ihre Mutter erschrickt und steht vor einem Rätsel: »Was ist los mit Dir?« Sie versucht es nochmals mit der Brust, ohne Erfolg. Hilflos und verzweifelt fragt sich die Mutter: Was ist passiert, irgendwas muss passiert sein! Es kann Ihnen doch eigentlich an nichts fehlen: Sie sind sauber, warm eingepackt, haben sich vor einer Stunde satt getrunken, Sie sind Ihrer Mama ganz nah und können sich also nicht allein fühlen. »Schatzi, ich bin's, die Mami ist doch da!« möchte sie Ihnen zurufen, vielleicht tut sie das ja sogar.

Was also ist passiert? Um das ein bisschen besser verstehen zu können, werden wir Sie, also das drei Tage alte Baby, einfach fragen und Ihnen Sprache verleihen, um uns aufzuklären, warum Sie sich gerade so elend fühlen. Vielleicht würden Sie uns bzw. Ihrer Mutter Folgendes antworten: »Du bist nicht meine Mami, Du lügst. Ich kenne meine geliebte Mami ganz genau: Sie hat eine nackte Haut oder einen seidenen Pyjama an und riecht nicht nach Eau de Cologne; sie ist auch nicht so hell erleuchtet und spricht nicht mit der Stimme vom Figdor; wenn ich mich nicht wohl fühle, beginnt sie zu summen und umschließt mich, sie freut sich, dass ich aufgewacht bin, Du aber verspannst Dich; an der Brust meiner Mami bin ich selig mit ihr vereint, Du aber stopfst die Brust nur in mich hinein. Du bist eine ganz Fremde, und ich von meiner Mami verlassen. Ich hab Angst vor deiner Brust, dabei würde ich die von der Mami gerade so dringend brauchen. Und je länger ich sie nicht bekomme, desto mehr verzweifle ich ...«

Mit anderen Worten: *Ihre Mami* ist ganz etwas anderes, als Ihre *reale Mutter*, sie setzt sich aus ganz anderen Eigenschaften zusammen als diese. Ihre Mama, die Mama des Neugeborenen, besteht nur zum geringeren Teil aus den Eigenschaften, die der realen Mutter in ihrer Selbstwahrnehmung substantiell angehören, sondern vorwiegend aus scheinbar nebensächlichen »Zutaten«: Art der Kleidung, Tonfall der Stimme, Körperhaltung; ferner aus Aspekten, die wir Erwachsene kaum mehr wahrnehmen, weil wir das Sensorium dafür gar nicht mehr haben oder richtiger: weil unsere Wahrnehmung anders, weniger körperlich ausgerichtet ist, z.B. die Art, wie die Mutter atmet, wie ihr Herz schlägt, ihre körperliche Spannung; schließlich gehören zur »Mama« der Neugeborenen offenbar Dinge, die mit ihr als Person (im Erwachsenen-Verständnis) gar nichts zu tun haben: die Helligkeit des Raumes, akustische Eindrücke, Gerüche u.a.m. Man könnte auch sagen, das Neugeborene *ordnet* seine Welt nach anderen Prinzipien als wir Erwachsene. Der große schweizer Entwicklungspsychologe *Jean Piaget*[4] lehrt uns, welcher Art diese Ordnungsprinzipien sind: Alles, was im Rahmen einer bestimmten *Aktivität* und eines bestimmten damit zusammenhängenden *Affektzustands* wahrgenommen wird, *gehört für das Neugeborene zusammen*. Daher – um wieder zu unserer fiktiven Szene zurück zu kommen – ist Ihre Mama von gestern eine ganz andere als die, auf deren Schoß Sie heute in der Vorlesung erwachten. Noch mehr: selbst gestern hatten sie nicht nur eine Mama, denn die, die Ihnen im Zustand des Hungers begegnete, war eine ganz andere als zehn Minuten später, als Sie satt und befriedigt von ihrer Brust ließen und selig einschliefen. Piaget bezeichnete diese Art der Wahrnehmung und Weltauffassung als *sensomotorische Intelli-*

4 Vgl. u.a. Piaget 1959.

genz: Den Dingen der Welt wird von den Babys jene Bedeutung gegeben, die sie im Zusammenhang mit dem, was sie gerade *tun* (motorischer Aspekt) und dem was sie dabei *empfinden* (sensorischer Aspekt) annehmen. Daher entbehrt die Welt der Babys auch jener Kontinuität, die sie kraft unserer »objektiven«, in sprachliche Begriffe gefassten Bedeutungszuschreibungen hat: War »die Brust« gerade noch Wonnespender, ist sie eine Stunde später ein unerwünschter oder bedrohlicher Eindringling; bildet der Tisch (für das schon krabbelnde Baby) einmal eine Höhle, in die man sich verkriechen kann, eine Art Mutterbauch, ist er im nächsten Augenblick – das Baby hat sich gerade am Tischbein angehaut – ein böser Aggressor; der Kinderwagen einmal ein Ort der Geborgenheit, dann aber – in einem motorischen Erregungszustand – ein Gefängnis usw.

2. Sexualität und Angst (Panik)

Die Phänomene, die *Piaget* mit den Begriffen sensomotorische Wahrnehmung bzw. Intelligenz theoretisch zu erfassen sucht, sind im Grunde dieselben, die Sigmund Freud als früheste Form der infantilen Sexualität bezeichnete, über die wir in der letzten Woche ja ausführlich sprachen.[5] So befremdlich es auf den ersten Blick erscheinen mag, die Erregungen des Babys mit »Sexualität« in Verbindung zu bringen, so sehr erleichtert uns Freuds theoretischer Zugang nachzuempfinden, was in den Babys vorgehen mag: das Alles-Ausfüllende der Erregung; die Konzentration auf körperliches Empfinden; die Unbedingtheit und Unaufhaltsamkeit des Dranges, zur Befriedigung zu gelangen; das Quälende und zugleich Lustvolle der Spannung; die extrem gesteigerte Empfindlichkeit dieses Zustandes, in dem »alles stimmen« muss, wo ein ungeschicktes Wort, eine unpassende Geste des Liebespartners alles zerstören kann; schließlich aber die überwältigende Lust des Orgasmus, oder aber die Enttäuschung, wenn der Erregung die entsprechende Entspannung nicht folgt.

Und noch etwas: Im Rahmen der sexuellen Begegnung verändert sich auch für uns das Bild vom Partner/ von der Partnerin in ungeahnter Weise: Erwacht mein Begehren, verändert sich auch das Objekt, auf welches es sich richtet.[6]

---

5 Zur infantilen Sexualität s. das 4. Kapitel des 1. Bandes (Figdor 2006a).

6 Als *Objekt* bezeichnet die Psychoanalyse den »Gegenstand« der sinnlichen (»libidinösen«) und aggressiven Strebungen des Subjekts. Mit Objekten sind also die Bezugspersonen des Subjekts gemeint; ferner Teilaspekte von Personen, wie einzelne Körperregionen oder Charaktereigenschaften (so genannte *»Teil-«* oder *»Partialobjekte«*); auch das eigene Selbst kann zum Objekt werden: es wird geliebt (*»Narzissmus«*), kann aber ebenso gehasst werden (was

Die Frau/ der Mann, welche/n ich dann später im Zustand höchster Erregung, umschlungen halte, ist wiederum ein/e ganz andere/r. Und erst recht der Mensch, an den ich mich nach dem Höhepunkt schmiege. Und wenn morgens der Wecker läutet, hat die Frau/ der Mann neben mir möglicherweise nur wenig mit dem Objekt meiner nächtlichen Begierde zu tun. Kann man bei einer intakten Liebesbeziehung noch sagen, dass es sich bei aller Unterschiedlichkeit dieser Bilder (»Imagines«) vom anderen doch um Variationen von Liebe handelt, können in einer konfliktbehafteten Beziehung die Imagines vom Partner durchaus sogar die Grenze zwischen Zuneigung und Abneigung, ja mitunter von Liebe und Hass überschreiten: Ablehnung kann Begehren und Gefühlen der Liebe weichen und alsbald wieder Ablehnung oder gar Hass Platz machen.

In einem Punkt reicht der Vergleich mit unserem sexuellen Erleben nicht aus, um sich in die »sensomotorische Welt« des Babys einzufühlen: wenn das Liebesobjekt verschwunden ist. Zwar mag es auch für uns äußerst beunruhigend sein, wenn wir morgens aufwachen und bemerken, dass die/der Geliebte nicht da ist. Aber es werden uns plausible Gründe dafür einfallen, die eine eventuell aufkeimende Angst besänftigen. Etwas anders ist es schon, wenn wir feststellen müssen, dass alle Kästen leer sind, sie bzw. er uns also offensichtlich verlassen hat. Aber auch da ist es »nur« die Angst oder der Schmerz, einen geliebten Menschen verloren zu haben. Das sich plötzlich allein findende Baby hingegen hat nicht nur nicht die Möglichkeit, sich mit plausiblen Gründen für die Abwesenheit zu trösten (wodurch sie erst zu einer vorübergehenden Abwesenheit würde), sondern es fühlt sich *existentiell bedroht*. Um uns dieses Gefühl herzuholen, müssten wir uns schon vorstellen, in den Armen der/des Geliebten eingeschlafen zu sein und morgens in einer ganz anderen Umgebung aufzuwachen und uns unbewaffnet und bewegungsunfähig von unbekannten und

zumeist die Ursache von Depressionen ist); ebenso Tiere, unbelebte Dinge, Handlungen oder Situationen. Mit *Objektrepräsentanz* bzw. *Selbstrepräsentanz* ist das innere, subjektive Bild (auch »Imago«) gemeint, das sich ein Subjekt von seinem Objekt bzw. von sich selbst macht, wobei diese Bilder selten einheitlich sind, bewusste oder unbewusste Vorstellungen umfassen, weshalb auch meist die Mehrzahl verwendet wird und von Objekt- und Selbstrepräsentanz*en* die die Rede ist. Als *Objektbeziehung* bezeichnet die Psychoanalyse schließlich das innere Bild, welches sich das Subjekt von seiner Beziehung zu einem Objekt macht; das subjektive Muster dieser Beziehung, die bewussten und unbewussten Vorstellungen und Phantasien, welche sich an diese Beziehung knüpfen. Man könnte die Objektbeziehung auch definieren als die Beziehung zwischen Selbst- und Objektrepräsentanzen. Die Objektbeziehungen eines Menschen sind natürlich von Objekt zu Objekt verschieden und verändern sich mit der geistigen und psychischen Entwicklung.

nach unserem Leben trachtenden Personen umstellt zu finden. In Alpträumen erleben wir mitunter solche oder ähnliche Situationen: Mitunter sind solche Träume durch irgendwelche beunruhigenden Erlebnisse des Tages ausgelöste »Erinnerungen« an ganz frühe Angsterlebnisse: Das Baby, das wir einmal waren, ist also auch in uns noch lebendig!

Vielleicht ist »Angst« für diese erschreckenden Gefühlszustände das falsche Wort. *Angst* haben wir immer *vor etwas*, setzt also die Fähigkeit, *Gefahren zu antizipieren* voraus. Die Angst, von der wir hier sprechen, ist aber eine objektlose Angst, oder besser: Es ist nicht Angst vor etwas, was erst noch geschehen könnte, sondern das Schrecklich *ist schon eingetreten*. Das Gefühl gleicht den Panikattacken angstneurotischer Erwachsener oder der Panik, die Menschen erfasst, die einer ausweglosen Lebensbedrohung ausgesetzt sind – stellen Sie sich vor, Sie säßen in einem abstürzenden Flugzeug, Sie würden von einem Balkon in die Tiefe fallen oder ein Erdbeben bringt Ihr Haus zum Einsturz … (übrigens sind auch das typische Alptraum-Inhalte!)

Dass Babys die Abwesenheit des primären Objekts, der Mutter, in dieser Weise erleben, liegt nun nicht allein am sensomotorischen bzw. sexuellen Charakter ihres Erlebens, sondern hängt mit zwei weiteren Besonderheiten dieses Alters zusammen: der *Mutter-Kind-Symbiose* und der *Spiegelfunktion der Mutter*.

3. Die Mutter-Kind-Symbiose

Margaret Mahler bezeichnete die Entwicklung der Mutter-Kind-Beziehung in den ersten drei Lebensjahren als *Individuationsprozess* und als *psychische Geburt des Kindes*.[7] Erst nach diesen drei Jahren existiert das Kind in seiner Selbstwahrnehmung als eigenständiges, von der Mutter unterschiedenes Subjekt. Am Anfang dieser Entwicklung ist das Neugeborene in seinem Erleben dagegen mit der Mutter in einer Art verbunden, die Mahler als *Mutter-Kind-Symbiose* bezeichnete.[8] In den ersten drei, vier Monaten nach der Geburt, stellte Mahler fest, haben Neugeborene nämlich noch keine Vorstellung von einem »Ich«,

---

7 Vgl. u.a. Mahler et al. 1975.

8 Der symbiotischen Phase hat Mahler noch die von ihr so genannte normale autistische Phase vorangestellt, die ich hier jedoch vernachlässige (vgl. Figdor 2005b) In dieser Arbeit setze ich mich auch kritisch mit Vertretern der experimentellen Säuglingsforschung – v.a. Daniel Stern, in Deutschland Martin Dornes – auseinander, die gegen den wissenschaftlichen Wert des Mahler'schen Symbiose-Konzepts argumentieren.

das von einem Nicht-Ich, einem »Du«, unterschieden wäre. Kleine Babys wissen nicht, wo sie »anfangen« und »aufhören«. Die Brust der Mutter mag dem drei Wochen alten Baby weit vertrauter sein als die eigenen Füße; wenn es Glück hat, ist sie auch immer dann da, wenn es sie braucht, ebenso wie die Arme, die es halten, die Stimme, die beruhigt und die Haut, die riecht, wie sie riechen muss, damit alles in Ordnung ist. Mithin gehört nicht nur der Körper der Mutter zum ersten »Ich« des Babys, sondern die ganze Welt, die seinen Bedürfnissen und Empfindungen gemäß erscheint, sich verändert und verschwindet.

Diese halluzinatorische Zwei-Einheit macht die Hauptsache dessen aus, was die Psychoanalyse als frühe Mutter-Kind-Symbiose bezeichnet. Sie umfasst einen Zeitraum von drei bis vier Monaten. Auf der Seite der Mutter kommt es darauf an, »mitzuspielen«: dem Kind die Illusion, mit dem Universum, wie Gott, eins zu sein, zu belassen.

Was bedeutet das in der Praxis? Äußerlich, das heißt hier: vom Standpunkt der Mutter, des Vaters oder der Pflegepersonen gesehen, müsste man danach trachten, die Bedürfnisse des Babys in dieser Zeit so weit es uns möglich ist, zu befriedigen. Tatsächlich spielt sich zwischen der Mutter und dem Kind, während die Mutter glaubt, dessen »Bedürfnisse« zu befriedigen, jedoch ein überaus komplizierter Vorgang ab: *das Bedürfnis*, das die Mutter befriedigt, *entsteht nämlich in einer gewissen Weise erst durch den Akt der Befriedigung*. Wie kann man das verstehen?

4. Die Mutter als »Spiegel«

Stellen Sie sich ein Neugeborenes vor, zwei Stunden nach der letzten Fütterung. Es beginnt zu weinen, die Mutter gibt ihm die Brust oder das Flascherl, und das Baby saugt gierig. Es scheint also so, als hätte das Baby Hunger gehabt, daher das Bedürfnis zu trinken (was es durch Schreien kommunizierte), und dieses Bedürfnis wurde von der Mutter eben befriedigt. Aber ganz so stimmt es eben nicht. Weder hatte das Baby *Hunger*, weil »Hunger« ein Begriff ist, in den eine Reihe Vorstellungen eingehen, über die das Baby noch gar nicht verfügt. Und es hatte auch nicht *das Bedürfnis zu trinken*, weil das voraussetzen würde, dass es seinen Zustand richtig als *Hunger* »diagnostiziert« hätte, womit sich das Wissen verbindet, dass das Trinken diesen unlustvollen Zustand beseitigt. Eher ist es so, dass es in seinem Bauch ein unangenehmes bis schmerzliches Gefühl empfand, daher zum Weinen begann, dann, als die Mutter ihm zu trinken gab, das wohlige, warme Gefühl, das die die Speiseröhre hinunter rinnende Milch verursachte, und schließlich feststellte, dass der Schmerz im Bauch verschwand und einem Gefühl des Wohlbefindens Platz machte. Wiederholt sich dieser Vorgang ein paar Mal, beginnt das Baby, die dem unangenehmen Reiz im Bauch folgenden Ereignisse vorauszusehen und dem Reiz zuzuordnen. Dadurch hat das unangenehme Gefühl im Bauch aber seine Bedeutung verändert, es wird anders erlebt. Erst jetzt könnten wir von »Hunger« im weiteren Sinn sprechen. Verleihen wir dem Baby noch einmal Sprache. Dann würde es jetzt vielleicht sagen: »Ich spüre einen schmerzlichen Reiz im Bauch, gleich muss ich weinen! Aber halt, das kenne ich doch: Ich weine, dann kommt dieses wundervolle weiche Etwas mit seiner Knospe in meinen Mund, ich sauge (ganz von selbst) und dann rinnt es herrlich warm in mir hinunter, der Schmerz ist wie weggeblasen. Ja, genau das will ich!« Hätte unser Baby das erste Mal vielleicht noch für eine Weile zum Weinen aufgehört, wenn die Mutter es nur aufgenommen und in ihren Armen gewiegt hätte, weil der neue Reiz den Hungerschmerz eine Zeitlang übertönt hätte, würde es jetzt bei diesem Versuch nur noch lauter schreien: Denn jetzt »weiß« es bereits, was das ist, was es im Bauch spürt, und das bloße Aufnehmen und Wiegen wäre die »falsche Antwort« der Mutter.

Nehmen wir nun an, das Baby schreit aus einem anderen (»objektiven«) Grund, z. B., weil es schlecht liegt, geblendet ist, sich die Umgebung verändert hat (denken Sie an das erste Beispiel: Sie als Neugeborenes hier in der Vorlesung). Jetzt denken wir uns verschiedene Mütter, die auf das Schreien des Babys unterschiedlich reagieren: Mutter A stillt das Baby, Mutter B hebt es auf und wiegt es, Mutter C beugt sich über das Bettchen und singt ihm ein Lied vor, Mutter D macht Geräusche mit einer Schepper usw. Jede dieser Mütter tut dies natürlich ganz spontan, weil sie glaubt, genau das sei es, was ihrem Baby gerade fehlt, was es gerade braucht. Und jetzt kommt das Spannende: Es ist gut möglich, dass das Baby bei jeder dieser Reaktionen seiner Mutter zu schreien aufhört, weil der unangenehme Reiz beendet wird, und an seiner Stelle etwas passiert, was lustvoll ist. Da die Mutter das eine Mal »Erfolg« hatte, wird sie ihre Reaktion beim nächsten Mal vielleicht wiederholen. Dann aber wird das Gleiche geschehen wie vorher: Das Baby wird bei bestimmten Reizen die entsprechende Reaktion antizipieren, und das heißt: Angesichts identischer Reize wird das Baby A »Hunger« haben, Baby B gewiegt werden wollen, Baby C ein Lied und Baby D die Schepper hören wollen. Mit dem großen Kinderanalytiker Donald W. Winnicott[9] könnte man auch sagen: Die

9 Z.B. Winnicott 1971.

Mutter *deutet* das »Bedürfnis«, das sie hinter dem Schreien vermutet, indem sie entsprechend handelt. Das Baby *identifiziert* sich mit dieser Deutung und entwickelt auf diese Weise tatsächlich das betreffende Bedürfnis. Winnicott bezeichnete diesen Aspekt der Mutter-Kind-Beziehung auch als die *Spiegelfunktion der Mutter*. Damit meinte er, dass sich das Baby in den Pflegehandlungen der Mutter wie in einem Spiegel erkennt bzw. sich kennen lernt; richtiger wäre es wohl zu sagen: über diesen »Spiegel«, also die Deutungen (=Reaktionen) der Mutter, sich selbst *definiert*.

Das heißt nun freilich nicht, dass es ganz egal wäre, wie die Mutter auf das Schreien ihres Babys reagiert. Sie hat zwar eine recht große »Deutungsfreiheit«, aber nur innerhalb bestimmter Grenzen. Das Wiegen beispielsweise wird den (wirklichen) Hunger nicht vertreiben; in unserem 2. Beispiel wird das Baby vielleicht mit dem, was ihm die Mütter A, B, C, D bieten, zufrieden sein, jedoch die Reaktion einer Mutter E, die das Licht abdreht, damit es besser schlafen kann oder einer Mutter F, die es schreien lässt, weil sie glaubt, es hätte gerade Lust zum Schreien, möglicherweise mit fortgesetztem bzw. sich noch steigerndem Gebrüll beantworten. Die »Deutungen« A, B, C, D wären dann unterschiedliche, aber mögliche (daher »gültige«) Deutungen, die Deutungen E und F jedoch unzutreffende Deutungen gewesen. Vielleicht könnte man diesen Austausch zwischen Baby und Mutter auch als Dialog auffassen:

- Baby teilt mit, dass es etwas braucht.
- Die Mutter ist sich nicht sicher, was das sei und macht mit ihrer Reaktion einen Vorschlag.
- Baby nimmt den Vorschlag an oder verwirft ihn. Im letzteren Fall bedeutet das Schreien; »Ich weiß zwar auch nicht genau, was ich brauche, aber das, was Du jetzt gemacht hast, ist es ganz bestimmt nicht!«

Wir können uns ganz gut vorstellen, in welchem Ausmaß die Persönlichkeitsentwicklung des Babys von den feinen emotionalen Abstimmungen zwischen ihm und der Mutter abhängig ist. Neigt eine Mutter dazu, jedes affektive Ungleichgewicht ihres Kindes, welches sich durch Raunzen, Weinen oder Schreien verrät, als körperliches Unbehagen, z.B. als Hunger zu interpretieren, wir alsbald auch das Baby (fast) jedes Unwohlsein als Hunger, also als Bedürfnis, die Brust oder Flasche zu bekommen, »deuten«. Andere Babys haben bereits nach wenigen Lebenswochen eine Vielzahl weiterer Möglichkeiten entdeckt, ihre körperlichen Erregungen abzuführen: durch Getragen- oder Geschaukelt-Werden; durch Musik; durch die liebevolle erzählende Stimme der Mutter; durch die kinästhetischen Reize, die von den eigenen Körperbewegungen ausgehen; durch Saugen am Schnuller;[10] durch erste Spielaktivitäten; mit Hilfe von Spielobjekten, die man schleckend, beißend, drückend, schiebend, schlagend oder streichelnd entdecken kann usw.

Es versteht sich von selbst, dass Babys mit einem großen »Repertoire« an Bedürfnissen weit größere Chancen haben, Möglichkeiten der Befriedigung bzw. Spannungsabfuhr zu finden, während jene vorwiegend gestillten Babys – nicht zuletzt, weil man ihnen nicht dauernd die Brust oder das Flascherl geben kann – immer wieder in unerträgliche Spannungszustände geraten, die sowohl sie selbst als auch ihre Mutter völlig hilflos machen. Viele der so genannte »Schreibabys« gehören dieser Gruppe an.

Die meisten Babys (und ihre Mütter) werden sich irgendwo zwischen diesen beiden idealtypischen Gruppen bewegen und hinreichend gute Erfahrungen machen können, um für die kommenden Entwicklungsaufgaben gerüstet zu sein.

5. Der Beginn der Loslösung

Ab dem 3., 4. Lebensmonat beginnt das Baby allmählich, sich aus dieser Zweieinheit mit der Mutter zu befreien, und es kommt zu einem ebenso spannenden wie konfliktreichen Ablösungsprozess, der, über mehrere Etappen, mit ca. drei Jahren seinen (vorläufigen) Höhepunkt erreicht. Zu diesem Zeitpunkt, also mit 3 Jahren, ist nach Mahler die »psychische Geburt« des Kindes vollbracht, das heißt, es vermag sich als von der Mutter *unabhängig existierendes Subjekt* zu begreifen. Dieser Loslösungs- oder Individuationsprozess beginnt damit, dass das Baby die Grenzen seines Körpers und seiner Macht kennen lernt. Es lernt zu unterscheiden, was zu ihm und was nicht zu ihm gehört; welche Empfindungen »innen« und »außen« liegen; dass die Welt in dem Maße, in welchem es seine Ansprüche erhöht, es länger wach ist und sich zu bewegen (zu entfernen) vermag, nicht immer (schon) so ist, wie es möchte, dass es also noch etwas, »Objekte«, gibt, die selbst »Willen« haben, die es jedoch braucht, um Befriedigung erlangen zu können; und es lernt, mit diesen Objekten umzugehen.

Diese ersten Objekte der so genannten »Differenzierungsphase« sind noch keine ganzen Personen, sondern »Partialobjekte«, d.h. taktile, visuelle und akustische Eindrücke, die lediglich gemeinsam haben, dass sie »Nicht-Ich«

10 Manche Babys scheinen den Schnuller abzulehnen. Vgl. dazu Kap. 4: *Über die Sexualität der Kinder* im 1. Band (Figdor 2006a).

sind. Zwischen dem 6. und 8. Monat wachsen nun die mütterliche Brust, ihr Gesicht, ihre Stimme, ihr Geruch und bestimmte Verhaltensweisen zum Bild *einer Person,* der Mutter, dem ersten (Liebes-)Objekt, zusammen. Nach außen hin verrät sich dieser bedeutsame Entwicklungsschritt durch das so genannte »Fremdeln«:

Seit vielen Wochen lächelt *Michi* beim Erscheinen der Mutter, des Vaters, der Oma und der Babysitterin, wie überhaupt das *Wiedererkennen* (auch von Dingen, von Gesten und Wörtern) ein bevorzugter Anlass von Vergnügen darstellt. Plötzlich ändert er aber seine demokratische Gunstverteilung. Vater, Babysitterin und Oma ernten – in eben dieser Reihenfolge – Mundverziehen, Wegschauen bzw. gespannt-ernste Betrachtung oder Weinen. Nur die Mama strahlt er nach wie vor an.

Mit diesem so genannten »Fremdeln«, das gewöhnlich zwischen dem sechsten und achten Lebensmonat auftritt – Spitz (z.B. 1954) spricht von der »Achtmonatsangst« – verrät das Baby, dass es ein anderes Gesicht als das eben gesehene erwartet hatte. Dieses andere ist ein ganz bestimmtes Gesicht, nämlich das der Mutter. Es geht nicht mehr ums *Wiedererkennen,* sondern um die Erfüllung einer *Erwartung.* Das aber bedeutet erstens, dass das Baby sich – unabhängig von ihrer körperlichen Anwesenheit – eine Vorstellung von der Mutter machen kann, von ihrer wahrnehmungsunabhängigen Existenz weiß. (Piaget bezeichnet diese Errungenschaft als Gegenstandkonstanz oder -permanenz.) Der Unterschied, den das Baby zwischen den Gesichtern der Mutter und allen anderen, darunter auch wohlbekannten, macht, zeigt uns zweitens, dass sich die Vielzahl der angenehmen und lustvollen Erlebnisse, die das Baby im Laufe seines bisherigen Lebens mit der Mutter hatte, mit deren physischem Erscheinungsbild fest verbunden haben, dass die »Teilobjekte«, wie Spitz sagt, zu einem einheitlichen Objekt, zum »ersten wirklichen Liebesobjekt« zusammengewachsen sind.

Was sich hier in der Beziehung zwischen dem Kind und der Mutter abspielt, zeigt sich auch in der Art und Weise, wie das Baby in einer bestimmten Situation mit Dingen umgeht. Wenn es ein Gegenstand, etwa ein kleiner Ball oder die Brille vom Papa besonders fasziniert und danach greift, der Erwachsene das betreffende Ding jedoch hinter seinem Rücken versteckt, wird das jünger als 6 Monate alte Baby seine Bemühungen augenblicklich einstellen, denn das, was es interessierte, ist verschwunden, und zwar »verschwunden« im Sinne von *nicht mehr existent.* Und an die Stelle des Greifen-Wollens tritt Enttäuschung, die natürlich sofort von großer Freude abgelöst wird, wenn das Ding plötzlich, wie aus dem Nichts, wieder auftaucht. Aber plötzlich, eines nicht mehr fernen Tages, nimmt dieses, inzwischen auch für die Mutter oder den Vater vertraute Spiel eine völlig andere Wendung: Das Ding verschwindet wieder hinter dem Rücken des Erwachsenen. Statt aber enttäuscht-erwartungsvoll zu warten ob bzw. bis es wieder erscheint, fixiert Baby den Ort des Verschwindens. Und mit einem Male krabbelt es her und sucht und findet das Begehrte, wo es versteckt wurde. Für (den schon erwähnten) Jean Piaget handelt es sich dabei um einen ganz bedeutenden Entwicklungsschritt, den er als »Erwerb von Gegenstandspermanenz« bezeichnete: er erklärt die Veränderung des Spiels durch das Baby damit, dass für dieses vorher die Dinge nur so lange existierten, als sie sichtbar waren. Fängt es hingegen an *zu suchen*, verrät es uns, dass es an die permanente (= fortdauernde) Existenz von Gegenständen glaubt, auch wenn diese nicht sichtbar sind. Das aber ist genau jener Entwicklungsschritt, der auch dazu führt, die (nicht sichtbare) Mama *zu erwarten*, und dann enttäuscht zu sein, wenn sie es nicht ist.

Dieser Entwicklungsschritt ist noch aus einem anderen Grund beachtenswert. Er definiert den Zeitpunkt, zu dem die Babys abgestillt sein sollten: Bis zum 6. Monat bedeutet das Abstillen »lediglich« den Verlust einer geliebten sinnlichen Gewohnheit. Ein Verlust, den, wenn die »Entwöhnung« langsam, in kleinen Schritten vorgenommen wird, wenn die angenehmen hauterotischen Empfindungen erhalten bleiben, weil man auch beim Trinken aus dem Flascherl die Haut der Mama spüren und riechen kann, Babys ohne allzu große Schwierigkeiten verkraften können. Ist jedoch das Stillen einmal zu einem festen, lustvollen Teil der Liebesbeziehung zur Mutter geworden, muss das Kind den Entzug der Brust auch als Entzug eines Stücks Liebe oder als Bedrohung der Liebesbeziehung empfinden. (Würden Sie Ihrer Frau, Ihrem Mann glauben, wenn sie/er eines Tages zu Ihnen sagt: »Liebling, ich liebe Dich nach wie vor«, und dann hinzufügt: »Aber ab heute schlafe ich nicht mehr mit Dir.«?)

Über alle Folgen zu langen Stillens zu sprechen, fehlt mir heute die Zeit. Nur soviel: Sämtliche auf unser Baby in den nächsten Monaten zukommenden Entwicklungsaufgaben gestalten sich bei zu lange gestillten Babys um vieles komplizierter.

6. Das Urvertrauen

Die Erfahrungen, die das Baby in diesen Monaten mit seiner Mutter und anderen Personen – auf deren Bedeutung komme ich gleich zu sprechen – macht, münden gegen Ende des ersten Lebensjahres im günstigen Fall in eine Art positiver emotionaler Grundeinstellung zur Welt, die Erik Erikson (1959) als

Urvertrauen bezeichnete. Wenn wir der Verdeutlichung halber unserem Baby wieder Sprache verleihen, so könnte ein solches Einjährige, wenn wir es auffordern, auf sein bisheriges Leben zurück zu blicken, in etwa sagen: »Es gab gute und weniger gute Zeiten. Insgesamt aber war dieses Leben doch überwiegend lustvoll, schön und spannend: Es hat sich ausgezahlt, auf die Welt zu kommen!« Im ungünstigen Fall dagegen – Erikson spricht dann von *Urmisstrauen* – würde die Schlussfolgerung lauten »… es wäre besser gewesen, nicht auf die Welt zu kommen: Man muss immer darauf gefasst sein, dass (wieder) etwas Unangenehmes oder Erschreckendes passiert.«

Diese innere Bilanz (zwischen Urvertrauen und Urmisstrauen) ist eine Grundhaltung zur Welt, die das Baby sein ganzes Leben im Sinn einer *emotionalen Stimmungsneigung* begleiten wird. Das heißt nun weder, dass ein Mensch dem Leben stets optimistisch oder pessimistisch begegnen wird, und auch nicht, dass die späteren Lebenserfahrungen bedeutungslos wären. Es handelt sich lediglich um ein Fundament. Man kann auch auf einem soliden Fundament (Urvertrauen) eine wackelige Blechhütte und auf einem schmalen, brüchigen Fundament (Urmisstrauen) durch geschickte Statistik ein großes, attraktives Gebäude errichten. Im Falle eines Erdbebens (Lebenskrise) wird aber vielleicht die Festigkeit und Tiefe des Fundaments darüber entscheiden, ob das Gebäude die Erschütterung einigermaßen unbeschadet übersteht oder nicht.

7. Die »hinreichend gute Mutter« (good-enough-mother)

Mit dem Begriff der »good-enough-mother« argumentierte Donald W. Winnicott gegen die Vorstellung, es könne so etwas wie eine perfekte Mutter überhaupt geben. Erstens sei kein Mensch, auch nicht eine noch so liebende Mutter, jemals perfekt, außerdem wäre zu fragen, was denn eine solche »perfekte« Mutter theoretisch überhaupt auszeichnen würde. Verstünde man darunter eine Mutter, die in der Lage ist, alle Bedürfnisse ihrer Kinder maximal zu befriedigen, müsste man erstens einwerfen, dass – wie vorhin gezeigt – sich die Bedürfnisse zu einem guten Teil erst entwickeln müssen; zweitens, dass es bei *maximaler* Befriedigung zu gar keiner Entwicklung kommen würde.[11] Was das Kind braucht, ist (bloß) eine *hinreichend gute* Mutter, die sich gut genug einfühlen kann, um »Vorschläge« zu machen, die das Baby meistens als »gut« erleben kann.

---

11 Vgl. S. 55/56 im 1. Kap. dieses Bandes: *Wie viel Erziehung braucht der Mensch?*

Wie aber wird man eine good-enough, eine hinreichend gute Mutter? Winnicotts zentrale These dazu lautet: *Jede Mutter trägt die Voraussetzungen dazu in sich.* Diese bedeutende Entwicklungsaufgabe zu erfüllen, fällt der Mutter unter gewöhnlichen Umständen nicht allzu schwer und geht »ganz automatisch«: Das Kind schläft die meiste Zeit, so dass sie in den Wachzeiten tatsächlich ständig »da« sein kann; die Bedürfnisse sind noch nicht allzu differenziert, daher nicht so schwer zu erkennen und zu befriedigen. Vor allem aber ist die Mutter selbst in hohem Maß mit dem Kind identifiziert, erlebt es (bewusst oder unbewusst) als einen Teil ihrer selbst und »bestätigt« somit die symbiotische Illusion des Kindes durch die eigenen (symbiotischen) Gefühle und Phantasien.

Auch die allmähliche Loslösung des Kindes aus der Symbiose verläuft normalerweise synchron, denn auch bei der Mutter entsteht allmählich das Bedürfnis nach größerer Freiheit und Selbständigkeit. Ist sie gut mit dem Kind identifiziert, kann sie sich gut in seine Bedürfnisse und Stimmungen einfühlen, wird sie auch spüren, wie viel sie ihm an zeitweisem Nicht-Zur-Verfügung-Stehen und an Befriedigungsaufschub zumuten kann.

Sollte es dennoch vorkommen, dass eine Mutter in der Praxis ihrem Baby gegenüber diese Funktion der good-enough-mother nicht erfüllt, so hat das kaum je etwas damit zu tun, dass diese Mutter keine mütterlichen Fähigkeiten hätte oder zu wenig über Psychologie oder Pädagogik wüsste, sondern seinen Grund in einer *persönlichen Krise*, die es ihr unmöglich macht, ihre grundsätzlich vorhandenen mütterliche Eignung auch wirklich zu entfalten.

8. Persönliche Krisen als Hindernis einer »hinreichend guten« Mutterschaft

Die Geburt eines Kindes verändert das Leben der Eltern in einschneidender Weise, ganz besonders, wenn es sich um das erste Kind handelt. Und diese Veränderungen sind oft anders oder größer, als die Eltern sich vorstellten. Oder sie hatten die eigene Fähigkeit, die Verzichte zu ertragen, die ein Baby aufnötigt, überschätzt. Dies ist häufig bei noch sehr jungen Eltern der Fall, die zu wenig Gelegenheit und Zeit hatten, die Unabhängigkeit von den eigenen Eltern zu genießen und fast unmittelbar in eine neue Abhängigkeit, nämlich die von ihrem Baby, geraten. Das Kind lässt die Eltern dann ihre fortgesetzte Unfreiheit spüren, und das kann zu Auflehnung, Wut und zur Aktivierung von Ablösetendenzen und -konflikten, wie sie für die Pubertät und Adoleszenz typisch sind, führen, nun jedoch gegenüber dem eigenen Kind. Da im Normalfall Elternliebe und Gewissen das Kind schützen, zum Objekt unmittelbarer Aggression zu werden, verschiebt sich die Unzufriedenheit leicht auf die Partnerschaft. Gereiztheit, das beständige Gefühl, vom anderen ausgenützt zu werden, bewusste und unbewusste Schuldzuweisungen, wer für die gegebene Situation verantwortlich sei, verschlechtern das Eheklima. In dieser Situation sind Väter meist unabhängiger und viele von ihnen agieren ihre Frustration in Form eines sukzessiven Rückzugs von der Familie aus, was zur Folge hat, dass zur Frustration der Mutter nun noch das Gefühl hinzukommt, gerade dann vom Mann im Stich gelassen zu werden, wenn sie seine Unterstützung am nötigsten bräuchte.

Diese Umstände bleiben nicht folgenlos für das Kind. Normalerweise ist, wie gesagt, ein Kind vor Wut und Zorn durchschnittlicher Eltern durch deren Liebe und Gewissen geschützt. Das gilt freilich nur für die bewussten Aggressionen. Die Psychoanalyse kennt viele Wege, auf denen wir Aggressionen befriedigen können, ohne sie uns bewusst eingestehen zu müssen. Das gilt für die Mutter (aber auch den Vater) bereits in der Beziehung zum Neugeborenen. Übermäßige unbewusste Aggressionen gegenüber Babys tarnen sich zumeist als Ungeschicklichkeiten, Fehlleistungen, Missverständnisse oder auch als »pädagogische« Theorien: Sei es, dass das Baby nicht so gehalten wird, wie es sich wohl fühlt; dass es die Mutter nicht schafft, ihm jene ruhige und entspannte Atmosphäre zu schaffen, die das Neugeborene braucht, um jenen heiklen, hoch erotischen Akt des Saugens lustvoll genießen zu können; dass die Eltern das Schreien missverstehen, z.B. als Äußerung von Hunger, während es nur schlecht liegt; oder dass die Eltern etwa zu dem »theoretischen« Schluss gelangen, ein Baby sollte man ruhig schreien lassen, damit es nicht glaubt, die Eltern tyrannisieren zu können; oder aus »pädagogischen« Gründen den Schnuller verweigern usw. Natürlich finden sich Aggressionen in jeder Liebesbeziehung, also auch in jeder Mutter-Kind- und Vater-Kind-Beziehung, daher ist es ganz normal, wenn solche Missverständnisse und Fehlleistungen *hin und wieder* vorkommen. Übersteigen die unbewussten Aggressionen jedoch ein gewisses Maß, weil die Eltern die aufgenötigten Verzichte (z.B. auf Unabhängigkeit, gesellschaftliches Leben, berufliche Karriere oder einfach auf Ruhe und Zeit für sich selbst) schlecht ertragen können, vermag das (gewöhnlich nur vereinzelt vorkommende) Auseinanderklaffen zwischen dem, was das Kind brauchen würde und den Handlungen der Eltern zu einem *Beziehungsmuster* zu werden, das die Entwicklung des ersten Mutter- und Selbstbildes, das so genannte »Urvertrauen« in die Güte und Annehmlichkeit der Welt, nachhaltig beeinträchtigen kann.

Solche durch die Geburt des Kindes ausgelöste Krisen betreffen freilich keineswegs nur junge Eltern und sind auch nicht ausschließlich auf die »äußeren« Belastungen der Babypflege zurück zu führen. Die Geburt eines Kindes ist bei jeder Frau und bei jedem Mann von unbewussten Phantasien und Gefühlen begleitet, die die spätere Beziehung zum Kind mitbestimmen. Einige solcher nicht selten auftretenden unbewussten seelischen Vorgänge, die in enger Beziehung zum Selbstbild, zur sexuellen Identität und zur eigenen Kindheit der Eltern stehen, sind auch geeignet, die Partnerschaft und damit auch Elternschaft zu belasten. Es gibt Mütter, die von ihrem Baby »völlig ausgefüllt« sind, so dass vorübergehend nichts mehr auf der Welt, auch nicht der eigene Mann, emotionale Bedeutung hat. Es gibt Mütter, die das Kind unbewusst als Teil ihrer selbst betrachten, der ihnen gehört und niemanden sonst – auch nicht den Vater – etwas angeht. In beiden Fällen kommt es zu einem Ausschluss des Vaters aus der intimen Mutter-Kind-Beziehung oder – falls der Vater diesen Ausschluss nicht akzeptiert – zu Kämpfen um das Kind. Aber auch das umgekehrte Phänomen gibt es: Für den Vater existiert nur mehr das Kind, wodurch es passieren kann, dass sich die Mutter sowohl ihrer Mutterschaft als auch ihrer Identität als Partnerin, als Frau, beraubt sieht.

Die Gefährdung der Beziehung durch solche Ausschlüsse des Partners ist dann besonders groß, wenn dieser in Bezug auf Trennungs- und Ausschlusserlebnisse übermäßig verletzlich ist. So gibt es viele Väter, für die die Pflege des Kindes durch die Ehefrau unbewusst eine traumatische Wiederholung des Liebesverlustes darstellt, den sie einst in der Kindheit, etwa anlässlich der Geburt eines Geschwisters, empfunden hatten. Die Psychoanalyse spricht in diesem Zusammenhang von »Übertragung«, worunter, wie schon erwähnt, zu verstehen ist, dass Menschen (mehr oder weniger) dazu neigen, in ihren aktuellen Beziehungen Aspekte früherer, in der Kindheit angesiedelter Beziehungen unbewusst zu wiederholen. Im vorliegenden Fall wird also die Frau für den Vater unbewusst zur Mutter, die ihm die gewohnte Liebe vorenthält und sie dem Neuankömmling gibt. Solche Übertragungsphantasien können durch das herabgesetzte Sexualverlangen vieler Mütter nach der Geburt zusätzlich provoziert werden. Oder die Fürsorge der Frau für das Baby aktualisiert ein unbewusst immer noch ungestilltes Verlangen nach grenzenloser mütterlicher Zuwendung gegenüber dem Kind, das der Vater einmal war. In solchen Fällen kann es passieren, dass die Liebesbeziehung des Vaters zu seinem Kind von massiver unbewusster Eifersucht getrübt und die Frau zum Ziel eben jener Enttäuschung und Wut wird, die einmal der eigenen Mutter galten.

Aktualisiert werden durch die Geburt eines Kindes auch verdrängte Konflikte im Bereich der sexuellen Identität. Nicht nur durch die sexuelle Verweigerung der Frau oder den Ausschluss aus der Mutter-Kind-Idylle fühlen sich Väter ihrer Männlichkeit beraubt. Das Baby selbst, das sich nur bei der Mutter, an ihrer Brust, beruhigen lässt, vermittelt manchem Vater Gefühle des Nichtgenügens, der Macht- und Hilflosigkeit. Derartige »Impotenz«-Erlebnisse machen wütend und/oder deprimiert und bringen viele Männer dazu, sich zu distanzieren und diesen potentiell frustrierenden Bereich der Babypflege ganz den Müttern zu überlassen. Dadurch wird die aktuelle Situation jedoch eher noch verschlimmert: Der Vater verliert den intimen Kontakt zum Kind, distanziert sich von ihm wie ein gekränkter Liebhaber, lernt es daher in seinen Äußerungen und Eigenheiten nicht kennen, aber auch das Kind seinen Vater nicht. Die Beziehung zwischen der »Expertenmutter« und dem Baby wird dadurch noch exklusiver.

Solche Gefühle von Vätern, ihrer Fähigkeit, Macht, Männlichkeit verlustig zu gehen, finden mitunter eine Ergänzung durch unbewusste »Kastrationswünsche« von solchen Müttern, für die ihre Weiblichkeit lebenslang mit Gefühlen von Benachteiligung und Minderwertigkeit verknüpft war. Als Gebärende, als (vom Baby vor allen anderen geliebte) und stillende Mutter ist nun *sie* die Privilegierte, und dieses Privileg soll nicht verloren gehen. Obwohl viele dieser Frauen *bewusst* darunter leiden, dass die ganze Last des Kindes auf ihren Schultern ruht, genießen sie es unbewusst, dass sich der Vater hilflos fühlt, sich das Baby nur von ihnen beruhigen lässt, und sie richten es – vor sich und anderen nicht sichtbar – so ein, dass es dabei bleibt.

Solche unbewussten Erlebniskonstellationen führen zu weiteren Belastungen der Beziehung zwischen Eltern und Kind. Dem Vater wird das Baby eine Art männlicher Rivale und/oder zu jemandem, der seine Liebe zu wenig erwidert, ihm zu verstehen gibt: »Du bist nicht gut genug für mich«. Der Mutter wird es unter Umständen zum Symbol ungeliebter Weiblichkeit und/oder der Ehekrise, zum Auslöser (»Schuldigen«) des Rückzugs des Mannes von der Frau. Und es lohnt dieses Opfer der Mutter nicht einmal, schreit stattdessen und will immer noch mehr.

Eine, fast zwangsläufige, Folge von Ehekrisen, im Zuge derer sich der Vater von der Mutter-Kind-Dyade zurückzieht, ist ferner eine noch weitergehende, kompensatorische Konzentration der Mutter auf das Kind. Das bedeutet, dass das Kind nun Wünsche und Ansprüche der Mutter erfüllen soll, die eigentlich nur von einer erwachsenen Umwelt befriedigt werden können: Wünsche nach Anerkennung, Wertschätzung, Dankbarkeit, sich fallen und gehen zu lassen, erotische Bedürfnisse u.a.m. Als Partnerersatz muss das Baby jedoch versagen, das heißt: die Mutter enttäuschen, wodurch die ohnedies bereits hoch ambivalente Beziehung der Mutter zum Kind einer weiteren Aggressivierung ausgesetzt wird.

Schließlich ist auf den einfachen Umstand hinzuweisen, dass wir uns umso eher in einen anderen Menschen einfühlen und uns für ihn einsetzen können, je ausgeglichener unsere eigene seelische Verfassung ist. Somit sind Väter wie Mütter durch seelische Anspannungen und Krisen zwangsläufig auch in ihrer elterlichen Kompetenz beeinträchtigt.

Es gehört zur Naivität, mit der Menschen ihre Partnerschaften eingehen und leben, dass sie von den psychischen Belastungen, die die Geburt eines Kindes provozieren kann, völlig überraschend getroffen werden. So viele Möglichkeiten die Gesellschaft werdenden Vätern und Müttern zur Verfügung stellt, sich hinsichtlich körperlicher Pflege und Versorgung auf die Elternschaft vorzubereiten und die Gesundheit von Mutter und Kind vor und nach der Geburt zu sichern, so sehr scheint die Tatsache, dass an der gesunden Entwicklung eines Kindes auch die Seele – und zwar nicht nur die des Kindes, sondern auch die der Eltern – beteiligt ist, aus dem öffentlichen Bewusstsein ausgespart zu sein. Wie viel menschliches Leid, wie viele psychische Entwicklungsstörungen (damit letzten Endes auch volkswirtschaftliche Kosten) könnten verhindert werden, würde der psychohygienischen Vorsorge in der Geburtsvorbereitung ein größeres Augenmerk geschenkt. In vielen Fällen würde es vielleicht schon genügen, wären sich die werdende Mutter und der werdende Vater über die mögliche Verletzbarkeit des Partners im klaren und auf eigene Gefühlsreaktionen besser oder überhaupt vorbereitet.

9. Die »Übungs«- und die »Wiederannäherungsphase«

Wir wollen nun das 1. Lebensjahr verlassen. Zwischen dem Ende des ersten Lebensjahres und der Mitte des zweiten Lebensjahres, gelangen die Kinder in die so genannte *Übungsphase.* In dieser Zeit erlernt das Kind das Gehen und die ersten Worte und damit eine neue Dimension der Selbständigkeit: Die Dinge müssen nicht gereicht, sondern können *erreicht* werden, die Umgebung lockt, untersucht und »experimentell« geprüft zu werden, und was man nicht selbst zu tun oder zu bekommen vermag, kann *benannt,* (sprachlich) *vorgestellt* und (von den Erwachsenen) *verlangt* werden. Konnte das Kind ein hinreichendes Urvertrauen und eine gute Objektbeziehung zu *beiden* Eltern entwickeln, erlangt es in dieser Zeit eine ungeahnte Selbständigkeit, fürchtet sich vor nichts, empfindet kaum Schmerz, wenn es hinfällt oder sich stößt und zieht das Abenteuer des Neuen immer häufiger der gewohnten körperorientierten Zweisamkeit mit der Mutter vor.

Diesem Rausch der scheinbaren Grenzenlosigkeit der eigenen Möglichkeiten folgt jedoch bald die Ernüchterung. In dem Maße nämlich, in welchem die rasant wachsenden motorischen Fertigkeiten helfen, alte Grenzen zu überwinden, beginnt die Umgebung (neue) Verbotsschilder aufzustellen: vor dem offenen Fenster, vor der heißen Herdplatte, vor der Straße, vor der Stereoanlage, vor der Suppe auf dem Teppich, vor den Buntstiften auf der Tapete, vor den Lieblingssandalen im Winter, vor dem Dreck am Boden, vor dem Aufbleiben am Abend usw. Es ist geradeso, als würden wir z.B. ein Auto gewinnen, dürften damit jedoch nicht fahren. Das führt dazu, dass das Kind seine Autonomiebestrebungen verstärkt, sich über die »Neins« hinwegzusetzen versucht und gegebenenfalls mit den Eltern um die Macht zu kämpfen beginnt. Aber das Kind stößt noch auf eine andere Art von Grenzen: an die seiner eigenen überschätzten Möglichkeiten: Die Schuhe lassen sich nicht zubinden, die Türe nicht öffnen, die Spieluhr nicht aufziehen, und ist es weggelaufen, findet es nicht mehr zurück … Das Eineinhalbjährige wird sich seiner faktischen Abhängigkeit bewusst, es merkt, sich zu weit vorgewagt zu haben, auf die Objekte (vor allem die Mutter) nicht verzichten zu können, und beginnt vermehrt, ihre Nähe wieder zu suchen.

Die nun (ca. nach dem 18. Monat) folgende und ein bis eineinhalb Jahre dauernde »Wiederannäherungsphase« (Margaret Mahler) ist gekennzeichnet durch eine wieder erstarkte Anhänglichkeit, die sich, oft in rascher Folge, manchmal aber auch in tage- oder wochenweisen Schüben mit den Selbständigkeitsbestrebungen ablöst. Es ist, als würde das Kind zu seiner Mutter sagen: »Solange ich eins mit dir war, vermochte ich alles. Jetzt merke ich plötzlich, dass ich mich losgerissen habe und ohne dich verloren bin. Aber ich möchte auch meine gewonnene, teure Autonomie nicht verlieren und gegen die völlig abhängig machende alte Symbiose tauschen. Aber du sollst in der Nähe, neben oder hinter mir bleiben, auf mich aufpassen, da sein, wenn ich dich brauche, mir helfen und Kraft geben und meine Erlebnisse mit mir teilen …!«

Dass dies leichter gesagt als getan ist, liegt an einer Eigenheit der frühkindlichen Liebesbeziehungen, die die Psychoanalytiker als »vorambivalente« oder »ambitendenzielle« Objektwahrnehmung bezeichnen: Das Kind kennt zwar die Mutter als *eine* Person, hängt jedoch nach wie vor an der Illusion, sie könnte/müsste alle seine Erwartungen und Wünsche, auch unter den veränderten Voraussetzungen seiner Autonomie, ebenso befriedigen wie einst im »symbiotischen Paradies«. Tut sie das nicht, verliert sie ihr »mütterliches Wesen« oder anders ausgedrückt: wird von der (ganz) »guten« zur (ganz) »bösen«

Mutter. Das geschieht jedoch in dieser Zeit sehr häufig: immer dann, wenn das Kind an die Grenzen der eigenen Möglichkeiten stößt, an die von der Umwelt (Mutter) gesetzten Verbote und schließlich – was oft vorkommt – wenn beim Kind autonome und regressive Bedürfnisse zeitlich zusammentreffen. Die eigene Enttäuschung wird dann dem Objekt angelastet, »projiziert«, dieses erscheint nun als (nur) böse, und je zorniger und böser das Kind wird, desto böser erscheint ihm das Objekt. Das aktiviert jedoch wieder die aggressiven, verzweifelten Anstrengungen des Kindes, seine »gute«, i.e. alles erfüllende Mutter wieder haben zu wollen usw. In diesen Augenblicken entspricht die Welt der Kinder tatsächlich der Wahnwelt von Psychotikern. Die Grenzen zwischen mir und den anderen verschwimmen (wer ist nun böse: ich oder die Mutter?) und die Objekte, die zurzeit nichts Gutes, Liebendes an sich haben, werden zu bedrohlichen Feinden und Ungeheuern.

10. Die »emotionale Objektkonstanz«

Mit der Zeit kommt das Kind aber üblicherweise darauf, dass es von der »bösen Mutter« *nicht* verschlungen oder vernichtet wird; dass sie, sogar während sie noch bedrohlich erscheint, liebevoll, gütig und tröstend sein kann; dass zwischen den eigenen Affekten und den Affekten bzw. dem Verhalten des Objekts ein Unterschied besteht. Und wenn alles gut geht, hat es mit ca. drei Jahren jene Erlebnisfähigkeit gewonnen, welche die Psychoanalyse (nach Mahler) als *emotionelle Objektkonstanz* bezeichnet: Das Wissen um das (konstante) Getrenntsein von Selbst und Objekt; das heißt, dem Kind ist klar geworden, dass, bei aller nach wie vor bestehenden Abhängigkeit, es selbst und die Mutter eigenständige Wesen sind; es kann unterscheiden, was an Gefühlen und Affekten zu ihm gehört und was es am Objekt wahrnimmt; und schließlich hat es die Sicherheit gewonnen, dass die Mutter seine, das Kind liebende und schützende Mutter auch dann bleibt, wenn sie gerade etwas verbietet oder schimpft und dass sie – ihrer »prinzipiellen Gutheit« wegen – auch zurück kommt, wenn sie gerade abwesend ist. Ab diesem Zeitpunkt hat das Kind die Fähigkeit zu *ambivalenten Objektbeziehungen* gewonnen, das heißt, es vermag anzuerkennen, dass ein und dasselbe Objekt befriedigende und frustrierende Seiten hat, dass es selbst das Objekt liebt und (manchmal) auch hasst, ohne dass es angesichts von Frustrationen oder eigener Wut gleich Angst haben muss, die Beziehung zu verlieren (oder schon verloren zu haben). Die Objektkonstanz gehört mithin zu den unerlässlichen Erwerbungen für eine gesunde psychische Entwicklung. Aber die Hindernisse, die zu Brüchigkeiten oder Verzögerungen der Objektkonstanz führen können, sind mitunter beträchtlich. Den tragischsten Fehler, den Eltern in der sensiblen Wiederannäherungsphase begehen können, besteht darin, den Wechsel zwischen Autonomie- und Anhänglichkeitsbedürfnissen als »Laune« und den aggressiv-verzweifelten Kampf um die Wiederherstellung des »guten« Mutterbildes als puren Machtkampf um Befriedigung unwichtiger Bedürfnisse misszuverstehen und zurückzukämpfen (»Wir werden ja sehen, wer der Stärkere ist«). Jede massive aggressive Auseinandersetzung aktiviert Projektions- und Spaltungsmechanismen, und diese verzögern und stören die psychische Trennung zwischen Selbst und Objekt und das Zusammenwachsen der ambitendenziellen Bilder zur ambivalenten Objektrepräsentanz.

11. Die frühe Triangulierung

Erinnern wir uns nochmals an Michis »Fremdeln«, mit dem er anzeigte, dass er die Vielzahl von angenehmen, zum Teil auch unangenehmen Erlebnissen zu einem zusammenhängenden Bild *einer Person,* der Mutter, integriert hatte. Wenige Tage bis ein paar Wochen später lassen Kinder die gleiche Reaktion auch beim Nichterscheinen *des Vaters* erkennen. (Der Abstand vom ersten Fremdeln hängt im wesentlichen von der Intensität und Häufigkeit der Beziehung des Vaters zum Baby ab). Dass das Baby nun auch dem Vater zulächelt, deutet der englische Psychoanalytiker *Abelin*[12] als Zeichen dafür, dass es den Vater als Person von der Mutter zu unterscheiden gelernt hat. Zunächst ist es aber wohl so, dass die Mutter, richtiger: die Erlebnisse (und die entsprechenden Erwartungen), welche das Mutterbild (die erste »Objektrepräsentanz«) ausmachen, ein »zweites Gesicht«, eine »zweite Gestalt« zugeordnet bekommen. Oder anders ausgedrückt: Das Baby erkennt Mutter und Vater als ganze, äußerlich unterschiedene Personen, verbindet jedoch mit *beiden* die gleichen Eigenschaften. Eher ist der Vater also zunächst nur eine »andere Mutter«, wobei umgekehrt auch in die Mutter-Imago Erlebnisse miteingehen bzw. eingegangen sind, die das Kind mit dem Vater und anderen Personen hatte.

Ein anderes Merkmal dieser Periode ist, dass die Kinder zur selben Zeit jeweils nur zu einer Person in Beziehung treten können. Wie viele Omas, Tanten, ja auch Väter haben sich nicht schon darüber gekränkt, dass der kleine Engel, der sie eben noch angestrahlt hatte, nichts mehr von ihnen wissen will, sobald die Mama wieder im Zimmer ist. Dasselbe Phänomen ist auch dafür

12 Abelin 1975.

verantwortlich, dass es Babys sehr schwer fällt, plötzlich von der Mutter weg zu einer anderen Person zu gehen. Selbst wenn es diese »gut kennt« – im Augenblick hat es zu ihr keine *innere Beziehung* und spürt nichts anderes als das Weggehen der Mutter. Dagegen kann die Trennung ganz unproblematisch vor sich gehen, wenn etwa die Oma behutsam den mütterlichen Part in der momentanen Mutter-Kind-Interaktion übernimmt, also sich an die Stelle der Mutter setzt und dadurch die Kontinuität der (mütterlichen) Objektbeziehung aufrecht bleibt. Ist es soweit, kann die Mutter ruhig »verschwinden« und muss das nicht einmal besonders leise und heimlich tun.

Allmählich aber beginnen die Kinder ihre Objektbeziehungen zu differenzieren. Sobald das Baby Mutter und Vater als ganze Personen erkennen und äußerlich unterscheiden kann, beginnt es auch die »objektiven« Unterschiede in der Art, wie beide mit ihm umgehen, der jeweiligen Person zuzuschreiben: Der Vater redet anders mit ihm als die Mutter, reagiert anders, spielt andere Spiele, und das Kind seinerseits beginnt, an Vater und Mutter unterschiedliche Bedürfnisse und Erwartungen heranzutragen, wodurch der Vater – meist gegen Ende des ersten Lebensjahres – tatsächlich zu einem eigenständigen, also von der Mutter unterschiedenen Objekt wird. Ist es soweit, dann bleibt der Vater für es existent auch dann, wenn es gerade mit der Mutter etwas tut. Oder es begrüßt den heimkommenden Vater ohne gleichzeitig die Existenz der Mutter zu vergessen. Und es beginnt zu lernen, dass es möglich ist, mit zwei Personen *auf einmal* umzugehen.

Mit der Fähigkeit, nicht mehr nur zur Mutter, sondern zu zwei (und bald mehreren) Personen Gefühlsbeziehungen zu unterhalten, hat das Kind (etwa zu beginn des 2. Lebensjahres) einen ganz bedeutenden Entwicklungsschritt vollzogen, den wir in der Psychoanalyse »die frühe Triangulierung« nennen. Dabei geht es um weit mehr als neben der Mama auch noch einen Papa zu haben, den man liebt. Die wohl wichtigste Bedeutung der Mutter-Vater-Kind-»Triade« besteht darin, dem Kind die schwierigen Entwicklungsaufgaben der nächsten eineinhalb Jahre, also in der »Übungs«- und »Wiederannäherungsphase« zu erleichtern.

Augenfällig wird diese Rolle des Vaters im Zuge des »Hauptereignisses« der Übungsphase: dem Gehenlernen. Haben die Kinder erst einmal gelernt, auf ihren beiden Beinen zu stehen, sind sie nicht mehr zu halten. Alle, die Kinder in dieser Zeit beobachten konnten, wissen, dass sie das Laufen in einem geradezu rauschartigen Zustand versetzt. Man muss sich das einmal vorstellen: Alle diese Orte, zu denen man mühsam krabbeln musste, lassen sich nun rasch erreichen; was man bislang nur von unten sah, ist nun auf gleicher

Ebene; neue Perspektiven auf die Welt tun sich auf; und all das geschieht mit einem völlig neuen Körpergefühl. Um einigermaßen nachempfinden zu können, wie aufregend das alles ist, müssen wir uns vorstellen, wie es wäre, wenn wir eines Tages aufwachen und feststellen, dass wir fliegen können – und wer von uns hat das nicht schon einmal oder immer wieder geträumt! Und wie lernt ein Einjähriges laufen? Zunächst erprobt es das Gehen an der Hand *zwischen* Mama und Papa. Dann kommen die ersten selbständigen Schritte. Das aber geschieht gewöhnlich nicht so, dass das Kind beginnt, einfach von der Mutter wegzulaufen: Es läuft von der Mama ein paar Schritte weg *zum Papa* und dann wieder zurück *vom Papa zur Mama*. (Natürlich muss dieser Dritte im Bunde nicht unbedingt der leibliche Vater sein. Aber es muss eine Person sein, zu der das Kind eine intensive Gefühlsbeziehung bereits aufgebaut hat, sodass es sich sicher sein kann, nach dem Wagnis der Entfernung von der Mutter sicher »landen« zu können.)

Dieses Hin- und Herlaufen zwischen Mama und Papa kündigt sinnfällig an, wie das Kind seine beiden Eltern in den nächsten Monaten, angesichts der für die Wiederannäherungsphase typischen Konflikts zwischen Anlehnungsbedürfnis und Autonomiebestrebungen, benützen wird. Es muss diese Konflikte nicht ausschließlich mit der Mutter austragen indem es von ihr wegläuft, um sie kurz darauf zu vermissen; sie wegstößt, um dann wieder mit ihr eins sein zu wollen; alles selber tun will, um dann wieder böse zu sein, weil sie einem nicht hilft usw. Die Existenz des Vaters ermöglicht dem Kind, seine gegensätzlichen Strebungen gewissermaßen auf die zwei »Pole« seiner Welt auszurichten, sie auf die beiden zentralen Liebesobjekte »zu verteilen«: auf die Mutter – als »Brust«, das heißt als Nährende, Gebende, Schützende, Warme, Weiche, als Körper, Ort der Ruhe …– und den Vater – als Repräsentant der Nicht-Mutter-Welt, damit aber auch als Ort, an dem ich mich (von der Mutter) unabhängig fühlen kann, ohne Angst haben zu müssen, als Raum, in dem es um Bewegung, Aufregung und Entdecken von Neuem geht.

Die Entwicklung einer eigenständigen, von der Mutter-Beziehung ganz unterschiedlichen Beziehung zum Vater führt das Kind zu einer Entdeckung, die für seine Zukunft ebenso bedeutend wie aufs erste beunruhigend ist: die *Beziehung, die zwischen Mutter und Vater besteht*. Beunruhigend ist diese Beziehung, weil das Kind die Erfahrung macht, dass es nicht stets im Mittelpunkt der Aufmerksamkeit von Mutter und Vater steht, sondern sich vorübergehend aus der Beziehung zwischen den Eltern ausgeschlossen findet. Wichtig ist dieses Erlebnis, weil sich das Kind zwar im Augenblick verlassen fühlt, sich aber *in Anwesenheit* der geliebten Objekte verlassen fühlt. Dementsprechend reagiert es auch weniger mit Angst als mit Ärger oder Zorn. Und es kann absehen und erleben, wie die Eltern aus der Unterbrechung ihrer Bezogenheit auf das Kind wieder zu ihm »zurückkehren«.

Diese Ausschlusserlebnisse sind demnach wichtige Vorbereitungen tatsächlicher Trennungen, ein wichtiger Schritt in Richtung emotionaler Objektkonstanz (s. o.) denn es kann mitansehen,

- dass Alleinsein nicht heißt, dass Mama und/oder Papa böse auf mich sind;
- dass die geliebten Objekte auch in ihrer Abwesenheit nicht zu existieren aufhören, sondern bloß etwas anderes tun;
- und dass sie auch zurückkommen werden.

Dieses Ausschlusserlebnis aber hat noch einen weiteren Effekt. An seinem Vater lernt das Kind ein Modell von Beziehung zur Mutter kennen, das anders ist als seine eigene, noch symbiotisch gefärbte Beziehung: »Man kann die Mama lieben und von ihr geliebt werden, auch wenn man nicht mit ihr verschmolzen bleibt!« Oder anders ausgedrückt: »Ich brauche nicht zu fürchten, dass ich kraft meines Dranges, groß und unabhängig zu sein, riskieren muss, die Mama zu verlieren.«

In dieser ersten *Identifizierung mit dem Vater* macht sich das Kind also erste, von ihm wahrgenommenen Eigenschaften des Vaters zu eigen, wie Stärke, Unabhängigkeit und Furchtlosigkeit: Schließlich weint der Papa nie, wenn er von der Mama oder von mir »verlassen« wird, was nicht nur für das Selbstgefühl, sondern auch für die ersten Schritte in Richtung sexueller Identität von Buben und Mädchen bedeutsam ist. (Davon werden wir in den nächsten Vorlesungen mehr hören.[13])

Der Vater ermöglicht aber nicht nur dem Kind, sondern auch der Mutter die Möglichkeit, *ihre* Beziehung zum Kind zu triangulieren und somit zu entlasten: Das Wissen, nicht der einzige Mensch auf Erden zu sein, der für die Entwicklung des Kindes verantwortlich ist; einen Teil der so oft in sich widersprüchlichen Erwartungen der Kinder an seine Objekte einfach an den Vater delegieren zu können; die Möglichkeit, sich zurückzuziehen, weil das Kind dann ja von ihr nicht alleingelassen wird; in der Beziehung zum Vater eigene Liebesbedürfnisse befriedigen zu können. Die Beziehung zum Vater gibt aber noch einer weiteren, ganz normalen Regung Raum für Befriedigung: sich am Kind für seine Unersättlichkeit »zu rächen«, indem man es vorübergehend »verlässt« (= nicht in den Mittelpunkt der augenblicklichen Aufmerksamkeit stellt), was sich die Mutter leisten kann, weil sie ja dennoch »da« ist, und dem Kind nicht wirklich etwas passieren kann.

13 Vgl. das folgende Kapitel: *Wozu brauchen Kinder Väter?* in diesem Band.

Somit erhöht die frühe Triangulierung auch für die Mutter die Chance, sich nicht allzu sehr in die Konflikte mit dem Kind zu verstricken und sich jenes Mindestmaß an Ausgeglichenheit und Gelassenheit zu bewahren, das notwendig ist, um die Freude am Zusammenleben mit dem Kind nicht zu verlieren und die Fähigkeit, sich in das Kind einfühlen zu können, aufrecht zu halten.

An dieser Stelle muss ich freilich eine wichtige Einschränkung machen: Diese positive, entlastende und somit entwicklungsförderliche Funktion des Vaters kann sich nämlich nur dann entfalten, wenn die Beziehung *zwischen den Eltern in Ordnung* ist, und das heißt: dass das Kind die Eltern zusammen erleben kann, und dass diese in der Zeit des Zusammenseins vorwiegend liebevoll miteinander umgehen. Sollte das nicht der Fall sein, es zwischen den Eltern immer wieder laute Auseinandersetzungen oder gar Gewalt geben, kann die entlastende Triangulierung nicht funktionieren. Dem Kind fehlt dann nicht nur das Modell einer nicht-symbiotischen *Liebes*beziehung, unter Umständen bestärkt eine deutlich aggressiv gefärbte Beziehung zwischen den Eltern das Kind noch in seiner (ohnedies vorhandenen) Angst, sich aus dem Verschmolzensein mit der Mutter zu lösen: »Wer weiß, wenn ich mich von der Mama ein Stück unabhängig mache (wie der Papa), blüht uns das Gleiche, wie es jetzt zwischen den beiden ist: Streit, Hass, vielleicht sogar Gewalt! Da ist es besser, ich bleibe, wo ich bin oder verkrieche mich unter den Tisch.«

Schlusswort: Pädagogische Konsequenzen

Worauf müssen also Eltern, wenn sie ihr Kind auf diesen aufregenden ersten Schritten in die Welt hinaus begleiten und ihm ein gutes Fundament für sein Leben bereiten wollen, besonders achten? Die Antwort ist eigentlich recht einfach: auf nichts Besonderes!

- Um eine *hinreichend gute Mutter* zu sein bedarf es weder besonderer Talente noch Anstrengungen. Es genügt, wenn die Mutter in sich das Bedürfnis verspürt, ihr Kind zu verstehen und ihm Angebote zu machen, wie es seine Spannungen loswerden könnte, was Lust schenken könnte, also mit ihm auf eine gemeinsame Entdeckungsreise zu gehen. Zu entdecken gilt es, wie beide miteinander gut auskommen können und innerhalb dieser Beziehung zu entdecken: »Wer bist du?« und »Wer bin ich?« Das wird so lange kein Problem sein, als sich die Mutter in einem einigermaßen stabilen psychischen Zustand befindet.
- Dies ist das erste Mal, wo der Vater – vorerst noch indirekt – auf den

Plan tritt. Denn die psychische Befindlichkeit der Mutter – und mit dieser ihre Fähigkeit, für das Baby »good enough« zu sein – hängt sehr wesentlich vom Vater bzw. von der Güte der Mutter-Vater-Beziehung ab: Kann die Mutter, die ununterbrochen Liebe schenken muss, an der Liebe ihres Mannes »auftanken«? Kann sie sich sozial gesichert fühlen, um sich auf das, was das Baby brauchen könnte, zu konzentrieren? Gibt es etwas Drittes, worauf sie sich nach einem ganzen Tag Zwei-Einsamkeit mit dem Baby freuen kann? Gibt es jemanden, der ihr für ihre Mühe und Aufopferung dankt? (Damit soll freilich die Möglichkeit, dass sich eine Mutter auch ohne Vater glücklich und zufrieden fühlen kann, nicht ausgeschlossen werden.)
- Spätestens in der zweiten Hälfte des ersten Lebensjahres benötigt nun aber auch das Kind eine hinreichende Anwesenheit des Vaters, der sich mit ihm beschäftigt und ihm so vertraut wird, dass es seine erste richtige Liebesbeziehung auf den Vater ausweiten kann – eine ganz wichtige Voraussetzung für die Triangulierungsfunktion des Vaters im 2. und 3. Lebensjahr.
- In der so genannten »Übungsphase« (ca. 9.–18. Lebensmonat) und der »Wiederannäherungsphase« (ca. 18. bis 30. Lebensmonat) kommt dem Vater in der allmählichen Loslösung des Kindes von der Mutter eine zentrale Rolle zu. In vielfacher Weise entlastet die »Triangulierung« der Objektbeziehungen sowohl das Kind als auch die Mutter.

Ein paar entwicklungspsychologische Kenntnisse können die Aufgabe, dem Kind eine hinreichend gute Mutter und ein hinreichend verfügbarer Vater zu sein, zusätzlich erleichtern:
- der sexuelle Charakter seiner Erregungen;
- die Unkenntnis des Neugeborenen von der Wiederkehr »verschwundener« Personen;
- die Sinnhaftigkeit (sanfter) Brustentwöhnung, bevor die »Teilobjekte« zum Bild einer geliebten Person zusammengewachsen sind (mit ca. 6 Monaten);
- dass (ab Ende des 1. Lebensjahres) der entwicklungspsychologische Wert anderer (»dritter«) Bezugspersonen darin liegt, dem Kind Erfahrungen zu bescheren, die sich von denen, die es mit der Mutter macht, unterscheiden;
- die Normalität des Schwankens zwischen Regression und Autonomie, zwischen Liebe und Hass im 2. und 3. Lebensjahr;
- dass hinter scheinbaren »Machtkämpfen« und »Trotzanfällen« oft große

Verzweiflung steckt: die »Hexe«, zu der die Mutter wurde, loszuwerden und die »Fee«, die sie vorher war, wieder zu erlangen.

Die pädagogischen Probleme der ersten drei Jahre bestehen also in allererster Linie nicht in dem, was *zu tun* sei, sondern in den ökonomischen, sozialen und emotionalen Rahmenbedingungen, innerhalb derer sich die Entwicklung des Kindes bzw. der für es relevanten Beziehungen vollzieht:

- Unbewusste Probleme (»Übertragung«) der Eltern im Zusammenhang mit der Geburt des Kindes
- Partnerschaftskrisen
- Spannungen oder gar Gewalt zwischen den Eltern.

Außer diesen, schon erwähnten, Problemen gibt es vor allem im 2. und 3. Lebensjahr weitere mögliche Störfaktoren:

- Wie oft erfährt die Mutter-Kind-Beziehung nach dem ersten Lebensjahr eine abrupte Unterbrechung ihrer Kontinuität, weil das Karenzjahr zu Ende geht und die Mutter wieder arbeiten gehen muss!
- Wie oft lastet die gesamte Last der Pflege und Erziehung auf den Schultern der Mutter und erkennen die Väter nicht, welche enorme Bedeutung ihnen für die Entwicklung des Kindes zukommt!
- Viele Kinder kommen mit zwei Jahren in den Kindergarten und müssen mithin die Trennung von der Mutter zu einem Zeitpunkt erfahren, zu welchem sie – aufgrund der regressiven Wiederannäherungsbedürfnisse – besonders beunruhigend ist.
- Auch die Geburt eines Geschwisters wird während der Wiederannäherungsphase besonders bedrohlich erlebt, nimmt es dem Kind doch ein beträchtliches »Stück« der Mutter (Zeit, regressive Verwöhnung, Geduld, Einfühlung) weg. Aber gerade das zweite Lebensjahr ist bei Eltern offenbar ein besonders beliebter Zeitpunkt für die Anschaffung eines weiteren Kindes.

Und dann? Was macht man dann, wenn einer oder mehrere dieser Faktoren eintreten, die Mutter also jene »hinreichend gute« Einfühlung nicht mehr zuwege bringt und dem Kind der Vater möglicherweise überhaupt nicht zur Verfügung steht? Und vor allem: Woran kann ich erkennen, ob es für das Kind noch erträglich oder schon zu viel ist?

Es bleibt mir heute nicht mehr viel Zeit und so werde ich mich auf zwei Ratschläge beschränken. Vielleicht sind es aber überhaupt die beiden allerwichtigsten Ratschläge, die man Eltern von ganz kleinen Kindern geben kann:

- (auf die letzte Frage:) So lange es Ihnen – ob Sie nun Mutter oder Vater sind – bei aller Anstrengung mit dem Kind im Großen und Ganzen *gut geht*, Sie sich darüber *freuen* können, dass es Sie und das Kind gibt, ist alles in Ordnung. Sollte Ihnen jedoch über einzelne kritische Phasen hinaus die Freude *dauerhaft* abhanden kommen, müssen Sie im eigenen und im Interesse des Kindes etwas unternehmen, um die Situation zu verändern.
- Was zu verändern ist, kann freilich nur im jeweiligen Fall beantwortet werden. Daher gibt es in solchen Krisenfällen nur *eine einzige richtige Lösung*: eine auf frühe Entwicklungsprobleme spezialisierte Beratungsstelle aufzusuchen! Gerade in diesem frühen Alter genügen oft wenige Sitzungen, um auf den Grund der Probleme zu kommen und den »entgleisten Dialog« zwischen Kind und Eltern(teil) wieder in gute Bahnen zu lenken.

3.
Wozu brauchen Kinder Väter?

Editorische Vorbemerkung:
Am 04.10.2005 war H. Figdor von der Psychologischen Beratungsstelle in Tübingen eingeladen, für die Mitarbeiter/innen der Beratungsstelle eine Fortbildung zum Thema *Väter in Trennungs- und Scheidungsfamilien* zu leiten. Abends lud die Beratungsstelle zu einem öffentlichen Vortrag von H. Figdor zum Thema »Wozu brauchen Kinder Väter?« Bei dem folgenden Text handelt es sich um die (geringfügig bearbeitete) schriftliche Fassung dieses Vortrages.

Sehr geehrte Damen und Herren!
Liebe Kolleginnen und Kollegen!

I.

Ich habe ein Problem. Das wäre an und für sich nichts Besonderes und passiert mir wie Ihnen (leider) des öfteren, aber das Problem, das ich meine, hat mit meinem Vortrag zu tun: Auf den ersten Blick handelt es sich um einen Vortrag mit einem offenbar interessanten Thema, sonst wären Sie nicht so zahlreich erschienen. Aber ich liege wohl nicht falsch, dass sehr viele von Ihnen nicht aus einem bloß theoretischen Interesse heraus hierher gekommen sind, sondern weil Sie sich – aus verschiedenen Gründen – von diesem Thema persönlich betroffen fühlen. Das hat zur Folge, dass ich nicht einfach mit Ihrem Interesse oder Ihrer Neugier rechnen kann, sondern davon ausgehen muss, dass alles, was ich heute sage, Sie auch emotional berühren wird: Sie zuversichtlich stimmt oder traurig; zufrieden oder unglücklich; sie in Ihren bisherigen Ansichten und Ihrem Verhalten bestätigt oder – wenn das Gegenteil der Fall sein sollte – vielleicht auch spontanen Widerstand gegen meine Ausführungen provoziert. Letzteres, der Widerstand, hat zwar vielleicht den unmittelbaren Vorteil, Sie vor jenen unangenehmen Gefühlen zu schützen, jedoch den Nachteil, dass er in gewisser Weise die Sinnhaftigkeit meines Vortrags in Frage stellen würde: Jene, die schon bislang so dachten, würden nichts Neues erfahren, und die anderen sich gegen die Auseinandersetzung mit Neuem, Abweichenden sperren.

Darum möchte ich Ihnen zu Beginn einen Vorschlag machen: Versuchen Sie, sich während meines Vortrages eine Frage *nicht* zu stellen: »*Habe ich es* (in der Vergangenheit bzw. bisher) *richtig oder falsch gemacht*?« Warum ich Ihnen diesen Vorschlag mache? Weil es sich um eine Frage handelt, die sich meiner Erfahrung nach bei Themen, die so eng mit dem eigenen Leben verknüpft sind wie unser heutiges Thema »Väter«, zwangsläufig immer einstellt, nichtsdestoweniger eine sinnlose und unnötige Frage ist:

- Erstens: Fast alle Mütter und Väter handeln – bewusst – nach bestem Wissen und Gewissen. Moralische Verurteilungen oder Selbstbezichtigungen sind daher zumeist fehl am Platz! Aus welchen Gründen auch immer: Es ging (damals) wohl nicht anders.
- Sollten unter diesen Entscheidungen und Handlungen welche sein, die von einem pädagogischen Standpunkt und d.h. hier: vom Standpunkt

einer gesunden psychischen Entwicklung aus gesehen,[1] als eher ungünstig zu bewerten wären, lässt sich zwar an dem, was geschehen ist, im nachhinein nichts mehr ändern, was aber keineswegs heißt, dass man gar nichts mehr machen kann. Es ist in der Pädagogik nie zu spät: Die Kinderseele ist in hohem Maß flexibel, sodass auch noch später negative Einflüsse oder Entbehrungen kompensiert bzw. nachgeholt werden können – und zwar bis ins Jugendlichen-Alter hinein. Und falls Sie dabei Hilfe benötigen sollten: Ich hatte die große Freude, den ganzen heutigen Tag mit den Mitarbeiterinnen und Mitarbeitern der hiesigen psychologischen Beratungsstelle zu arbeiten und habe nicht nur ein überaus engagiertes, sondern ebenso hochkompetentes Team von Fachleuten kennen gelernt.

Es ist leicht möglich, dass einiges von dem, was ich Ihnen erzählen werde, auch schmerzliche Gefühle auslöst, die gar nichts mit Ihrer eigenen Mutter- oder Vaterschaft zu tun haben, sondern mit Wunden aus Ihrer längst vergangenen Kindheit, bzw. – es sind heute auch eine Reihe sehr junger Menschen hier – aus Ihrer Kindheit, die vielleicht noch gar nicht richtig zu Ende ist. Natürlich tut es mir persönlich leid, wenn das geschehen sollte. Allerdings: Es gehört zu den wichtigsten Voraussetzungen sowohl guter Elternschaft als auch professioneller pädagogischer Kompetenz, sich bewusst nicht nur mit den guten Seiten, sondern auch mit den Schattenseiten der eigenen Kindheit zu konfrontieren. Die *Erinnerung* ist Ihr Kapital, sich in Ihre oder die Ihnen anvertrauten Kinder einfühlen zu können, während die *Verdrängung* sehr oft dazu führt, unbewusst, also ohne es zu bemerken, an den eigenen Kindern zu wiederholen, woran man selbst in der Kindheit gelitten hat.

Kurz und gut: Hören Sie einfach zu, bewerten Sie nicht, was gewesen ist, fürchten Sie sich weder vor Einsichten noch eigenen Gefühlen. Benützen Sie vielmehr meinen Vortrag für die Frage: »Sollte ich *in Zukunft* etwas ändern?« bzw., falls Sie noch gar nicht Mutter oder Vater sein sollten: »Worauf möchte ich später bei meinen Kindern achten?«

1 Zur »gesunden psychischen Entwicklung« vgl. die *Einleitung*, ferner Kap 1: *Wie viel Erziehung braucht der Mensch?* und Kap. 9: *Das Unbewusste im Musizieren* in diesem Band.

II.

Wozu also brauchen Kinder Väter? Die Frage kann nach zwei Seiten hin ausgelegt werden. Erstens: Wozu brauchen Kinder *überhaupt* Väter? Also: Brauchen sie sie eigentlich? Und zweitens: Wozu *genau* brauchen Kinder Väter *unbedingt*?

Ich werde mich im Folgenden vor allem mit der 2. Frage (Wozu genau brauchen Kinder Väter unbedingt?) beschäftigen. Denn wenn sich herausstellen sollte, dass es sich bei den Funktionen, die dem Vater zukommen, um entwicklungspsychologisch bedeutsame Funktionen handelt, beantwortet sich die 1. Frage von selbst.

Beginnen wir also ganz von vorne. Dass wir uns Fragen wie diese überhaupt stellen und darüber nachdenken, hängt mit zwei großen Entdeckungen *Sigmund Freuds* zusammen: dass die in der Kindheit gemachten Erfahrungen einen entscheidenden Einfluss auf die Entwicklung der späteren Persönlichkeit haben (seelische Probleme und Störungen miteingeschlossen); und dass dabei nicht nur das eine Rolle spielt, was wir bewusst denken, fühlen und erinnern, sondern an der Entwicklung wie auch an der Gestaltung unseres Alltags unbewusste Prozesse einen wesentlichen Anteil haben. Wäre dem nämlich nicht so, wäre die Antwort ganz einfach: Wenn sich jemand anderer um die hinreichende Pflege und Förderung von Kindern kümmert, bedarf es nicht unbedingt eines Vaters (allerdings auch nicht unbedingt einer Mutter). Und wenn ein Kind nicht bewusst an seinen Vater denkt oder ihn gar vergessen hat, macht es ihm auch nichts aus. Für uns ist die Bedeutung der Kindheit und des unbewussten Seelenlebens eine Selbstverständlichkeit geworden, vor hundert Jahren waren das aber ganz revolutionäre Erkenntnisse.

Interessanterweise stand in der Frühzeit der Psychoanalyse, also vor dem 2. Weltkrieg, zu Freuds Lebzeiten, die Mutter-Vater-Kind-Triade im Zentrum der theoretischen Aufmerksamkeit, vor allem jene von inneren Konflikten geprägte Beziehungskonstellation zwischen dem 4. und 7. Lebensjahr, die unter dem Namen »ödipale Phase« bzw. »Ödipuskomplex« in den Wortschatz der Umgangssprache Eingang gefunden hat: Unter dem Einfluss einer Reihe von entwicklungspsychologischen, seelischen und gesellschaftlichen Faktoren kommt es etwa im vierten Lebensjahr zu einer geschlechtsspezifischen Akzentverschiebung in den emotionalen Beziehungen der Kinder. Die Buben richten den größeren Teil ihrer zärtlichen und besitzergreifenden Strebungen (weiterhin) auf die Mutter, die Mädchen dagegen (von der Mutter weg) auf den Vater. Angesichts der Liebesbeziehung zwischen den Eltern wird im Erleben des Kindes der gleichgeschlechtliche Elternteil somit zum Rivalen. Die gleichgeschlechtliche Objektbeziehung wird dadurch zu einem Feld massiver *psy-*

chischer Konflikte, welche für die narzisstischen Bedürfnisse des Kindes (groß sein zu wollen) und seine Sicherheitsbedürfnisse (geborgen zu sein) eine eminente Gefahr bilden: denn der Bub liebt seinen Vater dennoch weiterhin und das Mädchen seine Mutter. Unter günstigen Umständen gelingt es den Buben schließlich, in einen Prozess zunehmender Identifizierung mit dem Vater dem inneren Konflikt zwischen Liebe und Eifersucht und damit einem großen Teil der ödipalen Ängste zu entgehen. In gleicher Weise lösen die Mädchen den Ödipuskomplex durch die Identifizierung mit der Mutter. An die Stelle der Frage »Wen von uns beiden liebt die Mama bzw. der Papa mehr?« tritt dann die Feststellung des Buben »Wir beide (Papa und ich) lieben die Mama und werden von ihr geliebt« bzw. des Mädchens »Wir beide (Mama und ich) lieben den Papa und werden von ihm geliebt.« Diese Identifizierung mit dem ödipalen Rivalen macht es den Kindern möglich, die Beziehung zum ödipalen Liebesobjekt zu sichern, freilich um den Preis einer mehr oder weniger vollständigen Verdrängung der die Liebesregungen der ödipalen Zeit begleitenden sexuellen Wünsche und Phantasien.[2] Mit dieser (post-)ödipalen Identifizierung geht eine entscheidende Weichenstellung in der Entwicklung der sexuellen Identität von Mädchen und Buben einher sowie die Verinnerlichung von Werten und Normen (das so genannte »Über-Ich«), also der Kern dessen, was wir umgangssprachlich als Gewissen bezeichnen.

Etwa ab den 1940er Jahren verschob sich das Forschungsinteresse auf das erste Lebensjahr, wodurch die Mutter-Kind-Beziehung ins Zentrum der Aufmerksamkeit rückte. Die Entdeckungen über das, was sich vom ersten Lebenstag an zwischen der Mutter und ihrem Baby abspielt,[3] waren so reichhaltig und zum Teil sensationell, dass in Laien-, aber teilweise auch in Fachkreisen[4] allmählich die Ansicht Verbreitung fand: »Es wäre natürlich begrüßenswert, wenn ein Kind mit Mutter und Vater aufwachsen kann. Für eine gesunde psychische Entwicklung bedarf es jedoch in allererster Linie einer guten Mutter-Kind-Beziehung!«

Diese Ansicht blieb nicht ohne gesellschaftspolitische Auswirkungen: Das

2 Der Ödipuskomplex ist ein überaus komplexes psychisches Geschehen, von welchem ich hier nur den »Hauptstrom« skizziert habe. Daneben existiert noch der, üblicherweise schwächer ausgebildete »negative Ödipuskomplex«, d.h., das Kind betrachtet auch den gegengeschlechtlichen Elternteil als Rivalen in seiner weiter bestehenden Liebe zum gleichgeschlechtlichen Elternteil. Schließlich finden die ödipalen Wünsche der Kinder eine Ergänzung in (unbewussten) ödipalen Phantasien der Eltern. Diese erotischen Übertragungen der Eltern auf ihre Kinder werden besonders bedeutungsvoll, wenn der Partner als Liebes- und Sexualobjekt wegfällt. Zu den sexuellen Wünschen und Phantasien der Kinder vgl. Kap. 4: *Über die Sexualität der Kinder* im 1. Band (Figdor 2006a).

3 Vgl. dazu Kap. 2 in diesem Band: *Die ersten drei Jahre*.

4 Vgl. z.B. Goldstein/Freud/Solnit 1979.

Sorgerecht unehelich geborener Kinder wurde automatisch den Müttern übertragen; die alleinige Sorge eines Elternteils – fast immer der Mutter – wurde zum Standardmodell pflegschaftsgerichtlicher Entscheidungen bei der Scheidung der Eltern; und das Besuchs- bzw. Umgangsrecht wurde als Recht der Väter, nicht aber als pädagogische Notwendigkeit, also als Recht der Kinder, definiert. Die Folgen waren beträchtlich: Gut 40% der Kinder, deren Eltern sich scheiden ließen, hatten drei Jahre nach der Scheidung überhaupt keinen Kontakt mehr zu ihren Vätern, 75% (!) keinen regelmäßigen. Die Auswirkungen blieben aber nicht auf den Bereich Scheidung/Trennung beschränkt. Die 2. Hälfte des 20. Jahrhunderts war durch einen spürbaren Rückzug der Väter von erzieherischer Verantwortung geprägt. Kinder und Erziehung galt für beide Geschlechter als unbestrittene Kompetenz der Mütter, und das ausgerechnet in einer Zeit, in welcher die Frauen um Emanzipation im öffentlichen Bereich kämpften, wodurch sich ihre Belastung noch erhöhte.

Dass dieser Rückzug der Väter nicht nur in einer (traditionellen) *familiären* Arbeitsteilung – für das Geldverdienen sind die Väter, für Haushalt und Erziehung die Mütter zuständig – wurzelte, sondern mit einem geschlechtsspezifischen Rollenverständnis zu tun hat, zeigt sich unter anderem auch daran, dass dieser »Rückzug von den Kindern« auch im professionellen Bereich stattfand. Wo gibt es heute noch männliche Volks- bzw. Grundschullehrer? Auch die Lehrer in den Hauptschulen und Gymnasien sind überwiegend weiblich. Bilden die Männer bei den Ärzten immer noch die stattliche Mehrheit, sind die meisten Kinderärzte Frauen. Und – zumindest in Österreich – stößt man auf größte Probleme, sucht man für ein Kind einen männlichen Kinderpsychotherapeuten. In meiner Einführungsvorlesung für Studierende der Erziehungswissenschaft sitzen etwa 400 Hörer, unter ihnen weniger als 20 männliche.

Nun hat sich freilich in den letzten 15 bis 20 Jahren diesbezüglich einiges geändert. Den sichtbarsten Ausdruck fand diese Veränderung in der Familiengesetzgebung zahlreicher Länder. Das gängige Modell des alleinigen Sorgerechts eines Elternteils wich dem Modell der gemeinsamen Sorge: In Deutschland teilen sich 5 Jahre nach der Einführung des neuen Kindschaftsrechts 1970 mehr als 70% der Eltern, die sich heute scheiden lassen, das Sorgerecht; die Rate der Beziehungsabbrüche zwischen Kindern und Vätern, die auch nach der Scheidung sorgeberechtigt bleiben, ist in Scheidungsfamilien mit gemeinsamer Sorge sensationell auf etwa 15% zurückgegangen.[5] Jüngere Forschungen

5 Vgl. Proksch 2002; Eine ähnliche Entwicklung zeichnet sich auch in Österreich ab (vgl. Figdor/Barth-Richtarz 2006, Barth-Richtarz 2006).

lassen erkennen, dass sich immer mehr Väter aufgerufen fühlen, am Leben und an der Erziehung ihrer Kinder größeren Anteil zu nehmen – auch wenn man Quantität und Tempo dieser Neuorientierung nicht überschätzen sollte .

Diese Veränderungen haben ihre Grundlage in einer bedeutsamen Neuorientierung der psychologischen und pädagogischen Forschung. Die Systemtheorie (Familientherapie) machte uns darauf aufmerksam, dass das Schicksal von Zweierbeziehungen nicht nur von der Begegnung dieser beiden Menschen, sondern auch vom umgebenden Beziehungssystem geprägt wird; Psychoanalytiker, die sich mit der frühen Mutter-Kind-Beziehung beschäftigten, erkannten, dass für die Entwicklung, aber auch für die Güte dieser Beziehung dem Vater als »drittem Objekt« eine wesentliche Funktion zukommt,[6] schließlich verdanken wir der Scheidungsforschung zahlreiche Einsichten über die Folgen des Vaterverlustes und dadurch indirekt wiederum über die Bedeutung von Vätern, die für ihre Kinder verfügbar sind.[7]

Will man die Erkenntnisse der jüngeren Forschung im Hinblick auf die leitende Frage meines heutigen Vortrages – Wozu brauchen Kinder Väter? – zusammenfassen, so ließe sich formulieren: Eine gute Vater-Kind-Beziehung bietet zwar ebenso wenig eine Garantie für eine gesunde psychische Entwicklung wie eine gute Mutter-Kind-Beziehung. Schließlich gibt (und gab es immer) auch bei Kindern, die in so genannten intakten Familien aufwuchsen, seelische Probleme; schließlich entdeckte Freud die Mechanismen der Neurosenentstehung nicht an Patienten, die aus Scheidungsfamilien kamen. Aber eines lässt sich mit Sicherheit sagen: *Ohne* eine gute Beziehung zu Mutter *und* Vater ist eine gesunde psychische Entwicklung nicht denkbar. Oder anders ausgedrückt: *Ein funktionierendes Beziehungsdreieck zwischen Mutter, Vater und Kind ist – selbst wenn sich Mutter und Vater als Paar getrennt haben sollten – zwar noch keine hinreichende, jedenfalls aber eine notwendige Voraussetzung für eine gesunde Entwicklung der Kinder.*

Ich traue mich zu behaupten, dass unter allen gegenwärtigen Fachleuten, die sich mit der »Väter-Frage« wissenschaftlich seriös auseinandergesetzt haben, über diesen Befund Übereinstimmung herrscht.

Ich werde versuchen, in der Kürze der Zeit, die mir zur Verfügung steht, Ihnen wenigstens einen Eindruck von den vielfältigen Funktionen des Vaters zu vermitteln, sodass Sie meiner Behauptung von der Wichtigkeit der Väter nicht nur mehr oder weniger Glauben schenken müssen, sondern vielleicht

6 Vgl. z. B. Kapitel 2: *Die ersten drei Jahre* in diesem Band.
7 Vgl. z. B. Fthenakis 1988, Grieser 1998, Petri 1999 Steinhardt/Datler/Gstach 2002.

auch etwas von dem spüren können, was »der Papa« für das heranwachsende Mädchen und den heranwachsenden Buben bedeutet.

III.

Zunächst ist es sinnvoll, zwei Arten von Funktionen des Vaters zu unterscheiden:

- die Bedeutung des Vaters als »drittes Objekt«, also als zweiter (andersgeschlechtlicher) Erwachsener, der die ursprünglich nahezu exklusive Diade (= Zweierbeziehung) zwischen Mutter und Kind allmählich zu einer Triade (= Drei-Personen-Beziehung) erweitert. Ich bezeichne sie als die *strukturelle Bedeutung* des Vaters.
- die Bedeutung des Vaters als (bewusst erlebte) Bezugsperson des Kindes, die Bedeutung der »*Objektbeziehung*« zum Vater.

Die »frühe Triangulierung«

Eine Mutter sucht mich in meiner Praxis auf. Sie berichtet von nicht enden wollenden Kämpfen mit ihrem 4jährigen Sohn Ricki, der keinerlei Grenzen akzeptiert, Wutanfälle bekommt, wie man sie höchstens von Zwei- bis Dreijährigen (»Trotzalter«) kennt. Sie wirkt völlig überlastet und verzweifelt. Ich frage sie, ob es auch Probleme mit der Sauberkeit gäbe – ein häufiges Begleitsymptom derartiger Beziehungsschwierigkeiten – und sie bestätigt, dass er fast jede Nacht das Bett nass mache.

Wenn ich von Problemen dieser Art höre, ist meine erste Assoziation: Diesem Kind stand (spätestens ab dem 2. Lebensjahr) kein emotional und einigermaßen kontinuierlich erreichbarer Vater zur Verfügung. In geschätzten sieben von zehn Fällen trifft sie zu.[8] (Häufig kommt hinzu, dass es sich um Kinder handelt, die übermäßig lang von ihren Müttern gestillt wurden.[9]) So auch

8 Nimmt man sich der emotionalen Probleme dieser Kinder nicht an – etwa im Rahmen einer Erziehungsberatung – entwickeln übrigens viele von ihnen, ganz besonders Buben, eine Symptomatik, die später von Psychologen als »ADS« oder »ADHS« (Aufmerksamkeitsdefizit- und Hyperaktivitäts-Störung) diagnostiziert wird. Das Verhalten dieser Kinder wird heute vorschnell genetischen Ursachen angelastet, also als »Krankheit« betrachtet und in überaus bedenklicher Weise zunehmend mit Psychopharmaka (»Ritalin«) behandelt. (Vgl. dazu u.a. Bovensiepen/Hopf/Molitor 2002) Heinemann/Hopf 2006.

9 Vgl. dazu in diesem Band Kap. 2: *Die ersten drei Jahre*.

diesmal. Die Mutter hatte sich schon vor der Geburt vom Vater getrennt und die spärlichen Kontakte zwischen Vater und Sohn rissen kurze Zeit nach dem ersten Geburtstag ab. Wie aber ist dieser Zusammenhang zu erklären? Das Kind hat doch seinen Vater nie richtig kennen gelernt, verlangt auch nicht nach ihm!

Die Antwort darauf ist in der *strukturellen Bedeutung des Vaters* für die Entwicklungsaufgaben, vor die sich das Kind in den ersten drei Lebensjahren gestellt sieht, zu suchen. Als drittes Objekt ist er ein unerlässlicher Unterstützer und Katalysator der allmählichen Loslösung des Kindes aus der symbiotischen Verschmolzenheit mit der Mutter (in den ersten drei Lebensmonaten) bis hin zu dem Bewusstsein, in der Mutter zwar ein Liebesobjekt zu haben, aber als »Ich« eine von ihr unabhängige Existenz zu führen (etwa mit 3 Jahren). Das bedeutet unterscheiden zu können, zwischen dem, was ich (als Kind) will und dem was du (die Mutter) willst; was meine Gefühle sind und welche Gefühle zu dir gehören; was auch heißt, auf meine Illusion meiner Macht über dich (bzw. das symbiotische »uns«) zu verzichten, weil du ebenso unabhängig von mir bist wie ich von dir; und mir sicher zu sein, dass du weiterhin in Liebe zu mir existierst, auch wenn du gerade nicht hier, also von mir getrennt bist. Rickis Verhalten macht ganz deutlich, dass er diese Entwicklungsstufe noch nicht erreicht hat.

Um besser zu verstehen, wieso für diese Entwicklung der Vater so wichtig ist, eignet sich ein Bild, das der englische Psychoanalytiker Abelin von dieser Zeit der Loslösung aus der Mutter-Kind-Symbiose zeichnete, besser als jede theoretische Erklärung. Er vergleicht *die Mutter* mit einem sicheren Hafen, in dem man alles hat, was man zum Leben braucht und zudem von der Unbill des Wassers und der See geschützt ist. Jeder Seemann aber wird mit der Zeit unruhig, denn die Weite des Meeres, der Welt übt einen immer größeren Reiz aus. Doch ist die eigene Ausstattung – vielleicht ein Ruderboot – viel zu gering und der Ozean viel zu weit und unberechenbar. Wenn nun aber der Bucht, in welcher sich der Hafen befindet, eine Insel vorgelagert wäre – nicht allzu weit entfernt, mit ähnlicher Vegetation, voraussehbarem Wetter – dann könnte ich es wagen, hinzurudern, ohne allzu große Angst haben zu müssen. Und ich kann jederzeit, wenn mir danach ist, wieder zurück rudern. Als solch eine Insel müssen wir uns den Vater vorstellen. Auf diese Weise, »ganz allein« zwischen Mutter und Vater hin- und her»rudernd«, vermag ich mich schon als richtiger (See)*Mann* zu fühlen. Fehlt hingegen diese Möglichkeit, diesen ersten Schritt in die Welt zu wagen, bleibe ich im Hafen = Mutterschoß gefangen, während mein Wünschen und Streben hinausgerichtet ist. Und so kann es leicht geschehen, dass ich beginne, gerade jenen Ort, der mir immer alles geboten hat und noch bietet, nicht nur zu lieben, sondern zugleich (oder abwechselnd) zu hassen.

Die ödipale Triangulierung

Es versteht sich von selbst, dass bei den meisten ganz kleinen Kindern, die (im Vergleich zur Mutter) zum Vater noch keine intensive Objektbeziehung aufgebaut haben – es gibt aber hier von Familie zu Familie sehr große Unterschiede –, jene strukturellen Funktionen im Vordergrund stehen. Diese spielen aber auch in der Folge eine große Rolle. Von der ödipalen Phase war vorhin schon kurz die Rede. Zu ergänzen wäre, dass diese Zeit zwischen dem 4. und 7. Lebensjahr für die Kinder nicht nur durch schwierige innere Konflikte und daraus resultierende Ängste geprägt ist, sondern diese Phase, mit all ihren Belastungen, für die künftige Persönlichkeitsentwicklung der Kinder von großer Bedeutung ist. Mit ca. 6 Jahren – also noch vor dem Schulbesuch – hat das Kind gelernt,

- wie man mit den Konflikten, die sich ergeben, wenn man zu mehr als einer Person eine Liebesbeziehung unterhält, umgehen kann;
- dass man nicht untergeht, wenn die geliebten Personen auch untereinander eine Liebesbeziehung haben, ich mich also vorübergehend ausgeschlossen fühle;
- dass ich an Stärke, Selbstvertrauen und Autonomie gewinne, indem ich mich mit den Großen identifiziere;
- wodurch die Überzeugung »Auch ich werde eines Tages so groß, schön, gescheit, unabhängig und frei von Angst sein wie die Mama bzw. der Papa« zu einem Teil des Selbstbildes wird;
- mit dem Ergebnis, dass nicht nur die Gegenwart, die ja primär durch meine Unterlegenheit gekennzeichnet ist, zählt, sondern die Zukunft, also das, was ich einmal sein werde, zu einem wichtigen Teil auch meines gegenwärtigen Lebens wird, woraus sich bedeutsame emotionale Konsequenzen ergeben: dass ich Zukunft habe, tröstet über die Gegenwart; dass ich groß sein werde, verringert den inneren Zwang, hier und jetzt mit aller Kraft gegen die überlegenen Erwachsenen kämpfen zu müssen; schließlich richtet sich auch mein Ehrgeiz auf alles, was mit Zukunft und Großwerden zu tun hat – und dazu gehört nicht zuletzt das schulische Lernen.

Es bedarf wohl kaum einer weiteren Argumentation, um sich vorstellen zu können, dass diese wichtigen Schritte der Persönlichkeitsreifung dem Kind bei Abwesenheit des Vaters weit schwerer fallen.[10]

Die Entlastung der mütterlichen Objektbeziehung

Eine weitere strukturelle Funktion des Vaters möchte ich nicht unerwähnt lassen. Die Entlastung der Mutter-Kind-Beziehung von Konflikten auch über den Individuationsprozess der ersten Jahre hinaus.

Eine Szene, die alle, die mit Kindern zu tun haben kennen: Die Tochter – nennen wir sie Mara, 9 Jahre alt – ist mit ihrer Mutter zusammengekracht. (So etwas passiert, Gründe dafür gibt es hunderte: Die Welt, die wir unseren Kindern bieten (müssen), gerät mehrmals täglich in Konflikt mit dem, was Kinder gerne hätten oder täten.) Warum auch immer, Mara ist stinksauer auf ihre Mutter und zwar (aus ihrer Sicht) zurecht. Die Mutter sieht das natürlich anders, will sich das Aufbegehren ihrer Tochter nicht länger gefallen lassen und schickt sie (aus ihrer Sicht) zurecht in ihr Zimmer, andernfalls könne sie das morgige Fest bei ihrer Freundin in den Wind schreiben. Brüllend und Türen knallend verschwindet Mara in ihrem Zimmer. Dort schmiedet sie Rachepläne: Sie wird mit ihrer Mutter kein einziges Wort mehr reden, sie wird schon sehen! Sie wird auch nichts mehr anrühren, was ihre Mutter gekocht hat! Vielleicht geht sie einfach nicht mehr in die Schule, und dann kommt die Mutter ins Gefängnis, weil sie der Schulpflicht für ihre Tochter nicht nachkommt. Oder aber sie steigt der Mutter das nächste Mal auf den Fuß, was ihr besonders weh tut, weil sie Hühneraugen hat.... Von Idee zu Idee wird Mara größer und mächtiger, bis es ihr so richtig gut geht. Sie beschließt, ein Bild zu malen, von einer mächtigen, bösen Prinzessin, die alle, die ihr Böses wollen, in Bäume verzaubert. Nach einer halben Stunde ist sie fertig. Allerdings gerät ihr die Prinzessin inmitten eines freundlichen Waldes ganz lieblich, was Mara inzwischen aber gar nichts ausmacht. Sie findet ihr Bild überaus gelungen und tut, was sie immer tut, wenn sie etwas Schönes gezeichnet oder gemalt hat: Sie zeigt es ihrer Mutter. Diese – auch ihre Wut ist inzwischen verraucht – ist froh, dass ihre Tochter »nicht mehr spinnt«, bewundert das Bild, worauf Mara es ihr zum Geschenk macht ...

So weit, so gut. Aber was hat das mit dem Vater zu tun? Nun, Mara hat sich für eine begrenzte Zeit ihrer Mutter emotional völlig entledigt, jedenfalls als Objekt ihrer zärtlichen Zuneigung. Ja, sie ist in ihrer Wut sogar gewillt, sie ins

10 Zur ödipalen Entwicklung bei real abwesenden Vätern vgl. Figdor 1991.

Gefängnis zu schicken. Wenn man bedenkt, wie abhängig Mara von ihrer Mutter ist, wie sie sie eigentlich liebt, sind diese aggressiven Phantasien, psychologisch betrachtet, eine enorme Leistung. Dazu war jedoch Mara nur in der Lage, weil alle ihre Rachephantasien von einem entscheidenden Gedanken getragen waren, den ich Ihnen bei der vorhergehenden Schilderung verschwiegen habe: »Ich brauch die Mama überhaupt nicht, ich hab ja den Papa! Und der liebt mich wirklich!« Ohne diesen tröstlichen Gedanken, hätte sie die Verstimmung mit der Mutter, die ja dann »der einzige Mensch auf der Welt ist, den ich habe«, zutiefst bekümmern und ängstigen müssen. Das aber ist genau die emotionale Konfliktsituation, die früher oder später dazu führt, Konflikte aus Angst vor Beziehungsverlust zu vermeiden, Enttäuschung und Ärger hinunterzuschlucken (zu »verdrängen«, wie wir das psychoanalytisch ausdrücken). Das führt entweder zu einer Überanpassung der Kinder[11] oder zu einem Wechselbad zwischen harmonischer Zärtlichkeit zwischen Mutter und Kind und zeitweisen, besonders heftigen Explosionen, wenn dem Kind die Verdrängung nicht mehr gelingt. Man kann sich das wie einen Druckkochtopf vorstellen, dessen Ventil nicht spontan auf den Druck reagiert, sodass immer wieder ein bisschen Dampf abgelassen werden kann, sondern zugedreht ist, dann aber von Zeit zu Zeit der Deckel in die Luft fliegt.

Mara hingegen kann ihre Wut *unterbringen* (Dampf ablassen): zuerst durch reales Aufbegehren, dann in der Phantasie (in ihren Rachegedanken) und schließlich – in einem Zustand von Autonomie und angstfreiem Stolz – symbolisch durch kreatives Gestalten (Malen). Und das alles durch die bloße Existenz des Vaters, der gar nicht anwesend sein muss und von all dem überhaupt nichts weiß. Übrigens erfüllt er diese Funktion wahrscheinlich nicht nur für Mara: Nachdem Mara türenknallend in ihrem Zimmer verschwunden war, kann sich die Mutter ausmalen, wie sie abends ihrem Mann ihr Leid klagen würde, wie dieser ein ernstes Wort mit der Tochter spricht usw. Auch für sie funktioniert der Vater als eine Art emotionales Ausweichgleis, als konfliktmilderndes »drittes Objekt«, das ihr wie auch Mara ermöglicht, mit ihrer liebevollen Beziehung dort fortzufahren, wo sie vor einer halben Stunde unterbrochen wurde.

11 Zu den Gefahren einer aus Angst geborenen Anpassung vgl. Kap. 1: *Wie viel Erziehung braucht der Mensch?* in diesem Band.

Der Vater als Liebes- und Identifizierungsobjekt

Ihrem Empfinden vertrauter werden wohl jene Bedeutungen des Vaters sein, die sich aus der unmittelbaren Beziehung des Kindes zu ihm ergeben. Spätestens ab dem 4. Lebensjahr nimmt die Attraktivität des Vaters rasant zu. Besonders die Mädchen entwickeln gegenüber den Vätern eine zärtliche, zumeist leidenschaftliche Zuneigung. Wenn einige meiner weiblichen Zuhörerinnen sich an jene frühe Liebe zu ihrem Vater nicht erinnern können, so heißt das keinesfalls, dass sie nicht stattgefunden hat: denn gerade die Gefühle und Phantasien der ödipalen Zeit verfallen etwa ab dem 6., 7. Lebensjahr der Verdrängung. Wenn Sie sich heute (hoffentlich!) als Frau erleben, die Männern gegenüber zärtliche und erotische Gefühle entwickeln kann, die über bloße sexuelle Anziehung hinausgehen, dann schöpfen sie unbewusst aus dieser ödipalen Quelle. (Freilich wäre es auch denkbar, dass Ihr »Reservoir zärtlicher Liebe« ausschließlich aus Ihrer frühen Mutter-Beziehung stammt. Ich komme auf diese Variante gleich zu sprechen.)

Für Mütter ist dieser Wechsel der Bevorzugung oft schwer zu verkraften, und sie suchen irrtümlicherweise nach einer Störung in der Beziehung zur Tochter, reagieren gekränkt, und/oder mit Rückzug oder Aggression. Aber keine Angst: Es ist ganz normal und mit 6 oder 7 Jahren kommt Ihr Töchterchen wieder »zurück«! Allerdings kommt es auch vor, dass Mädchen ihre ödipale Liebe nicht offen zeigen, speziell dann, wenn die Väter selten anwesend sind oder ihrerseits nicht offensiv auf ihre Töchter zugehen.

Solch ein Verhalten sollte uns eigentlich gar nicht so besonders befremden. Mir fällt dazu ein Jugenderlebnis ein. Ich war ca. 16 Jahre alt und verfiel einem Mädchen aus der Parallelklasse, mit der ich zweimal pro Woche in einer freiwilligen musikalischen Übung zusammentraf. Ich »schaffte« es ein ganzes Jahr lang, jedes Mal schräg hinter ihr zu sitzen, sie die ganze Stunde hindurch begehrlich anzusehen – natürlich so, dass sie es nicht bemerkte –, ohne jemals ein Wort an sie zu richten. Dann war sie eines Tages verschwunden, weil sie in eine andere Schule wechselte. Sie hat nie erfahren, dass sie monatelang der Gegenstand der Träume eines Schulkameraden war …

Auch Buben lieben ihre Väter, doch ihre Liebe ist weit weniger von der zärtlich-leidenschaftlichen Art der Mädchen – diese Gefühle richtet der Bub weiterhin auf die Mutter –, sondern ist vielmehr von der Sehnsucht und dem Ehrgeiz geprägt, so zu werden wie der Vater. (Zwar habe ich vorhin davon gesprochen, dass die Identifizierung der Buben mit ihren Vätern, wie auch die Identifizierung der Mädchen mit den Müttern, die ödipale Phase im 6., 7.

Lebensjahr abschließt, doch ist das, was wir in der Psychoanalyse mit »Identifizierung« bezeichnen, natürlich kein punktuelles Geschehen – etwa in dem Sinn, dass die Buben/Mädchen abends »unidentifiziert« ins Bett gingen und am nächsten Morgen mit ihren Vätern/Müttern identifiziert aufwachen würden. Vorläufer von Identifizierungen finden wir schon in den ersten zwei Lebensjahren. Es handelt sich um einen allmählichen Prozess, der im 6., 7. Lebensjahr lediglich seinen Abschluss findet.) Wie furchtbar, in dieser Situation vom Vater »verlassen« zu werden. Dabei besteht die Tragik, wie wir gleich sehen werden, nicht nur im Verlust des wichtigsten oder zweitwichtigsten Menschen.

Der Vater als Teil der geschlechtlichen Identitätsfindung

Was heißt »sexuelle Identitätsfindung«? Darunter ist die Gesamtheit der bewussten wie unbewussten Vorstellungen darüber zu verstehen, was es heißt, »ein Bub« oder »ein Mädchen« zu sein, was es heißt »ein Mann zu werden«, »eine Frau zu werden«. Dass Väter für die sexuelle Identitätsfindung ihrer Söhne bedeutungsvoll sind, hat sich zum Teil schon herumgesprochen. Aber sie sind für jene der Mädchen nicht minder wichtig. Denn das, was man mit Erik E. Erikson Identitätsgefühl nennt,[12] also auch das sexuelle Identitätsgefühl, setzt sich aus drei Komponenten zusammen: Zum einen sind da die vom Kind an einem geliebten Objekt wahrgenommenen Eigenschaften. Das Kind möchte also so aussehen, reden, sich bewegen, sein wie die Mama oder Papa. Es möchte einmal so groß, so schön, so gescheit werden wie Mama oder Papa und »arbeitet« schon jetzt daran. Psychoanalytisch gesprochen *identifiziert* sich das Kind mit seinen Eltern. Und ab dem Eintritt in das ödipale Alter gewinnt der gleichgeschlechtliche Elternteil als »Identifizierungsobjekt« immer größere Bedeutung, also der Vater für die Buben und die Mutter für die Mädchen. Daneben gibt es jedoch – wenngleich meist unbewusst – auch eine gegengeschlechtliche Identifizierung. Mit anderen Worten: Buben nehmen immer auch Eigenschaften ihrer Mutter und Mädchen Eigenschaften ihrer Väter in sich auf. Eine einigermaßen gut funktionierende Mutter-Vater-Kind-Triade gewährleistet unter anderem auch ein gewisses Gleichgewicht von »männlichen« und »weiblichen« Persönlichkeitsanteilen. An die dritte Komponente des Identitätsgefühls wird seltener gedacht: Das Kind identifiziert sich nicht nur mit wahrgenommenen Eigenschaften seiner Eltern, sondern

12 Erikson 1959.

auch mit der Beziehung, die die Eltern ihrerseits zu ihm haben oder richtiger ausgedrückt: mit der Vorstellung, die sich das Kind von der Beziehung seiner Eltern zu ihm macht:

- Wenn ich als Kind das Gefühl habe, Mama oder Papa liebt mich, fühle ich mich liebenswert und mag mich auch selbst.
- Wenn ich das Gefühl habe, die Mama oder Papa ist stolz auf ihre Tochter/ihren Sohn, dann fühle ich mich als »richtiges Mädchen«, als »richtiger Bub« und bin selbst auf mich und mein Geschlecht stolz.

Ebenso verhält es sich, wenn sich diese Eindrücke nicht auf mich, als »ganzes« Kind, sondern selektiv auf bestimmte Seiten meiner Person beziehen. Wenn ich also das Gefühl habe, Mama oder Papa lieben mich nur, wenn ich »brav«, »anschmiegsam«, »selbständig«, »stark«, »männlich«, »weiblich«, »vernünftig«, »emotional«, »vergnügt«, »leidend« usf. bin,

- werde ich entweder mich nicht mögen können, wenn ich »nicht brav«, »nicht anschmiegsam«, »nicht selbständig« usw. bin und diese Seiten meiner Persönlichkeit allmählich verlieren (verdrängen);
- oder ich kämpfe beständig dagegen an, weil ich sein und immer geliebt werden will, wie ich bin. Wenn sich die Erwartungen der Eltern bzw. meine Vorstellung von ihren Erwartungen dann nicht ändern, besteht die Gefahr, dass ich das Gefühl, geliebt und willkommen, also liebenswert und attraktiv zu sein, völlig verliere.

Man könnte auch sagen, die Eltern fungieren als eine Art *Spiegel* meiner selbst, und da ich keinen anderen Spiegel zur Verfügung habe, muss ich annehmen, dass das, was ich in diesem Spiegel sehe, tatsächlich »Ich« bin. D. h., ich identifiziere mich mit diesem Spiegelbild. Sie können sich nun unschwer vorstellen, was es bedeutet, wenn mir als Bub oder Mädchen der Vater als positives Identifizierungsobjekt, aber auch als »Spiegel« fehlt. Als *Bub*

- vermisse ich das männliche Modell, an dem ich mich orientieren könnte, und zwar sowohl für die Gegenwart als auch im Hinblick darauf, dass aus mir einmal »ein richtiger Mann« wird;
- das erschwert mir aber auch die Identifizierung mit mütterlichen Anteilen, denn die Mutter ist ja (sexuell) das Andere, das Nicht-wie-ich. Männlich kann ich mich demnach nur fühlen, wenn ich anders bin, was auch das Nichtbefolgen der von ihr ausgehenden Regeln und Grenzen betrifft (übrigens der Hauptgrund, warum unter den so genannten »verhaltensauffälligen« Kindern hauptsächlich Buben sind, werden doch die Regeln,

gegen die sie verstoßen, in der überwiegenden Mehrzahl von Frauen (Erzieherinnen, Lehrerinnen) repräsentiert.[13])

- Es fehlt mir der Vater als »Spiegel«, als Versicherung, dass ich auf dem richtigen Weg bin. Aber nicht nur das: Sollte der Vater nicht bloß nicht existieren, sondern verloren worden sein – z. B. im Zuge einer Trennung oder Scheidung der Eltern – wird die Sache noch schlimmer: Kinder, ja selbst noch manche Jugendliche, erleben die Trennung der Eltern auch oder sogar in erster Linie so, dass dem Elternteil, mit dem man nicht mehr lebt, also zumeist der Vater, an mir nicht mehr genug gelegen wäre, ich also nicht hinreichend liebenswert bin, nicht *genüge*;
- schließlich wirkt sich seine Abwesenheit aber auch auf mein Bild aus, das ich vom weiblichen Geschlecht bzw. von heterosexuellen Beziehungen in mir aufbaue. Stellen Sie sich vor, was es für den künftigen Mann bedeutet, mit der Beziehung zwischen Mann und Frau nur die Beziehung zwischen dem kleinen Bub und der mächtigen Mutter zu assoziieren: Bin ich mit meiner Partnerin in gutem Einvernehmen, komme ich ihren Wünschen entgegen, fühle ich mich (zumeist natürlich unbewusst) klein, machtlos, unmännlich, »impotent« (manchmal freilich im wörtlichen Sinn). Männlich hingegen fühle ich mich nur, wenn es mir – wie seinerzeit als »verhaltensauffälliges« Kind – gelingt, die Frau zu dominieren. (Keine gute Voraussetzung für partnerschaftliche, emanzipierte Beziehungen!)

Und die Mädchen? Dem *Mädchen*, das ohne lebendige, intensive Beziehung zu seinem Vater aufwächst,

- fehlt die Möglichkeit, sich auch mit Eigenschaften, die man gemeinhin als »männlich« bezeichnet, und eher von Vätern als Müttern repräsentiert werden, zu identifizieren;
- es geht ihnen aber auch das alltägliche Vertrautsein mit »dem Männlichen« ab, was leicht dazu führt, dass später Männer zwar sexuell und als »das Andere« durchaus attraktiv sein können, eigentlich aber exotische Wesen bleiben. Wie wir wissen, kann das Exotische sehr anziehen, aber es macht zugleich angst und unsicher;
- schließlich fehlt auch ihnen der Vater als Spiegel. Und das bedeutet bei Mädchen, dass ihnen unter Umständen die selbstverständliche Gewissheit, als Mädchen (Frau) für den Vater (Mann) liebenswert und attraktiv zu

---

13 Vgl. dazu auch Kap. 11: *Mythos Verhaltensstörung: Wer stört wen?* im 1. Band (Figdor 2006a).

> sein, abgeht. Und auch bei Mädchen wirkt sich in dieser Hinsicht die Scheidung bzw. Trennung der Eltern – die Kinder, wie erwähnt, als Verlassenwerden erleben – nachhaltig aus: Welch eine emotionale Hypothek hat die (künftige) Frau mit sich herumzuschleppen, wenn die Erinnerung an den ersten Mann, dem sie in zärtlicher Liebe zugetan war, durch das Erlebnis geprägt ist, von ihm verlassen worden zu sein. So wie bei den Buben das Gefühl »nicht genug (liebenswerter) Mann zu sein« zu einem Bestandteil des lebenslangen Identitätsgefühls werden kann, ist das bei Mädchen – bewusst oder unbewusst – nicht selten das Gefühl »Ich bin als Frau nicht liebenswert und attraktiv genug, (von einem Mann) nicht verlassen zu werden.« Woraus sich zwangsläufig eine starke Neigung zur Anpassung bzw. Unterwerfung ergibt, also das »ideale« Gegenstück zur (ebenso angstgesteuerten) Dominanzneigung der Männer.

Von allem anderen abgesehen führen diese Auswirkungen der Vaterentbehrung auch auf Seiten der Mädchen zu tief verinnerlichten, großteils unbewussten Vorstellungen, die eine Fortschreibung traditioneller Beziehungsmuster zwischen Männern und Frauen begünstigen. Ohne provozieren zu wollen: In (i.w.S.) feministischen Krisen ist oft die Vorstellung anzutreffen, die Frauen tendenziell als Träger der Emanzipation und die Männer eher als Repräsentanten traditioneller, repressiver Beziehungsmuster zu betrachten. Das mag auf der gesellschaftspolitischen Ebene, wo es um bewusste Werthaltungen geht, vielleicht auch stimmen. Was hingegen die Erziehung der Kinder betrifft, ist die Dominanz der Frauen in Kindergarten, Schule und Familie, zusammen mit der Entbehrung des Vaters wohl der bedeutsamste konservative Faktor. Kinder, die mit Mutter *und* Vater aufwachsen konnten – das geht natürlich auch trotz Scheidung oder Trennung der Eltern[14] – haben eine größere Chance, auf eine »weiblich-männlich« ausgeglichene Persönlichkeit, eine bessere narzisstische Ausstattung (Selbstvertrauen), größere Chancen auf einen gelingenden Bildungsweg: So bringen sie auch am ehesten die psychischen Voraussetzungen mit, emanzipatorische gesellschaftspolitische Einstellungen – die auf bewusster Ebene heute ja von den meisten Jugendlichen geteilt werden – auch in eine neue Art gelebter Mann-Frau-Beziehungen umzusetzen, die dann mehr Befriedigung schenken und besser funktionieren können – was schließlich einen bedeutsamen Mosaikstein dessen, was wir als »Glück« bezeichnen, ausmacht.

---

14 Vgl. dazu Figdor 1991 und 1997, ferner Kap. 5: *Trennung und Scheidung: Katastrophe oder Chance für die Kinder* im 1. Band (Figdor 2006a) und Kap. 4: *Worauf soll man bei Trennung und Scheidung besonders achten?* in diesem Band.

Die väterliche Objektbeziehung als Stärkung der progressiven Anteile des Heranwachsenden

Wir alle sind nicht zu jedem Zeitpunkt »gleich alt« oder »gleich reif«: Sie mögen 7 Stunden im Beruf ihren ganzen Mann, ihre ganze Frau stellen, abends jedoch eine Schulter benötigen, an die Sie sich anlehnen können; Sie mögen sich Ihrer Fähigkeiten und Ihres Rechts gewiss sein, dann aber wieder darauf angewiesen sein, dass Ihnen jemand versichert, dass Sie nicht alles falsch gemacht haben; Sie können sich bereit fühlen, für Ihre Lieben gegen die ganze Welt zu kämpfen und dann wieder ganz glücklich sein, wenn man Ihnen die Pantoffel bringt, Ihnen etwas kocht oder schenkt, sie also verwöhnt.

Dieses Hin- und Herpendeln zwischen »Progression« und »Regression« ist bei Kindern noch viel auffälliger ausgeprägt. Was bei Kindern jedoch dazukommt ist, dass ihre progressiven und regressiven Anteile nicht nur zeit-, situations- und stimmungsabhängig, sondern auch davon abhängig sind, mit welchem seiner Elternteile das Kind gerade in Beziehung steht: Geht man von der für unsere Gesellschaft typischen Rollenverteilung aus, bleibt die Mutter (als erstes Liebesobjekt) auf der Ebene der unbewussten Erwartungen ein Leben lang eine »Brust«, die dazu da ist, zu geben und zu nähren, während der Vater – als »Insel« (Sie erinnern sich!) – für die Welt da draußen, die es zu erobern gilt, steht. Aus diesem Grund tun sich Mütter zumeist schwerer als Väter, Grenzen durchzusetzen, vom Kind etwas zu verlangen, es dazu zu bringen, Trennung und Alleinbleiben zu akzeptieren, es zum Lernen und Hausübung-Machen zu motivieren, es mit Vernunftgründen zu Verhaltensänderungen zu bewegen usw. Die Kinder sind bei der Mutter weinerlicher, beim Vater mutiger; bei der Mutter trotziger, beim Vater kooperativer; bei der Mutter emotionaler, beim Vater vernünftiger. Das ist normal und keineswegs in erster Linie eine Sache »pädagogischen Geschicks«!

Nun ist es ja so, dass Beziehungen nicht zu Ende sind, wenn die betreffende Person abwesend ist. Wenn Sie unter Ihrem engstirnigen oder ungerechten Chef leiden, wird es Sie stärken, wenn Sie sich vorstellen, abends, gemeinsam mit Ihrem Partner, Ihrer Partnerin über ihn schimpfen oder lachen zu können. Und bei *Mara* haben wir gesehen, wie die Beziehung zu ihrem Vater wirkt, obwohl sie gerade nur mit der Mutter zusammen ist. Hält man sich das vor Augen, wird klar, wie sehr sich die mütterliche und väterliche Objektbeziehung ergänzen und kompensieren. Es gibt eine Art Fernwirkung der die progressiven Tendenzen des Kindes fördernden Vaterbeziehung auch dann, wenn das Kind bei der Mutter ist, und eine ebensolche Fernwirkung der zur Regression einladenden Mutterbeziehung, wenn das Kind beim Vater ist. Das heißt, das Kind wird bei der Mutter, zumindest hin und wieder, auch ein wenig vernünftig sein können, wenn es (bewusst oder unbewusst) an seinen Vater denkt. Und es wird sich, zumindest hin und wieder, auch beim Vater trauen, Gefühle zu zeigen und aufzubegehren. Fehlt hingegen einer der beiden Elternteile als emotional verfügbares Objekt, als selbstverständlicher Teil der Welt, drohen auch die zugehörigen Selbstanteile verloren zu gehen oder zu kurz zu kommen.

Ein Alter, in dem solche Einseitigkeiten typischerweise sichtbar werden, ist die Pubertät. Wenn ich z.B. von einer Mutter Klagen höre, dass ihre 13 oder 14jährige Tochter oder ihr ebenso alter Sohn nichts für die Schule lernt, keine Hausübungen macht, disziplinär auffällig ist, keinerlei Grenzen akzeptiert, nur mit (zumeist älteren) Freunden herumhängt, abends nicht nach Hause kommt, ist meine erste Assoziation – wie früher beim vierjährigen Ricki –, dass dem/der Jugendlichen wahrscheinlich der Vater fehlt – real oder als aktiver und erreichbarer Teil des Lebens. Und wie bei Ricki habe ich auch hier meistens recht, allerdings liegt die »Trefferquote« noch höher: Es stimmt fast immer! Warum? Ich denke, die Antwort fällt nach dem bisher Gesagten nicht mehr allzu schwer: Schule und Leistung wird von diesen Jugendlichen als Teil der mütterlichen Anforderungen erlebt, weshalb die *regressiven* Widerstände gegen die Mutter, die im Unbewussten des Heranwachsenden »doch geben und nicht fordern sollte«, auf Lehrer, Schule, ja auf die Erwachsenenwelt überhaupt übertragen werden, während die Befriedigung der *progressiven* Bedürfnisse – etwas zu können, unabhängig zu sein, soziale und sexuelle Anerkennung zu gewinnen – ausschließlich außerhalb des (mütterlichen) Systems Familie-Schule und in Opposition zu ihm gesucht wird. Aber nicht nur das: Die permanenten Konflikte mit der Mutter bringen unter Umständen mit sich, dass der/die Jugendliche auch »einen Teil seiner Mutter« verliert, nämlich jenen immer noch wichtigen Ort, an dem man sich zu Hause, verwöhnt und geborgen fühlen kann. Wird aber bei den gleichaltrigen oder älteren Freunden unbewusst auch die verlorene Mutter gesucht, ist er oder sie in hohem Ausmaß gefährdet, weil von der Zuwendung der Gruppe abhängig. Dann kann es passieren, dass Vernunft oder Gewissen kapitulieren, nur um nicht ausgeschlossen zu werden. Solche Jugendliche werden dann höchst anfällig, in kriminelle oder antisoziale Kreise, in eine Drogenszene oder in die Fänge obskurer Interessensgemeinschaften oder Sekten zu geraten.

IV.

Es wird Zeit, dass ich nicht nur Sie auffordere, sich in das Fühlen und Denken der Kinder einzufühlen, sondern auch ich mich wieder der Frage zuwende, was meine Ausführungen *bei Ihnen* an Gefühlen und Gedanken ausgelöst haben könnten. Ich hatte Sie zu Beginn meines Vortrages eingeladen, die eventuell auftauchende Frage »Habe ich es richtig gemacht?« bzw. »Was habe ich falsch gemacht?« durch die Frage »Was wäre sinnvoll, in Zukunft zu tun bzw. zu verändern?« zu ersetzen. Wenn ich mir nun vorstelle, ich würde nicht hier vorne als Referent stehen, sondern hätte mein Plädoyer für eine intensive Kind-Vater-Beziehung als Zuhörerin, als betroffene *Mutter*, verfolgt, kommen mir sofort drei Einwände, oder vielleicht besser: drei skeptische, kritische Fragen in den Sinn:

- Verliert nicht das Plädoyer für eine fortgesetzte und möglichst intensive Vater-Kind-Beziehung seine Gültigkeit, wenn vom Vater nachgewiesenermaßen *Gefährdungen oder schlechte Einflüsse* ausgehen, z.B. Gewalt, Gefahr sexuellen Missbrauchs, charakterliche Defizite, divergierender Erziehungsstil (der das Kind dann hin und her reißt und verunsichert)?
- Was tue ich als Mutter, wenn der Vater nicht mitspielt, also seinerseits an einer solchen intensiven Beziehung nicht interessiert zu sein scheint oder gar aus dem Leben der Kinder verschwunden ist? Beide Fragen laufen auf eine dritte Frage hinaus:
- Was hier über die entwicklungspsychologische Bedeutung des Vaters gesagt wurde, mag ja durchaus stimmen. Aber muss diese Funktion unbedingt der *leibliche Vater* einnehmen? Könnten nicht andere männliche Bezugspersonen, zu denen das Kind eine enge Beziehung unterhält, wie etwa Großväter oder Stiefväter, das Gleiche bieten wie (in einer intakten Kernfamilie) der Vater? Wäre das nicht in vielen Fällen sogar die bessere Lösung?

Wenn ich mir andererseits vorstelle, ich wäre einer der – hier doch bemerkenswert zahlreichen – *Väter*, würden mir vielleicht folgende Fragen durch den Kopf gehen:

- Ich würde ja gerne ein solcher Vater sein, aber die Mutter verhindert es. Soll ich mich zurückziehen oder weiter um mein Recht, das Kind zu sehen, und um das Recht des Kindes, einen Vater zu haben, kämpfen?
- Schließlich: Was soll ich tun, wenn ich den Kontakt zu meinem Kind völlig verloren habe? Gibt es irgendetwas, was ich noch für mein Kind tun kann?

Ich hatte eigentlich die Absicht, der Besprechung dieser Fragen einen größeren Raum zu geben. Allerdings habe ich meinen Zeitrahmen schon fast erschöpft, und muss mich mit ein paar Hinweisen begnügen.[15]

Lässt sich der leibliche Vater ersetzen?

Die Antwort lautet: Ja und Nein! Männliche Bezugspersonen wie Großväter kommen als männliche Identifizierungs- und Liebesobjekte durchaus in Frage. Wenn der Großvater aber nicht im selben Haushalt lebt, vermag er in den ersten drei Lebensjahren kaum als Triangulierungsobjekt dienen, weil dafür das Kind die regelmäßige *gleichzeitige* Anwesenheit von zwei Erwachsenen benötigt. Diese Funktion könnte allerdings ein Stiefvater, zu dem das Kind eine sichere und gute Beziehung aufgebaut hat, erfüllen. Weder Großvater noch Stiefvater können hingegen die *Enttäuschung* und den *Trennungsschmerz*, den ein Kind in der Beziehung zum Vater erlebt, ungeschehen machen. Und das betrifft den ganzen Bereich des sexuellen und narzisstischen Identitätsgefühls. Funktionen lassen sich vielleicht ersetzen. Liebesobjekte können weder wir Erwachsene und erst recht nicht die Kinder einfach austauschen.

Aber ist ein solcher Austausch nicht unerlässlich, wenn ich als Mutter *gar nicht will*, dass sich mein Sohn mit dem, was er am Vater wahrnimmt, identifiziert; ich gar nicht will, dass sich meine Tochter von »solch einem Mann« geliebt erlebt und gespiegelt wird, wenn diese Beziehung möglicherweise sogar gefährlich ist? Wenn dem so ist, ist es für Sie als Mutter und möglicherweise für das Kind schlimm. Nur: Zu hoffen, dass mit der Beendigung der realen Beziehung der Einfluss des Vaters zu Ende sei, wäre ein großer psychologischer Irrtum. Das Gegenteil ist der Fall: Wenn ich als Kind keine realen Erfahrungen mehr machen kann, bleibt mein gegenwärtiges Bild vom Vater und mit ihm jener Teil meines Selbstbildes, das mit dem Vater (über dessen Spiegelfunktion) verknüpft ist, unbewusst *mein ganzes Leben lang lebendig*. Für immer trage ich dann in mir

- einen Vater zu haben, der nichts wert, ein böser oder verachtenswerter Mensch ist, für den man sich schämen muss. Was aber noch schlimmer ist: vielleicht trage ich seine Eigenschaften in mir und bin ebenso wertlos und werde dann von der Mutter verlassen. Jeder Streit mit der Mutter, jede Kritik aktiviert bewusst oder unbewusst diese Phantasie;

15 In meinem neuen Buch *Patient Scheidungsfamilie* (2007) gehe ich auf diese Fragen ausführlicher ein.

- einen Vater (gehabt) zu haben, der mir, seinem Kind, das ihm restlos vertraute, Gewalt angetan hat; oder der mich verlassen hat, wo ich doch an seiner Liebe nicht zweifelte usw.
- ein Mensch zu sein, dem andere, selbst die, die man liebt, Gewalt antun; ein Mensch zu sein, der verlassen wird, nicht liebenswert genug ist usw.

Je älter und reifer ein Kind wird, desto eher ist es in der Lage, diese Vater- und Selbstbilder zu differenzieren: dass der Vater nicht nur aus bösen Eigenschaften besteht; dass er zwar weg ist , aber mich (auf seine Art) dennoch liebt. Und vor allem: dass all das mit mir als Kind nichts zu tun hat, ich nicht schuld bin. Eine solche Differenzierung ist aber nur innerhalb einer lebendigen Auseinandersetzung möglich, und sei es – bei Vorliegen realer Gefahren – über Einrichtungen wie »Besuchsbegleitung« bzw. »Begleiteter Umgang«. Verfallen die einseitig-»bösen« Bilder hingegen der Verdrängung, können sie sich nicht verändern. Im Gegenteil: Je verdrängter diese Vorstellungen sind, desto größer ist paradoxerweise die Gefahr, dass sich die Kinder unbewusst damit identifizieren. *Es gibt nur einen einzigen Grund,* warum man ein Kind von seinem Vater fernhalten sollte: wenn dieser aufgrund einer schweren psychischen Pathologie seinem Kind ausschließlich Erlebnisse beschert, abgelehnt, unerwünscht oder gehasst zu sein. Das aber ist nur ganz, ganz selten der Fall. Mit anderen Worten: Selbst unvollkommene oder auch in gewissen Bereichen pädagogisch schädliche Väter lassen sich – ebenso wenig wie solche Mütter – austauschen. Mit einem solchen Versuch nimmt man dem Kind lediglich die Chance, dass diese problematischen Einflüsse im Zuge seines Reiferwerdens an Bedeutung verlieren. Ist eine Beziehung gar nicht möglich, z.B. weil der Vater seinerseits verschwunden ist, bleibt nur zweierlei: Alles versuchen, um einen (Neu-) Anfang zu ermöglichen, und wenn auch das nicht geht, den Vater bzw. die Erinnerung an ihn dem Kind gegenüber durch Geschichten aus der Vergangenheit und (wenn vorhanden) durch Fotographien »am Leben erhalten« und dem Kind Erklärungen für seine Abwesenheit zur Verfügung stellen, die ihm ermöglichen, zumindest ein ambivalentes, also aus negativen wie auch guten Elementen zusammengesetztes, Bild zu entwickeln.

Was tun, wenn die Kinder verloren zu gehen drohen, oder schon verloren sind?

Ein trauriges Kapitel, das ich mir da als Schlusswort ausgesucht habe. Denn für diese Väter scheint das Motto, unter welchen ich meinen Vortrag zu

Beginn stellte – »Was sollte ich in Zukunft verändern?« – nicht zu gelten, weil sie sich gegenüber den Müttern, manchmal auch den Kindern, die sie ablehnen, oder den Gerichten in einer Position der Ohnmacht erleben. Und traurig auch deshalb, weil ich Ihnen kaum etwas zu bieten habe außer den schwachen Trost, dass Ihre Einschätzung, dass Sie als Väter für Ihre Kinder wichtig *wären*, heute von mir bestätigt wurde. Und über die Möglichkeiten, die die Gesellschaft bereithält – Familientherapie, Erziehungsberatung, Mediation oder der neuerliche Gang zum Gericht – brauche ich Sie nicht aufzuklären: Das haben Sie aller Voraussicht nach bereits alles hinter sich.

Aber vielleicht gibt es für manche von Ihnen doch einen kleinen Hoffnungsschimmer, etwas, worüber Sie sich möglicherweise noch nicht genügend Gedanken gemacht haben, mithin einen Bereich, in dem Sie noch nicht alle Chancen, *von Ihrer Seite her* eine Veränderung zu initiieren, genützt haben: Ich habe im Laufe der Jahre viele Mütter kennen gelernt, die – mehr oder weniger aktiv – die Beziehung ihrer Kinder zum Vater ablehnten, zu minimieren versuchten oder gar verhinderten. Fast alle von ihnen taten das aus zwei Gründen:

- weil sie im Zusammenhang mit der Trennung schwere emotionale Verletzungen davongetragen hatten, sich als Frau gekränkt, als Mutter im Stich gelassen fühlten und aus Stolz oder psychischem Selbsterhaltungstrieb ihrem Hass freien Lauf ließen;
- und/oder weil sie zu große Angst haben, das Kind an den Vater zu verlieren – emotional oder gar real (Entführung).

Versuchen Sie einmal – trotz des Hasses, der möglicherweise inzwischen auch von Ihnen Besitz genommen hat – die Geschichte Ihrer Trennung aus der Perspektive Ihrer früheren Frau zu betrachten, sich in sie einzufühlen. Vielleicht entdecken Sie dann etwas, was diese möglicherweise besänftigen oder ihr ihre Angst nehmen könnte. Mir ist klar, dass das von vielen Vätern, die selbst inzwischen psychisch schwer verletzt sind, einen emotionalen Kraftakt verlangt. Darum sollte man sich auch nicht scheuen, dafür die Unterstützung einer Beraterin oder eines Beraters in Anspruch zu nehmen. Es kommt vor, dass auch diese letzte Anstrengung nicht hilft. Sehr oft aber hat dieses aktive Bemühen um Versöhnung mit der *Frau* weit mehr Erfolg, als sie immer nur als (verantwortungslose) *Mutter* zu kritisieren oder zu bekämpfen!

4.
»Worauf muss man bei Trennung oder Scheidung besonders achten?«

Versuch, auf eine schwierige Frage einfache Antworten zu finden

Erstveröffentlichung:
H. Figdor: *Wege der Hilfe* (www.app-wien.at/scheidung)
ferner in: Fthenakis, W. (Hg.): *Online-Familienhandbuch* (www.familienhandbuch.de/cmain/f_Aktuelles/a_Trennung)

Editorische Vorbemerkung:
Im März 1999 wurde H. Figdor anlässlich des Erscheinens seines Buches *Scheidungskinder. Wege der Hilfe* (Psychosozial Verlag, 1997) auch nach Graz eingeladen, um vor Fachleuten und betroffenen Eltern darüber zu sprechen, worauf in erster Linie zu achten sei, wenn es darum geht, den Kindern bei der Bewältigung der elterlichen Trennung zu helfen. Gegenüber der Online-Version wurde der vorliegende Text geringfügig überarbeitet. Neu ist die Einleitung, die nun wieder dem seinerzeit in Graz gehaltenen Vortrag entspricht.

Sehr geehrte Damen und Herren!

Wenn ich Eltern, die sich von mir beraten lassen wollen, in meiner Praxis empfange, versuche ich zunächst zu verstehen, wo das eigentliche Problem liegt, das sie zu mir führte, worüber sie sich die meisten Sorgen machen. Und ich frage sie, welche Art von Hilfe sie von mir erhoffen. Denn nur, wenn ich ihre Sorgen und Hoffnungen kenne, bin ich in der Lage zu beurteilen, ob meine Kompetenz dafür ausreicht, ob ich die erwartete Hilfe theoretisch und ethisch verantworten kann, bzw. – wenn ich diesbezüglich Bedenken habe – welches (alternative) Angebot ich diesen Eltern machen kann.

So ähnlich ging ich auch vor, als ich zu diesem Vortrag eingeladen wurde. Das *Problem* bestünde darin, so sagte man mir, dass allerorts von Scheidung die Rede sei, insbesondere davon, wie sehr die Kinder unter der Trennung der Eltern litten, es hingegen betroffenen Eltern an Orientierung mangle, wie sie ihren Kindern wirksam helfen können. Und oft wären sich selbst Fachleute – Richter, Sozialarbeiter, Mitarbeiter von Beratungsstellen – nicht ganz sicher, worauf sie das größte Augenmerk legen sollen, wenn sie Scheidungskonflikte entscheiden, Probleme von Scheidungsfamilien beurteilen oder sich trennende Eltern beraten sollen.[1] Und die *Erwartungen* an meinen Vortrag?: Ich möge darüber sprechen, was aufgrund meiner Erfahrungen »das Wichtigste« wäre, worauf Eltern – und in weiterer Folge dann auch die Fachleute – achten müssten, damit Kinder die Trennung der Eltern so verarbeiten können, dass ihnen langfristige negative Folgen für ihre Entwicklung und ihr späteres Leben möglichst erspart bleiben. Und da machte ich einen großen Fehler. Wohl weil mir diese Erwartung an meine Kompetenz schmeichelte, »vergaß« ich, mich selbstkritisch zu fragen, ob ich dieser Erwartung überhaupt gerecht werden könne. Die entsprechenden Bedenken stellten sich erst ein, als ich mich an die Vorbereitung meines heutigen Vortrags machte: Wenn es nämlich so etwas wie ein »wichtigstes« Ergebnis meiner Forschungen im Zusammenhang mit Scheidungskindern gibt, so jenes, dass die Trennung von Eltern und die Folgen der Trennung erstens ein überaus komplexes Phänomen darstellen, an dem eine Vielzahl von bewussten und unbewussten Prozessen beteiligt ist, die sowohl in als auch zwischen den Individuen ablaufen; und zweitens, dass keine Trennung einer anderen gleicht – das Spektrum reicht von Partnern, die die Jahre ihrer Beziehung

1 Wenn es nicht gerade um Probleme im Zusammenhang von gerichtlichen Verfahren handelt, gebrauche ich in der Folge die Begriffe »Scheidung« und »Trennung« synonym: Für die Probleme, die die Trennung der Eltern den Kindern bereitet, spielt es keine entscheidende Rolle, ob Mutter und Vater verheiratet waren oder nicht.

(nach wie vor) zum Wertvollsten ihres Lebens zählen, sich in aller Freundschaft trennen und sich auch nach der Trennung die elterliche Verantwortung wie selbstverständlich teilen, unabhängig auch davon, ob neue Partner ins Leben treten, bis hin zu Eltern, die im jeweils anderen den Inbegriff »des Bösen« erblicken, nicht mehr miteinander reden können, den Expartner in erster Linie nicht als Vater bzw. Mutter, sondern als Gefährdung der Kinder erleben und dementsprechend mit allen (wirklich allen) Mitteln gegeneinander kämpfen. Wie sollte ich mich also angesichts der Komplexität und Individualität des Scheidungsgeschehens auf ein »Wichtigstes« festlegen können? Ich habe ein zweites Buch über Scheidungskinder geschrieben, weil mir das, was ich im ersten Buch zu sagen hatte, nicht auszureichen schien. Wie sollte ich das in einem Vortrag von einer Stunde unterbringen?

Wie Sie sehen, habe ich weder abgesagt noch den vorgesehenen Titel meines Vortrages, »Wege der Hilfe« – ein Titel, der doch verallgemeinerbare, einigermaßen konkrete Ratschläge verspricht – verändert. Die Lösung, die ich für mich gefunden habe, ist ein Kompromiss zwischen der an mich gestellten Erwartung, etwas »Handfestes« und »Verwendbares« zu liefern und meinem Anspruch an wissenschaftliche Differenziertheit. Und ich kann nur hoffen, dass Sie mit diesem Kompromiss einverstanden sind (irgendwie ist es ja jetzt auch zu spät, mich wieder weg zu schicken):

- Es ist mir nicht möglich, all das, was im psychischen Entwicklungsinteresse der Kinder im Zuge einer Scheidung zu beachten ist, auf zwei, drei, vier »wichtigste« Punkte zu reduzieren.
- Statt dessen habe ich die *meines Erachtens wichtigsten Maßnahmen* zusammengestellt und versucht, sie als »Empfehlungen« oder »Hinweise« zu formulieren. Freilich bin ich dabei auf die stattliche Zahl 18 gekommen, wobei ich zugeben muss, dass so manche Empfehlung noch ein paar »Unterempfehlungen« enthält, sodass die Zahl noch höher liegt.
- Um die Sache für Sie übersichtlicher zu machen, habe ich diese Empfehlungen und Hinweise in drei für die Praxis relevante Abschnitte gegliedert: die Zeit vor der Scheidung/Trennung, »Erste Hilfe« nach der Trennung/Scheidung und Empfehlungen für die weitere Zukunft.
- Die Idee, die mich bei dieser Aufbereitung des Problemfeldes leitete, war, dass man diese Zusammenstellung als eine Art pädagogische »Checkliste« verwenden könnte: um darin von Zeit zu Zeit zu blättern, die derzeitige Situation mit diesen Empfehlungen und Hinweisen zu vergleichen, gegebenenfalls dadurch aufmerksam zu werden, wo Initiativen, etwas zu verändern oder nachzuholen notwendig wären und – falls man

es alleine nicht schafft – kompetente professionelle Hilfe in Anspruch zu nehmen.

So (zumindest ist das meine Hoffnung) ist Ihnen in Wirklichkeit mehr geholfen als mit zwei, drei »wichtigsten« Statements, die angesichts der Komplexität der Sache so allgemein formuliert sein müssten, dass man damit in der Praxis erst recht nichts anfangen kann.

Es gibt aber noch ein Problem: Die »18 Empfehlungen und Hinweise« sind im engeren Sinn *pädagogisch*, d.h. im Hinblick auf die langfristigen Entwicklungsinteressen der Kinder formuliert, und sind dementsprechend stets um das Hilfsverb *sollen* konstruiert. Solche pädagogischen Sätze gehen stillschweigend von der Voraussetzung aus, dass die, an welche sie sich wenden – hier vor allem an sich scheidende Eltern –, zu diesen Maßnahmen auch fähig sind, wenn sie nur wollen. Neben der Komplexität und Individualität des Trennungsgeschehen war nun allerdings die dritte wichtigste Erkenntnis, die ich aus meiner langjährigen Erfahrung mit der Scheidungsproblematik gewann, dass ein großer Teil sich trennender Eltern zwar grundsätzlich bereit wäre, ihre Kinder in der empfohlenen Weise zu unterstützen, sich selbst jedoch in einer psychischen Verfassung befindet, die ihnen das Befolgen der einen oder anderen Empfehlung ganz unmöglich macht. Daher werde ich mich im Anschluss an die »18 Empfehlungen und Hinweise« mit der Frage beschäftigen, warum es Eltern mitunter so schwer fällt, diesen Empfehlungen und Hinweisen zu folgen: »Emotionale Widerstände und Probleme von Eltern und Hinweise zu deren Bewältigung«. Betrachten Sie diesen zweiten Teil als eine Art *Hilfe zur Selbsterfahrung*, ebenfalls als eine »Checkliste«, diesmal jedoch, um sich jene Aspekte Ihrer Person, die jenseits Ihrer Rolle als Mutter oder Vater liegen, also zu Ihnen als einem (ebenso wie das Kind) fühlenden und leidenden und sich schützenden Menschen gehören, bewusst vor Augen zu halten. Ich liste in diesem Abschnitt 7 solcher Widerstände bzw. Probleme auf, die mir in meiner Beratungspraxis besonders häufig begegnen.

Mit dieser Gelegenheit zu einem Stück Selbsterfahrung beabsichtige ich, Ihnen möglicherweise zu einer Erkenntnis zu verhelfen, die aufs erste eher belastend als entlastend zu sein scheint: dass zwischen Ihren persönlichen Gefühlen und Wünschen und dem, was zurzeit für Ihr Kind gut wäre, ein *Widerspruch* besteht. So etwas an sich zu bemerken, ist alles andere als angenehm, nichtsdestoweniger ist dies aus psychoanalytisch-pädagogischer Sicht eine ganz wesentliche, entscheidende Etappe. Nur so ist es verhinderbar, dass man seinen eigenen Bedürfnissen folgt, sich jedoch damit beruhigt, dass man vor sich und anderen (dem Ex-Partner, dem Gericht) behauptet, alles geschähe nur zum Wohl des Kindes und dies (zumeist) auch wirklich glaubt. Erst das Bewusstwerden eines Konfliktes zwischen meinen Bedürfnissen »als Mensch« und meiner Verantwortung als Mutter oder Vater setzt mich in die Lage, meine Interessen so zu verfolgen, dass ich dafür mein Kind nicht instrumentalisieren muss. Denn auch solche Instrumentalisierungen sind eine Form von Missbrauch.

1. Teil: 18 Empfehlungen und Hinweise

Vor der Scheidung/Trennung

1. Die Entscheidung für oder gegen eine Scheidung (wie bereits erwähnt, verstehe ich im Folgenden unter »Scheidung« auch die definitive Trennung nicht verheirateter Eltern) sollte unabhängig vom Kinde getroffen werden!

Weder sollten Eltern nur der Kinder wegen zusammenbleiben, noch sollten sie die Zukunft ihrer Beziehung von den Wünschen der Kinder abhängig machen.

- Konfliktreiche Beziehungen haben auf die langfristige psychische Entwicklung des Kindes zumeist schädlichere Auswirkungen als eine gute Trennung.
- Unglückliche, unzufriedene Eltern sind selten gute Eltern.
- Eltern sind für Kinder auch ein Modell in Hinblick auf die »Freude am Leben«: Wie sollten Kinder, deren Eltern ihnen stets Unzufriedenheit vorleben, Lust und Neugier auf das Leben im Allgemeinen, auf Beziehungen im Besonderen entwickeln?
- Es hat keinen Sinn, die Trennung wegen der Hoffnung hinauszuschieben, dass sie dem Kind ein, zwei Jahre später weniger ausmachen würde: Es gibt kein »ideales Scheidungsalter«.[2]

2. Den Kindern müssen die Gründe für die Scheidung verständlich, aber ehrlich erklärt werden!

- Jede nicht gegebene Erklärung wird vom Kind durch eine Phantasie über die Gründe der Trennung ersetzt. Diese Phantasien sind jedoch fast stets beunruhigender als die Wirklichkeit, zumal die meisten Kinder die Schuld

2 Vgl. dazu ausführlich Figdor 1991, S 122ff.

bei sich selbst suchen und somit Liebesverlust und/oder Vergeltung durch die Eltern oder einen Elternteil fürchten.

- Häufiges Streiten ist zwar die häufigste von Eltern gegebene Erklärung, jedoch aus pädagogischer Sicht eine überaus ungünstige Erklärung, weil sie Kindern angst macht: »Wenn Streiten dazu führt, dass Liebe verschwindet, muss ich (als Kind, das auch oft mit den Eltern streitet) fürchten, dass demnächst die Mama und/oder der Papa auch mich nicht mehr lieb hat!«
- Darüber hinaus ist die Erklärung »häufiges Streiten« zumeist auch falsch: Streiten gehört zu jeder (guten) Beziehung. Zur Trennung führt vielmehr das Ausbleiben liebevoller Versöhnung. Das aber ist die Folge davon, dass in der *Liebesbeziehung* etwas nicht stimmt: In den meisten Fällen handelt es sich dabei um anhaltende Enttäuschungen, sexuelle Probleme und/oder schwere Kränkung eines Partners.
- Zur Erklärung der Scheidung gehört mithin immer auch Aufklärung über die besondere Natur der Mann-Frau-Beziehung und des Unterschieds zwischen der Liebe zwischen Mann und Frau und der Liebe von Eltern zu ihren Kindern: »Diese geht nie zu Ende!«
- Bei der Formulierung dieser Erklärungen kann Erziehungsberatung hilfreich sein.
- Günstig – um die Loyalitätskonflikte des Kindes nicht zu schüren (vgl. auch Empfehlung 7) – wäre eine gemeinsame Version von Vater und Mutter, falls sie sich mit gutem Gefühl auf eine solche einigen können.
- Falls das nicht geht (ohne sich und dem Kind gegenüber unehrlich zu werden), gibt es noch eine Möglichkeit: Jeder Elternteil erzählt dem Kind seine Version und fügt hinzu, dass die unterschiedliche Version des anderen Elternteils nicht bedeutet, dass jener die Unwahrheit sagt: »Für mich ist/war es so, der Papa/die Mama hat es so erlebt!« Das erspart dem Kind, sich dafür entscheiden zu müssen, wer von den Eltern lügt und wer die Wahrheit sagt. Das mildert seine Loyalitätskonflikte und ist eine wertvolle Lektion über das Leben. (Auch bei dieser Art von Vereinbarung kann Erziehungsberatung, Paar- oder Familienberatung sehr hilfreich sein).

3. Eltern dürfen nicht darauf hoffen, dass die Kinder die Scheidung/Trennung ohne massive Reaktionen hinnehmen können!

Gesunde Kinder müssen auf die Scheidung reagieren:

- Angst (den Papa zu verlieren, vielleicht eines Tages auch noch die Mama), Wut, Schuldgefühle, Beschämung (gegenüber Dritten) und Trauer sind normale und unvermeidliche Gefühlsreaktionen der Kinder;

- Kinder, die in der Wahrnehmung der Eltern »nicht reagieren«, haben die gleichen Gefühlsprobleme, sie zeigen sie nur nicht.

4. Kinder, die keine sichtbaren Reaktionen zeigen, müssen ermutigt werden, ihre Gefühle (s. Empfehlung 3) auszudrücken!

- andernfalls übersieht man ihre Not;
- andernfalls verschieben sie ihre Gefühle auf andere Lebensbereiche (Kindergarten, Schule) oder suchen geradezu im Alltag Konfliktanlässe;
- andernfalls besteht die Gefahr, dass Angst, Wut, die Schuld- und Schamgefühle und der Schmerz verdrängt wird, wodurch neurotischen Spätfolgen der Weg gebahnt ist.

Auch dabei kann Erziehungsberatung sehr hilfreich sein.

5. Die Haltung der »Verantworteten Schuld« einnehmen.

Darunter ist eine innere Einstellung von Müttern bzw. Vätern zu verstehen, die sich etwa so ausdrücken ließe: »Ich konnte nicht anders bzw. weiß, dass meine/unsere Entscheidung, mich/uns scheiden zu lassen, langfristig auch für dich das Beste ist (s. Empfehlung 1). Aber ich weiß auch, dass ich dir *jetzt* großen Schmerz zugefügt habe, und du ein Recht darauf hast, dass du reagierst und *ich dir helfe*. Diese Schuld kann ich ertragen, weil ich weiß, dass ich meine Entscheidung/mein Einverständnis zur Trennung im Hinblick auf dein künftiges Lebensglück verantworten kann.« Dann müssen sich die Eltern vor den Reaktionen der Kinder weniger fürchten und können auf sie eingehen, statt sie zu bekämpfen. Eine solche Haltung lässt sich freilich nicht »verordnen«, müssen dazu doch von den Eltern oft große emotionale Widerstände überwunden werden (s. 2. Teil).[3]

Erste Hilfe nach der Scheidung/Trennung

6. Den Kindern die Angst, an der Scheidung Schuld zu sein, nehmen!

Fast alle Scheidungskinder haben Schuldgefühle, dass die Eltern sich ihretwegen trennten: weil sie vielleicht zu schlimm, zu dumm, zu teuer gewesen seien u. a. m.

---

3 Zur Haltung der verantworteten Schuld als einer auch jenseits der Scheidungsproblematik bedeutsamen Haltung s. Kap. 1: *Wie viel Erziehung braucht der Mensch?* in diesem Band.

7. Die Kinder aktiv in ihren Loyalitätskonflikten entlasten!

Es ist wichtig, den Kindern immer wieder zu vermitteln, dass die Probleme, die zur Scheidung führten, aber auch die Auseinandersetzungen danach, Sache der Eltern sind, dass das Kind jedoch nach wie vor beide lieben darf und zu keinem von beiden halten muss (s. auch Empfehlung 16).

8. (Soweit wie möglich) Regression zulassen!

Die meisten Kinder fallen auf Grund ihrer Ängste (s. Empfehlung 3) in ihrer Selbstständigkeit, Frustrationstoleranz, ihren Bedürfnissen und/oder Leistungen vorübergehend auf eine frühere, schon überwundene Entwicklungsstufe zurück. Sie brauchen das, um sich psychisch gewissermaßen wieder aufrüsten zu können.

9. Den Kindern die Angst nehmen, den Vater (ganz) zu verlieren! (Der sprachlichen Einfachheit halber bezeichne ich den »wegscheidenden« Elternteil als »Vater« und den Elternteil, bei dem die Kinder leben als »Mutter«.)

Diese Forderung setzt natürlich voraus, dass der Vater den Kontakt zu den Kindern aufrechterhalten will, bzw. dieser Kontakt für die Kinder nicht unmittelbar gefährlich ist (Alkoholismus, körperliche Gewalt, sexueller Missbrauch). Eine fortgesetzte intensive, durch Loyalitätskonflikte möglichst unbelastete Beziehung zum Vater ist die wichtigste (wenn auch nicht einzige) Voraussetzung dafür, dass Kinder das Scheidungserlebnis gut verarbeiten und die Chance der Scheidung langfristig (ohne überwiegend negative Folgen) nützen können.[4]

Dazu bedarf es eines möglichst einvernehmlichen Arrangements zwischen den Eltern über die Obsorge/das Sorgerecht (Obsorge/Sorge beider Eltern bzw., bei alleiniger Obsorge der Mutter: Anteilnahme des Vaters, Information des Vaters über wichtige, das Kind betreffende Angelegenheiten, Gewährung erzieherischer Verantwortung für die Besuchszeiten/Umgangszeiten);

- eines Besuchsarrangements, das den Kontaktbedürfnissen der Kinder ebenso entgegenkommt wie den Kontakt- und Lebensbedürfnissen der Eltern.
- Dabei ist eine gewisse Flexibilität (spontane Vereinbarungen) durchaus wünschenswert, das Mindestmaß der regelmäßigen Kontakte muss jedoch unbedingt fix geregelt sein.
- Das Besuchsarrangement sollte sich nicht ausschließlich auf Wochenenden

4 Zur Bedeutung des Vaters für die Entwicklung des Kindes vgl. Kap. 3: *Wozu brauchen Kinder Väter?* in diesem Band.

und Ferien beschränken, damit auch der Alltag (mit seinen Pflichten und Grenzen) in der Beziehung zwischen Kind und Vater Platz hat.
- Bei Geschwistern sollte von Zeit zu Zeit auch die Möglichkeit bestehen, den Papa (ohne Bruder oder Schwester) allein für sich zu haben.

Für diese Vereinbarungen sollten sich die Eltern der Familien- oder Erziehungsberatung bedienen und in jenen Fällen, wo die Konflikte das Finden gemeinsamer Lösungen erschweren, der Hilfe von Mediator/innen.

10. Den Kindern die Angst nehmen, eventuell auch noch die Mutter zu verlieren!

Die meisten Scheidungskinder sind auch in ihrer Beziehung zur Mutter erschüttert. Das nicht zuletzt dadurch, dass die Gefühlsreaktionen der Kinder, v.a. ihre Wut und ihre regressiven Bedürfnisse, unweigerlich zu Streit und Auseinandersetzungen führen. Diese halten sich zwar in Grenzen, wenn die Mutter die Haltung der »Verantworteten Schuld« (s. Empfehlung 5) einzunehmen vermag und Regression zulassen kann (s. Empfehlung 8), lassen sich dennoch nie ganz verhindern. Dann ist es wichtig,
- dem Kind die notwendigen Grenzen zu zeigen, ohne ihm für seine Übertretungswünsche oder derzeitigen Anpassungsschwierigkeiten böse zu sein;
- Auseinandersetzungen mit einer ausdrücklichen Versöhnung, die durch Versöhnungsrituale unterstrichen wird, zu beenden;
- sollte man dem Kind bedeuten, dass es »momentan für uns beide eine schwierige Zeit ist ...«

11. Den Kindern helfen, ihre Gefühle nicht nur zu zeigen (siehe Empfehlung 4), sondern auch, sie allmählich auch in Worte fassen zu können!

Das bedeutet: immer wieder mit den Kindern über ihre Fragen und Gefühle reden. Besonders hilfreich sind in diesem Zusammenhang sozialpädagogische Gruppen für Scheidungskinder.[5]

12. Sich durch Symptome vor/während/nach den Besuchen des Kindes beim Vater nicht irritieren lassen!

Weigerungen, Gereiztheit und Aggressionen rund um die Besuche sind normal. Das Kind braucht Zeit, um angstfrei und ohne Wut akzeptieren zu

5 Z.B. die »Rainbows-Gruppen« in zahlreichen Städten Österreichs, in Wien auch die »Villa Kunterbunt«-Gruppen. In Deutschland und der Schweiz bieten viele Familien- und Erziehungsberatungsstellen eigene Gruppen für Scheidungskinder an.

lernen, dass die Beziehungsaufnahme bzw. -wiederaufnahme zum einen Elternteil immer die Trennung vom anderen erfordert. Keineswegs sollten aufgrund solcher Symptome die Besuche eingeschränkt oder gar eingestellt werden. Vielmehr wären die Empfehlungen 6 (Schuldgefühle) und 7 (Loyalitätskonflikte) zu überprüfen.

13. Falls Kinder den Kontakt zum Vater strikt verweigern:

- Bis ca. 12 Jahre: Von der Besuchsregelung zunächst nicht abgehen! Mit Hilfe von Erziehungsberatung nach Ursachen forschen (meist Schuldgefühle, Loyalitätskonflikte, schwere Kränkung durch die Trennung des Vaters und/oder »ritterliche« Parteinahme für die Mutter, wenn diese als Opfer des Vaters erlebt wird).
- Nach längeren Unterbrechungen des Kontakts: behutsame (Wieder-) Anbahnung der Beziehung durch begleitete Besuche/Umgang.
- Ab ca. 13 Jahre: Ab der Pubertät sollten Besuchsarrangements nicht mehr ohne Mitbestimmung der Kinder erfolgen! Doch auch dann sollte unter Zuhilfenahme von Fachleuten alles unternommen werden, um der Beziehung zwischen Kind und Vater noch eine Zukunft zu sichern.

14. Empfehlung speziell für die Mutter: Die Intensität der Beziehung zum Vater ist nicht nur für die langfristige seelische Entwicklung des Kindes wichtig (s. Empfehlung 9), sondern gewährleistet mittelfristig auch die Harmonie der Mutter-Kind-Beziehung!

Je intensiver die Beziehung zum Vater, desto geringer werden mittelfristig (nach den ersten Monaten der schwierigen Umstellung) die Alltagsschwierigkeiten zwischen Kind und Mutter ausfallen. Denn je exklusiver eine Zweierbeziehung ist, je geringer die Möglichkeit des Kindes, zwischen zwei Elternteilen zu »pendeln«, desto höher wird auf die Dauer die emotionale Konfliktbelastung in der Mutter-Kind-Beziehung sein!

15. Als Mutter/Vater die eigene Krise erkennen und sich helfen lassen!

Kinder in seelischen Krisen zu helfen, ist schwer genug. Geschweige denn, wenn man sich selbst in einer emotionalen, aber auch (v.a. die Mütter) ökonomischen und sozialen Krise (z.B. Isolation) befindet. In solch einer Situation ist die Annahme, man »müsse es allein schaffen«, unangebracht und gefährlich. Erziehungsberatung, Paar- oder Familienberatung, Mediation, Gruppen für die Kinder, eventuell auch therapeutische Unterstützung für sich selbst oder Paar- bzw. Familientherapie sind angebracht und unbedingt zu empfehlen. (Möglicherweise ist dies überhaupt die wichtigste Empfehlung!)

Empfehlungen für die weitere Zukunft

16. Keinesfalls sollte auf neue Partnerschaften den Kindern zuliebe verzichtet werden!

Neue Partnerschaften der geschiedenen Eltern gehören (neben der fortdauernden Beziehung zum Vater) zu den größten Chancen für die psychische Entwicklung von Scheidungskindern! Das gilt auch dann, wenn die Kinder neue Partner (zunächst) ablehnen. Wie die Scheidung (s. Empfehlung 1) sollten auch neue Partnerschaften unabhängig von den Kindern geschlossen werden! (Ausgenommen sind natürlich jene »Kandidaten«, die nicht selbstverständlich bereit sind, die Frau/den Mann, welche/n sie kennen lernen, *mit ihren/seinen Kindern* in ihr Leben aufzunehmen: Sind den neuen Partnern der Eltern deren Kinder von Anfang an ein mehr oder minder großer Dorn im Auge, haben solche Stieffamilien wenig Aussicht auf Erfolg – weder wird die Partnerschaft funktionieren noch die Kinder von einer solchen neuen »Familie« für ihre Entwicklung Nutzen ziehen können.)

17. Auch wenn die Mutter eine neue Partnerschaft eingeht, das Kind also einen Stiefvater erhält, darf die Beziehung des Kindes zum leiblichen Vater nicht beendet bzw. vermindert werden!

Ein neuer Partner der Mutter – so bedeutsam er für die Kinder sein mag – ändert nichts an der Wichtigkeit der Beziehung des Kindes zu seinem leiblichen Vater. Das gilt auch dann, wenn die Kinder den neuen Partner akzeptiert haben und mögen:

- Liebesobjekte sind nicht ersetzbar.
- Darüber hinaus ist die Fortdauer der Beziehung zum leiblichen Vater für das Identitätsgefühl des Kindes und für sein verinnerlichtes – Vertrauen in die Verlässlichkeit von Liebesbeziehungen entscheidend.

18. Sollte Ihr geschiedener Mann/ Ihre geschiedene Frau eine neue Partnerschaft eingehen, begegnen Sie dieser Partnerin/diesem Partner gelassen! Helfen Sie Ihrem Kind bei der (oft für es schwierigen) Beziehungsaufnahme, indem Sie ihm signalisieren, dass es sie oder ihn mögen darf (statt vielleicht sogar seine Opposition zu fördern): Fürchten Sie sich nicht vor Liebesverlust, fürchten Sie nicht, an seelischer Bedeutung für Ihr Kind zu verlieren, vertrauen Sie auf de Liebe Ihres Kindes, vertrauen Sie darauf, dass eine Mutter, ein Vater im Erleben des Kindes durch niemand zu ersetzen ist, auch nicht durch ständige Anwesenheit oder materielle Zuwendung (s. 2. Teil, die Punkte 6–9)!

Mütter, die gegen neue Partnerinnen der Väter bzw. Väter, die gegen neue Partner der Mutter opponieren, den Kontakt des Kindes mit diesen neuen Partner/innen behindern oder versuchen, das Kind gegen sie zu beeinflussen,

- erhöhen das Konfliktpotential zwischen den Eltern und damit die Loyalitätskonflikte des Kindes (s. Empfehlung 7);
- stürzen das Kind in einen zusätzlichen Loyalitätskonflikt (zwischen Vater und Stiefvater bzw. Mutter und Stiefmutter);
- bringen das Kind um die Chance, von der neuen Stieffamilien-Konstellation für seine Entwicklung zu profitieren;
- gefährden unter Umständen aber auch die eigene Beziehung zum Kind: aufgrund der (zusätzlichen) Konfliktbelastungen oder weil sich das Kind für den anderen Elternteil (mitsamt dessen Partner/in) entscheidet, um dem Loyalitätskonflikt zu entgehen.

2. Teil: Warum es Eltern mitunter so schwer fällt, diesen Empfehlungen und Hinweisen zu folgen: Emotionale Widerstände und Probleme von Eltern und Hinweise zu deren Bewältigung

Das größte Problem besteht darin, dass die Einhaltung dieser 18 Empfehlungen nicht nur eine Sache des Wissens oder Wollens geschiedener Eltern ist, sondern ihrer Befolgung zumeist gravierende emotionale Probleme der Eltern entgegenstehen. Die häufigsten seien nachstehend genannt:

1. Die Schuldgefühle angesichts des Leids der Kinder aushalten zu können.

Lesen Sie in diesem Zusammenhang noch einmal die Empfehlungen 1, 3 und vor allem 5: Sie sind zwar am derzeitigen Leid der Kinder »schuld«, aber Sie können die Trennung/Scheidung durchaus verantworten, wenn Sie nicht vergessen, was das Kind für eine entwicklungsförderliche Verarbeitung der Scheidung braucht (Empfehlungen 6–18).

2. Die Wut auf den Ex-Partner insofern auszuhalten, als man nicht versucht, das Kind auf seine Seite zu ziehen.

Wird der Ex-Partner abgewertet und schwer beschuldigt, fällt es dem Kind nicht nur schwer, beide weiter zu lieben (s. Empfehlung 7); da das Selbstgefühl des Kindes zu einem großen Teil aus unbewusst verinnerlichten Anteilen beider Eltern besteht, wird auf diese Weise das Selbst- und Identitätsgefühl des Kindes zerstückelt. Eine Hilfe gegen die (natürliche) Tendenz, das Kind für sich einzunehmen, ist es, wenn sich die Eltern sozial nicht abkapseln und somit psychisch weniger auf die Kinder (bzw. ihre einseitige Loyalität) angewiesen sind.

3. Die Enttäuschung und Wut auszuhalten, dass die Kinder den Partner, der mir so viel Leid angetan hat, dennoch weiter lieben und bewundern.

Dabei kann helfen, sich erstens zu vergegenwärtigen, dass die Kinder jene Erfahrungen, die mein Bild von meinem Mann/meiner Frau so veränderten, ja nicht machten; vor allem aber, sich der Geschichte der Beziehung zu erinnern, nicht zu vergessen, dass man diesen Menschen auch einmal liebte und er/sie nicht nur aus seinen schlechten Eigenschaften besteht.

4. Für Väter: Die reale Einbuße an Macht und Einfluss auf die Kinder (aber auch auf die Ex-Frau) ist – selbst bei einer einigermaßen gut funktionierenden Nach-Scheidungsbeziehung zur Mutter – eine unvermeidliche Folge der Trennung.

Das Beste für Väter ist, sich mit dieser (zweifellos kränkenden) Tatsache abzufinden und alles zu unternehmen, um die Beziehung zur Mutter zu verbessern. Dann wird sie vielleicht auch bereit sein, Ihnen (wieder) mehr Einfluss und Verantwortung einzuräumen. Wenn Sie hingegen um diesen Einfluss gegen sie kämpfen, laufen Sie Gefahr, eine möglicherweise bestehende Tendenz Ihrer geschiedenen Frau, Sie aus dem Leben des Kindes auszuschließen, noch zu verstärken.

5. Für Mütter: Sich von der Idee zu verabschieden, den Ex-Mann aus dem eigenen Leben für immer verbannen zu können!

Damit meine ich weniger eine weiter bestehende finanzielle Abhängigkeit, sondern die Tatsache, dass Ihr Ex-Mann für immer in der Gestalt der eigenen Kinder präsent bleiben wird; und zwar körperlich als auch durch deren Bedürfnis bzw. Anspruch auf Beziehung zu ihm. Je mehr Sie dagegen kämpfen, dass er auch weiter, aktiv oder passiv, Einfluss auf die Entwicklung des Kindes nimmt, desto größer ist die Gefahr, dass er um diesen Einfluss (u. U. über das Kind) zu kämpfen beginnt; und desto größer werden die Loyalitätskonflikte des Kindes. Möglicherweise »schaffen« Sie es, dass sich das Kind mit Ihnen identifiziert und den Vater auch von sich aus ausgrenzt, was freilich ein Pyrrhus-Sieg wäre, nehmen Sie Ihrem Kind doch die vielleicht wichtigste Entwicklungsbedingung (vgl. Teil 1, Empfehlung 9).

6. Auf die fortwährende Bedeutung, die ich (als Vater oder Mutter) für das Kind habe und auf dessen fortwährende Liebe zu mir vertrauen zu können.

- Die Schuldgefühle der Eltern (s. die Empfehlungen 1, 5 sowie im 2. Teil Punkt 1) sowie die häufig aggressiven oder abweisenden Reaktionen der Kinder (s. Empfehlungen 3, 4, 10, 12, 13, 15) lassen bei vielen Vätern und Müttern die Angst entstehen, nach dem Partner nun auch die Liebe des Kindes bzw. das Kind selbst zu verlieren.
- Ein großer Teil der Konflikte geschiedener Eltern um Obsorge und Besuchsregelungen hat seinen Grund in diesen Befürchtungen.
- Dabei handelt es sich um Ängste, die so gut wie immer völlig unrealistisch sind. Das gilt auch für den Fall, dass der andere Elternteil eine neue Partnerschaft eingeht, und das Kind den neuen Partner/die neue Partnerin mag (s. Empfehlungen 17 und 18).

7. Es aushalten zu können, wenn sich das Kind über den anderen Elternteil beklagt, ohne sofort bei diesem zu intervenieren!

- Dieses Sich-beklagen-Können hat eine wichtige, quasi-therapeutische Funktion.
- Dementsprechend verbinden die Kinder damit zumeist gar nicht die Absicht, dass ihrer Klage irgendwelche Interventionen folgen.
- Es handelt sich dabei um ein ausgesprochenes Privileg von Scheidungskindern gegenüber Kindern aus »intakten« Familien, die auch immer wieder unter ihren Eltern leiden, aber darüber meist mit niemandem reden können.

Schlusswort

Zusammenfassend könnte man das »pädagogische« Problem im Zusammenhang von Trennung und Scheidung – pointiert – folgendermaßen beschreiben:

Um eine Scheidung gut verarbeiten zu können, würden Kinder Eltern benötigen, die nach der Trennung so einfühlsam, geduldig, ausgeglichen, optimistisch und zuwendend sind, wie sie es im bisherigen Leben (die ersten Lebensmonate ausgenommen) nie sein mussten. Zur selben Zeit jedoch befinden sich auch die meisten Eltern in einer so schwierigen psychischen Situation, dass sie Kinder brauchen würden, die so ruhig, anspruchslos, loyal, seelisch gefestigt, vernünftig und selbstständig sind, wie sie bisher noch nie sein mussten.

In diesem Paradoxon liegt die eigentliche Gefahr der Scheidung/Trennung für die Kinder. Und in einer solchen Situation ist den Kindern für ihren künftigen

Lebensweg am meisten geholfen, wenn Sie sich als Eltern der Schwierigkeit der Aufgabe bewusst sind und – wie ich früher sagte – bereit sind anzuerkennen, dass sich im Hinblick auf die eine oder andere pädagogische Empfehlung zwischen dem, wonach Ihnen ist, und dem, was die Kinder für eine gute Verarbeitung der Trennung brauchen, mitunter Widersprüche ergeben. Sollten Sie sich angesichts solcher Konflikte überfordert fühlen – was Ihnen niemand vorwerfen kann, weil dies bei geschiedenen Eltern eher die Regel als die Ausnahme darstellt – scheuen Sie nicht davor zurück, professionelle Hilfe (in Form von Erziehungsberatung, Familienberatung, ev. auch Psychotherapie) in Anspruch zu nehmen. Ihre Kinder werden es Ihnen danken.

5.
Wir wollen ein Jugendzentrum

Workshop mit jugendlichen Kindern geschiedener Eltern

Editorische Vorbemerkung:
Im September 1996 fand in Freiburg eine Konferenz zur Praxis des Sorgerechts im Europäischen Vergleich statt (Brauns-Hermann/Busch/Dinse 1997). Im nachfolgenden Beitrag berichtet H. Figdor von einem Workshop mit Jugendlichen, der parallel zur Konferenz stattfand und seine Ergebnisse im Rahmen des Schlussplenums präsentierte.

Prolog

Eröffnungen von Tagungen und Konferenzen verlaufen immer gleich und zumeist auch immer gleich langweilig. Der Veranstalter begrüßt, bei Co-Veranstaltern sind das dann schon zwei oder drei Ansprachen. Hat man Glück, sind Schirmherren oder Ehrengäste nicht persönlich anwesend und lassen ihre Grüße lediglich ausrichten. Andernfalls kommen weitere Statements dazu, im schlimmsten Fall nützen Politiker die Gelegenheit, sich in Szene zu setzen, sei es, um Fachkompetenz beweisen zu wollen, sei es, um sich politisch selbst zu loben. Das eine ist meist peinlich, das andere ärgerlich. Entsprechend unkonzentriert erwartete ich auch an jenem 4. September 1996 den Beginn der Konferenz »Ein Kind hat das Recht auf beide Eltern – Konferenz zur Praxis des Sorgerechts im Europäischen Vergleich«. Es handelte sich um eine ziemlich bedeutende Konferenz, an der Fachleute aus ganz Europa teilnahmen und die u.a. von der Europäischen Kommission finanziert wurde. Doch diesmal sollte sich die Eröffnung von der anderer Tagungen unterscheiden (wie diese Konferenz – zumindest für mich – überhaupt einen ganz anderen Verlauf nahm als ich mir vorgestellt hatte). Nach ihrer Begrüßung erzählte nämlich *Christa Brauns-Hermanns* (als Vertreterin des lokalen Veranstalters) von einem Gespräch, das sie vor ein paar Wochen mit Jugendlichen geführt hatte, in welchem sich diese darüber mokierten, dass sich die Erwachsenen (wieder einmal) den Kopf darüber zerbrechen würden, was für Kinder gut sei, die Betroffenen jedoch nicht selbst zu Wort kommen ließen. Daraufhin hatte sie die Jugendlichen eingeladen, an der Konferenz teilzunehmen und ihre Eindrücke im Schlussplenum vorzutragen. (Ich hatte diesen Punkt im Tagungsprogramm völlig übersehen.) Und tatsächlich war eine ganze Gruppe von Jugendlichen (im Alter von 12-17 Jahren) dieser Einladung nachgekommen und wurde nun mit einem spontanen, sehr herzlichen Applaus begrüßt.

Ich hatte den Eindruck, dass dieser Applaus von den meisten der Anwesenden, mich eingeschlossen, nicht bloß als höfliche Geste gemeint war: Wir freuten uns wirklich über die Anwesenheit der Jugendlichen. Aber wieso eigentlich? Gehört es nicht zu den schwierigsten und häufig undankbarsten Aufgaben, sich mit Jugendlichen auseinander zu setzen? Jugendliche sind kritisch, neigen dazu, das, was die Erwachsenen tun und denken, abzuwerten; da sie nicht die Scheu und Angst kleinerer Kinder haben, zeigen sie ihre Opposition offen; und sie sind daher auch durch Freundlichkeit oder attraktive Angebote weniger verführbar. Dies gilt für den Unterricht in der Schule ebenso wie für die Sozialarbeit oder Psychotherapie. Hätten wir uns also nicht eigentlich eher fürchten als freuen müssen? Was mich betrifft – und ich kann natürlich nur für mich sprechen – glaube ich, im Nachhinein meine positive Reaktion ganz gut verstehen zu können. Fürchten musste ich mich nicht, weil es ja gar nicht darum gehen sollte, uns mit ihnen wirklich auseinander zu setzen, sie waren ja nur eingeladen zuzuhören (und erst am Ende auch etwas zu sagen). Und meine Freude stammte zu einem Gutteil aus einer, mir damals allerdings noch nicht bewussten Phantasie: Wenn sie nur erst zuhören, werden sie (überrascht) erkennen: »Das sind ja gar nicht solche Arschlöcher und Obergescheiten, wie wir annahmen. Die machen sich ja wirklich ernsthaft Gedanken darüber, dass es uns gut geht. Die stehen gar nicht auf der Seite der Eltern, sondern auf unserer!« Außerdem werden sie vom Niveau und der Komplexität unseres Denkens beeindruckt sein: »Das sind Erwachsene, von denen wir lernen können!«

Der geneigte Leser merkt: Auch Psychoanalytiker sind nicht frei von narzisstischen Größenphantasien! Die Jugendlichen freilich machten uns (mir) einen kräftigen Strich durch die Rechnung. Noch während des ersten Konferenztages teilten sie der Kongressleitung mit, nicht mehr teilnehmen zu wollen. Als Hauptgrund führten sie an, dass sie auf Grund des Fachjargons, dessen sich die Vortragenden bedienten, kaum etwas verstünden und überhaupt hätten sie nicht wirklich den Eindruck, dass all das mit dem, was für sie wirklich von Interesse wäre, etwas zu tun hätte (von wegen Bewunderung!). Es passierte also gerade das, was wir aus der pädagogischen und psychotherapeutischen Arbeit mit Jugendlichen leider allzu gut kennen: Sie verweigern, wollen nicht mehr kommen. Damit schien auch die Idee, Jugendliche an der Konferenz zu beteiligen, gestorben.

Freilich gab sich die Initiatorin dieser Idee, Christa Brauns-Hermanns, nicht so leicht geschlagen. Selbst Psychotherapeutin und in der Arbeit mit Jugendlichen überaus erfahren, erkannte sie wohl, dass es sich hier nicht um ein pubertäres Desinteresse handelte, sondern *wir* mit unseren Themen und unserer Art und Weise, darüber zu reden, es nicht schafften, die Jugendlichen zu erreichen. Daher schlug sie ihnen vor, sich parallel zur Konferenz in einem Workshop zusammenzusetzen, über das zu beraten, was ihnen wirklich unter den Nägeln brenne und die Ergebnisse des Workshops dann – wie vorgesehen – im Abschlussplenum vorzustellen. Und sie trat an mich mit der Frage heran, ob ich bereit wäre, diesen Workshop zu leiten. In einem ersten Reflex wollte ich ablehnen. Diese Aufgabe zu übernehmen, würde erstens bedeuten, auf die Annehmlichkeiten eines passiven Konferenz-Teilnehmens (ich kam mit meinem Referat erst am letzten Tag dran) zu verzichten: mich nicht anstrengen müssen, mir nur anhören, was mich interessiert, dazwischen Freiburg spazierenderweise kennen lernen. Das sollte ich – zweitens – gegen die (wie beschrieben) besonders schwierige Arbeit mit Jugendlichen eintauschen, für welche ich ja wahrscheinlich schon zu »denen da oben, die man nicht versteht« gehörte. Andererseits tat es mir wirklich Leid, dass das Experiment gescheitert war, Leid vor allem für die Jugendlichen, die ja durch ihr Kommen ihr grundsätzliches Interesse bewiesen hatten, und sich nun enttäuscht zurückziehen wollten, enttäuscht nämlich von uns! Also sagte ich zu (und ich sollte es nicht bereuen).

Der Workshop beginnt

Wir trafen uns am nächsten Tag in einem Nebenraum des Konferenzgebäudes: die Jugendlichen Jette, Kathi, Larissa, Simin, Simon und Tilmen (13–17 Jahre alt) sowie Th. Vogt von der »Psychosozialen Beratung in Familienkrisen, Freiburg«, der mich in der Moderation der Gruppe unterstützen wollte. Ich hatte mir vorgenommen, mit dem Gespräch dorthin zurück zu kehren, wo wir Fachleute die Jugendlichen »verlassen« hatten: zu ihren besonderen Interessen an der Thematik Scheidung/Trennung/Sorgerecht. Nachdem wir einander begrüßt und vorgestellt hatten, umriss ich noch einmal das Thema und das Anliegen der Konferenz und stellte die Frage: »Was ist für Euch dabei wichtig, welche Anliegen hättet Ihr an die Fachleute und Politiker, die die Gesetze machen?« Der Frage folgte zunächst verlegenes Schweigen, dann, zögerlich, dass es schon wichtig wäre, beide Elternteile auch weiterhin sehen zu können und schließlich, jetzt schon mit Bestimmtheit und einhellig: »Alles andere ist Kram der Eltern, geht uns nichts an, und wir wollen damit auch nichts zu tun haben.« Wunderbar, ich könnte zufrieden sein! Erstens zeigen diese Jugendlichen, dass sie sich offenbar von der Phantasie der meisten (jüngeren) Scheidungskinder, irgendwie an der Trennung der Eltern mitschuldig zu sein, freimachen konnten. Zweitens unterstützten sie indirekt meine seit langem vertretene Forderung, Kinder nicht mit der Frage zu belasten, mit wem sie lieber zusammenleben wollen, sondern alles zu unternehmen, dass die Eltern eine gemeinsame Lösung zuwege bringen, etwa durch Mediation oder Beratung, eine Forderung, die ich auch in meinem für den Schlusstag der Konferenz angesetzten Vortrag zu formulieren gedachte.[1] Ich hätte der Gruppe vorschlagen können, als Ergebnis unseres Gesprächs dem Plenum drei Forderungen vorzulegen:

- Kinder haben nicht nur ein abstraktes *Recht* darauf, weiterhin mit beiden Elternteilen in Beziehung zu bleiben, sie – zumindest diese Gruppe von Jugendlichen – *wollen* das auch.

1 Figdor 1997 S. 196–239.

- Gesetzliche bzw. gerichtliche Regelungen interessieren sie nicht. Das sollen sich die Erwachsenen bzw. die Eltern untereinander aushandeln und ihre Kinder in Frieden lassen.
- Als Konsequenz daraus ließe sich dann auch noch fordern, dass der Staat die Voraussetzungen dafür schaffe, dass Eltern in dieser Aufgabe durch Fachleute (Mediatoren, Erziehungs- und Familienberater) wirksam unterstützt werden können.

Ich denke die Gruppe wäre mit einem solchen Resümee durchaus einverstanden gewesen, und wir hätten unser Gespräch beenden können, zumal ich den Eindruck hatte, dass sich die jungen Leute ohnedies in dieser Runde nicht so besonders wohl fühlten.

Tatsächlich jedoch war ich alles andere als zufrieden. War das wirklich alles? Nur deswegen waren sie gekommen? Jedenfalls durfte ich das nicht (selbstzufrieden) annehmen, denn eines musste ich eingestehen: Es war mir noch in keiner Weise gelungen, mit diesen Jugendlichen in emotionalen Kontakt zu treten. Aber warum nicht? Ich habe mich sicher bemüht und interessiert gezeigt, zumal mich ja wirklich interessierte, was die jungen Leute dachten. Offenbar habe ich mit meinen Erläuterungen und Fragen wiederum nicht das getroffen, was sie tatsächlich – zumindest zurzeit und bewusst – bewegte. »Vergessen wir einmal das Konferenzthema«, schlug ich daher vor. »Ihr habt morgen die Gelegenheit eines Auftrittes, und zwar vor führenden Fachleuten und Sozialpolitikern, auch die Presse ist anwesend. Das ist eine tolle Chance, Euren Anliegen Gehör zu verschaffen, auch wenn es nichts mit dem Tagungsthema zu tun hat – sie müssen Euch zuhören und ich verspreche, Euch dabei zu unterstützen. Also was wäre Euch denn zurzeit am allerwichtigsten?« »Wir wollen ein Jugendzentrum!«, kam die prompte Antwort. »Erzählt mir davon«, forderte ich sie auf. Und sie erzählten, und diesmal ohne Zögern, ohne Verlegenheit und überaus engagiert.

»Wir wollen ein Jugendzentrum!«

Zusammengefasst, ging es um Folgendes: Eine Gruppe Freiburger Jugendlicher hatte die Initiative *JugendDenkMal* in die Wege geleitet, mit dem Ziel, unter diesem Namen ein autonom verwaltetes Jugendzentrum zu errichten. Als Ort hatten sie eine zentral gelegene, wenig frequentierte Fußgängerunterführung auserkoren und bereits Gestaltungs- und Nutzungspläne ausgearbeitet. Mit dem Hinweis, dass ohnedies kommunale Einrichtungen für die Jugendlichen existierten und für ein weiteres Jugendzentrum die finanziellen Mittel fehlten, wurde das Anliegen bislang von der Kommune zurück gewiesen. Genau an jenen bereits vorhandenen Einrichtungen setzte jedoch die Kritik der Jugendlichen an. Erstens, meinten sie, wären diese zu abgelegen, im Stadtzentrum hingegen könnten sich Jugendliche kaum aufhalten oder etwas unternehmen, weil Kinos, Cafés und Kneipen zu teuer wären. Vor allem aber wollten sie sich nicht von Sozialarbeitern oder -pädagogen animieren und beaufsichtigen lassen, sondern über ihre Aktivitäten selbst bestimmen. Zu Hause kontrollieren die Eltern, in der Schule die Lehrer, da wolle man zumindest über die Freizeit autonom verfügen.

Plötzlich war Nähe da. Die Jugendlichen waren ihrerseits mit ihrer ganzen Begeisterung beim Thema und ich fühlte mich um 25, 28 Jahre zurück versetzt in die Zeit unserer Kämpfe um demokratische Strukturen und autonome Freiräume in- und außerhalb der Universität. Natürlich sehe ich heute Vieles anders als in meiner Studentenzeit, bin mir auch der Problematik unserer zum Teil naiven Schwarz-Weiß-Zeichnungen und Idealisierungen (z.B. des so genannten Maoismus) bewusst. Dennoch gehörte ich nie zu jenen, die sich im Nachhinein von ihrer rebellischen Vergangenheit distanzierten. Denn trotziges, widerständiges Aufbegehren bildet nicht nur entwicklungspsychologisch ein wichtiges Durchgangsstadium in den beiden großen Etappen der Autonomie-Entwicklung – dem 2. bis 3. Lebensjahr und der Adoleszenz (also etwa der Zeit zwischen 14. und 19. Lebensjahr), sondern ist wohl auch gesellschaftspolitisch eine notwendige Voraussetzung für jedwede Veränderung bzw. Entwicklung. Ebensowenig gehöre ich zu jenen »Veteranen« der 68er-Jahre, die die »heutige Jugend« wegen ihres »unzureichenden gesellschaftspolitischen Bewusstseins« gering zu schätzen pflegen. Also empfand ich spontan eine große Sympathie mit diesen sechs jungen Leuten. Psychoanalytisch ausgedrückt, war ich in diesem Augenblick im hohen Maße mit ihnen identifiziert. Daher konnte ich auch gut spüren, dass es ihnen (»uns«) nicht ausschließlich um die Erfüllung sozialpolitischer Forderungen – hier: der Errichtung eines selbstverwalteten Jugendzentrums – geht, sondern auch darum, über solche Forderungen eine solidarische Gemeinschaft zu bilden; in dieser Gemeinschaft zu einem neuen Identitätsgefühl jenseits der »alten« familiären Wurzeln zu finden; schließlich aber auch, sich über diese kollektive Identität mitzuteilen, auf sich aufmerksam zu machen und auf dieser gesellschaftlichen Ebene jene Anerkennung zu gewinnen, auf die »wir« im familiären Bereich (teilweise) verzichtet haben, indem wir uns den Vorstellungen, Regeln und Erwartungen des Elternhauses (mehr oder weniger) entgegenstellten. Ich erinnere mich noch ganz deutlich an meine Gedanken, als sich mein Vater von seinem »linksradikalen Randalierer-Sohn« distanzierte: »Wieso versteht er nicht, dass es mir nicht um Zerstörung, sondern um den Aufbau einer besseren Welt geht, um die Befreiung von Unterdrückung und Ausbeutung?! Gerade er, der als Jude vor den Nationalsozialisten nach Schweden flüchten musste und dessen ganze Familie im KZ ums Leben kam! Eigentlich müsste er doch stolz auf mich sein!« Begleitet waren diese Gedanken von Enttäuschung und Schmerz, freilich auch mit einer Beimischung von selbstgerechtem Stolz, der sich aus einem Gefühl politischer und moralischer Überlegenheit nährte. Zugleich hatte ich mich – natürlich unbewusst – in dieser Phantasie mit meinem Vater versöhnt, indem ich ihm zuschrieb, ja *eigentlich* auf mich stolz sein zu müssen. Und irgendwo war da wohl auch die Hoffnung, er würde es eines Tages sein ...

Ich habe vorher von »Nähe« und »Identifiziert-Sein« gesprochen. Um einem Missverständnis vorzubeugen: Damit meine ich nicht, dass ich die Anliegen dieser sechs Jugendlichen mit meinen seinerzeitigen gleichsetzte oder gar verwechselte. »Identifizierung« meint in diesem Zusammenhang einen emotionalen Vorgang: Indem ich mich von meinen durch das Gespräch ausgelösten Assoziationen in meine eigene Adoleszenz zurück führen ließ, vermochte ich einiges von dem, was diese jungen Leute bewegte, nachzuempfinden. Zugleich war ich aber – heute – kein Jugendlicher mehr, sondern gehörte zu den Erwachsenen, zu denen »da oben«, mit denen sie sich in latentem Konflikt befanden. Vielleicht könnte man sagen, dass ich für diese Jugendlichen aufgrund meines Identifiziert-Seins mit ihnen so etwas wie die Verkörperung desselben »guten inneren Vaters« war, der mich seinerzeit in meiner Phantasie *nicht* verurteilte, sondern *verstand* und dem man sich daher auch vertrauensvoll mitteilen konnte. Eben dieses Bild gewann ich während des Workshops auch von mir selbst: In meiner Identifizierung war ich zunächst (lediglich) auf der Seite dieser Jugendlichen, als »guter Vater« hingegen wollte ich ihnen bei jenen da oben helfen und begab mich alsbald in eine Art Beraterposition: wie die Gruppe bei der geplanten Präsentation ihre Anliegen möglichst eindrucksvoll und effektiv präsentieren könnte.

Die Wende

Dann geschah etwas Überraschendes: im Verlauf der Sammlung von Argumenten, die die Legitimität der Forderung nach einem selbstverwalteten Jugendzentrum unterstreichen sollten, wandelte sich allmählich das Thema. Zunächst wurde klarer, worum es bei dem Jugendzentrum in erster Linie ging: gar nicht so sehr um den Standort und auch nicht so sehr darum, nicht beaufsichtigt zu werden – die Jugendlichen wollten vor allem *unter sich sein* und ihre Zeit gemäß ihren Interessen gestalten. Sie hatten keine Lust auf »Kanufahrten« und ähnliche von Sozialarbeitern angebotene »Vergnügungen«. Sie wollten einen Ort, um sich miteinander über ihre Interessen auszutauschen und um miteinander über ihre Probleme reden zu können.

Um welche Probleme es sich dabei handle? In erster Linie natürlich um Probleme in der Familie, auch solche im Zusammenhang mit der Scheidung oder Trennung der Eltern. Dafür wäre ja sonst nirgendwo Platz. In der Schule sei man zwar mit den anderen Jugendlichen zusammen, für Persönliches gäbe es dort jedoch weder Gelegenheit noch Zeit. Aber gibt es dafür nicht an jeder Schule Vertrauenslehrer? Die Reaktion auf diesen Einwurf war einhellig: Vertrauen ließe sich doch nicht amtlich einsetzen, sondern muss wachsen. Der/die eine findet vielleicht eher zum Geographielehrer, ein/e andere/r zum Mathematiklehrer einen Draht. Erwogen wurde auch, ob es vielleicht mehr jüngere Lehrer geben sollte, oder ob Lehrer einfach pädagogisch besser ausgebildet sein müssten. Schließlich kamen die Jugendlichen jedoch zu dem Schluss, dass das Problem wohl eher ein *strukturelles* sei: In kleinen Gruppen wären Gespräche über persönliche Angelegenheiten eher möglich als vor der ganzen Klasse; außerdem geht es im Unterricht doch ausschließlich um den »Stoff«; und nach dem Läuten könne man doch nicht einfach zu seinem Lieblingslehrer laufen und mit ihm über Probleme reden. Wohin also damit? Im »eigenen« Jugendzentrum wäre dafür Platz, zumal einen die anderen Jugendlichen ohnehin besser verstünden als die Erwachsenen. Manchmal ginge es aber auch gerade darum, sich von den Problemen, z.B. vom »Thema Nummer eins, der Scheidung der Eltern«, abzulenken und einfach Spaß zu haben, zu tanzen oder Musik zu hören. Die Erwachsenen scheinen nicht begreifen zu können, wie wichtig für die Kinder die Beziehungen zu den Gleichaltrigen sind, ganz besonders wenn man sich im jugendlichen Alter befindet: »Wir haben unser eigenes Leben und unsere eigenen Bedürfnisse! Die Erwachsenen trauen uns nicht zu, dass wir Dinge selbst in den Griff kriegen.« Übrigens, fügten sie hinzu, wäre diese Konferenz durch die gleiche Ignoranz gekennzeichnet: Obwohl es kaum möglich war, den Vorträgen aufgrund des Fachjargons zu folgen, hätten sie doch verstanden, dass es ausschließlich um Fragen der Regelung, Gestaltung und Beeinflussung der Eltern-Kind-Beziehungen ging. Das, was Kinder, deren Eltern sich scheiden lassen und/oder miteinander streiten, wahrscheinlich am dringendsten bräuchten, sei aber ein Ort *außerhalb der Familie*, wohin sie flüchten und unter sich sein können. Dort könne man auch die für das Leben in der Familie und in der Schule notwendige Kraft sammeln. Davon abgesehen solle man aufhören, sie immer wieder als »Scheidungskinder« zu titulieren: als ob sie aus nichts anderem als der Trennung der Eltern bestehen würden. Das sei erstens stigmatisierend (»Nur weil die Eltern miteinander nicht auskommen, sind *wir* noch lange nicht gestört oder krank!«) und würde all das, was sie als Persönlichkeiten jenseits des Elternhauses auszeichne, ignorieren.

Ich war schwer beeindruckt. Was ich da hörte, ging weit über ein »trotziges, widerständiges Aufbegehren«, das ich diesen Jugendlichen zuvor noch »verständnisvoll« konzedierte, hinaus. Zielsicher und keineswegs undifferenziert deckten diese sechs jungen Leute zentrale gesellschaftliche Defizite auf, insbesondere was die Bereiche Jugend-Sozialarbeit und Sozialpädagogik, die Institution Schule, aber auch die Diskussionen von uns »Scheidungskinder(!)-Experten« betrifft:

– Offenbar sind viele (wenn auch sicher nicht alle) *Angebote (sozialpädagogisch) geführter Jugendarbeit* nicht zureichend in der Lage, den Heranwachsenden einen »Raum« zur Verfügung zu stellen, in welchem sie sich vom enormen Anpassungsdruck, der heute von der Familie, der Schule und einer immer mehr auf Leistungsselektion ausgerichteten Gesellschaft ausgeht, etwas erholen können; in welchem ihre (reale) Machtlosigkeit mit Hilfe produktiver Phantasien – worunter ich Spielen, passive und aktive künstlerische Aktivitäten bis hin zur sozialen Aktion zähle – teilweise kompensiert werden kann; in welchem auf diese Art und Weise auch jene Gefühle und emotionalen Haltungen gelebt werden können, die im »realen« Leben, also zu Hause und besonders in der Schule, häufig keinen Platz finden: Liebe, Wut, Solidarität, das Gefühl, willkommen, anerkannt und geborgen zu sein. Oder, um einen Begriff des englischen Psychoanalytikers Bion zu verwenden: Viele der sozialpädagogischen Angebote schaffen es nur unzulänglich, sich den Heranwachsenden als »Container« zur Verfügung zu stellen.[2]
– Obwohl sich die Schule als *pädagogische Institution* begreift, funktioniert sie in der Praxis fast ausschließlich als Ort von Stoffvermittlung und Lernkontrolle, während für das, was man als Bildung der Persönlichkeit bezeichnen könnte, kaum Platz ist. Dafür wäre es nämlich unerlässlich, sich auch mit den Lebensproblemen und damit zusammenhängenden Gefühlen der Schüler auseinander zu setzen. Wo einzelne engagierte Lehrer/innen versuchen, es anders zu machen, scheitern sie oft am Druck des Lehrplans, an der Größe der Klassen oder einfach daran, dass

2 Vgl. dazu auch meine Ausführungen zur »Container«-Funktion des Märchens (6. Kap.) und der Kinderliteratur (am Beispiel Astrid Lindgrens: 7. Kap.) in diesem Band.

schlicht die Zeit nicht vorhanden ist, sich individuell auf ihre Schüler einzulassen.[3]

- Der Großteil der (im weitesten Sinne *sozialpädagogisch-psychotherapeutischen) Jugendhilfe* ist nach dem Modell nachzufragender Dienstleistungen organisiert, also in dem Sinne: »Wenn Du ein Problem hast, komm zu uns in die Beratungsstelle!«, scheinen damit aber den Großteil der Jugendlichen nicht zu erreichen. Selbst niedrigschwellige Angebote, wie etwa Vertrauenslehrer, können nur schwer angenommen werden. Offenbar wäre es notwendig, sich aktiv um das Vertrauen der Jugendlichen zu bemühen, bzw. spontan sich einstellende Vertrauensbeziehungen – etwa zum bereits zitierten Geographie- oder Mathematiklehrer – zu nützen. Modelle solcher »nachgehender« (statt nachzufragender, »ambulanter«) Jugendhilfe gibt es zwar. Weder genießen diese Modelle jedoch die ihnen gebührende Anerkennung noch erlauben die institutionellen und finanziellen Rahmenbedingungen ihre Verbreitung.
- Schließlich muss den Jugendlichen auch hinsichtlich ihrer Kritik an der *»Eltern-Kind-Lastigkeit« dieser Konferenz* recht gegeben werden. Zwar ließe sich einwenden, dass es bei dieser Veranstaltung ja um das Sorgerecht gehe, wodurch es klar sei, dass die Eltern-Kind-Beziehung ins Zentrum der Aufmerksamkeit gerückt sei. Tatsächlich aber ist es doch so, dass auch jenseits dieser Konferenz, in der gängigen Fachliteratur, die Selbsthilfe durch die Peer-group eine höchst vernachlässigte Rolle spielt. Und wenn wir die mögliche heilsame Bedeutung der Peer-group für die Probleme von Scheidungskindern ins Auge fassen, denken wir doch zumeist an sozialpädagogische oder psychotherapeutische »Scheidungskinder-Gruppen«. Diese mögen zwar aufgrund der Ausbildung der Gruppenleiter wichtige Orientierungen zu bieten und der beschriebenen Container-Funktion besser nachkommen, haben aber mit der Idee autonomen Miteinanderseins und dem großen Stellenwert, den ihm unsere Jugendlichen zumessen, rein gar nichts zu tun.

Ich gab der Gruppe meine Betroffenheit über ihre kritischen Gedanken, besonders zu diesem letzten, die Konferenz betreffenden Punkt kund. Und siehe da: Plötzlich gab es keinerlei Schwierigkeiten mehr, sich über das Konferenzthema zu äußern, gerade so, als wäre ein Schleusentor geöffnet worden.

3 Vgl. dazu ausführlicher Kap. 8: *Schulprobleme oder Problemschule?* in diesem Band.

Elternschaft nach Trennung oder Scheidung aus der Sicht der Jugendlichen

Die Dominanz der Eltern-Kind-Beziehung nach Trennung bzw. Scheidung sei nicht in erster Linie eine Sache einseitiger fachlicher Einschätzung durch Experten, entgegneten sie mir, *sondern den Kindern aufgezwungener Alltag*: Natürlich will man den Kontakt zu dem Elternteil, mit dem man nicht mehr zusammenlebt, nicht verlieren. Also stellen die Jugendlichen an den Besuchswochenenden Aktivitäten mit Gleichaltrigen zurück. Vor allem befürchten sie, ihn – zumeist den Vater – zu kränken, wenn man ihm mitteilte, lieber mit anderen Jugendlichen etwas unternehmen zu wollen. Und an den anderen Wochenenden? Da erwartet die Mutter, der unter der Woche die ganzen Alltagsprobleme zufallen, »endlich auch etwas von ihren Kindern zu haben«. So geraten diese in die Situation, sich als Sohn oder Tochter geschiedener Eltern andauernd um deren seelisches Wohlergehen kümmern zu müssen und für andere Interessen kaum Zeit zu haben. Pointiert ausgedrückt könnte man sagen, dass die Jugendlichen für ihre Eltern nach Trennung bzw. Scheidung die doppelte Zeit aufbringen müssen. »Wir müssen mit unserer Freizeit und Rücksichtsnahme dafür bezahlen, dass es die Eltern nicht schaffen, miteinander in Frieden zu leben!« Wo bliebe da das »Recht der Kinder«? Natürlich würden sie beide Eltern nach wie vor lieben, de facto wird jedoch das »Besuchs*recht*« bzw. »Umgangs*recht*« dadurch nicht selten zu einer *Pflicht* der Jugendlichen!

Es scheint also so zu sein, dass sich die Generationen-Rollen häufig in fataler Weise umkehren. Während die Jugendlichen Verantwortung für das *Wohl der Eltern* übernehmen, haben sie den Eindruck, dass sich jene nur wenig darum kümmern, wie es ihnen mit den »neuen familiären Verhältnissen« geht. Besonders schlimm seien in diesem Zusammenhang auch die immer wieder stattfindenden Versuche der Eltern, das Kind auf die eigene Seite zu ziehen. »Wenn sie nicht mehr miteinander können, ist es schon schlimm genug. Aber sie dürfen sich doch nicht auch noch erwarten, dass man als Kind seinen Vater oder seine Mutter plötzlich nicht mehr lieben würde!«

Als »glatten Horror« erleben es die Jugendlichen, wenn es zwischen den Eltern zu offenen Auseinandersetzungen kommt. »Da möchte man dann nur eines: alles liegen und stehen lassen und wegrennen!« Und gerade dann bräuchte man einen Ort wie ein autonomes Jugendzentrum, wohin man sich zurückziehen, wo man reden und auch sich ablenken kann.

Die Unerträglichkeit offener Auseinandersetzungen zwischen den Eltern ist auch der Grund, warum keiner der Gruppe prinzipiell gegen die Scheidung

Stellung nahm. Wenn es das Leben beruhigt, ist es wohl auch für die Kinder besser, wenn die Eltern auseinander gehen.

Nun schien mir auch der Zeitpunkt gekommen, sie direkt zu fragen, was, wenn es zur Trennung komme, ihnen im Interesse der Kinder am wichtigsten erscheine? Die Antwort kam ebenso prompt wie einhellig: *Es solle sich so wenig wie möglich verändern*! Es sei schlimm genug, nicht mehr mit beiden Eltern leben zu können, da sollte man nicht auch noch umziehen, die Schule wechseln müssen und dadurch möglicherweise auch noch die Freunde verlieren. Alle meinten sie, am liebsten in der bisherigen Wohnung bleiben zu wollen, egal (!), ob nun mit der Mutter oder mit dem Vater.

Bei dieser, in ihrer Eindeutigkeit doch etwas überraschenden Präferenz für die Konstanz des sozialen Milieus gegenüber der Bevorzugung eines Elternteils ist natürlich das Alter der Gruppenteilnehmer in Rechnung zu stellen. Allerdings ist auch zu bedenken, dass das Alter, ab dem Freunde, Gleichaltrige für Wohlbefinden und Zufriedenheit entscheidende Bedeutung erlangen, von Kind zu Kind enorm variiert. Bei manchen fängt die »Pubertät« (in diesem Sinn) schon mit 9 Jahren an, andere sind erst mit 13 oder 14 Jahren so weit.[4]

Und was meint die Gruppe zum Sorgerecht? Wie zu erwarten war, zeigten sich die Jugendlichen an der rechtlichen Form der Nach-Scheidungs-Elternschaft nicht allzu interessiert. Das Gemeinsame Sorgerecht schien ihnen die nächstliegende und logische Variante zu sein. Sollten die Eltern so »kindisch« sein, sich nicht einigen zu können, bliebe wohl nichts anderes als das Alleinige Sorgerecht eines Elternteiles übrig. Doch selbst dann wird sich ja auch der Elternteil, der nicht das Sorgerecht hat, kaum seiner elterlichen Verantwortung entschlagen können, wenn die Kinder bei ihm sind.

Interessant war die Feststellung, dass aus Sicht dieser Jugendlichen »Gemeinsames Sorgerecht« oder »gemeinsame elterliche Verantwortung« ganz sicher nicht bedeuten dürfe, von beiden Eltern »erzogen« zu werden: Leben die Kinder bei der Mutter und sehen den Vater nur hin und wieder an den Wochenenden, wollen sie in der wenigen zur Verfügung stehenden Zeit nicht auch noch »erzogen« werden, sondern wollen es einfach schön mit ihm haben. Allerdings sei das zumeist ja auch die Einstellung des Vaters, sodass dies in der Praxis kein wirkliches Problem darstelle. Interessant fand ich diese Bemerkung, weil viele Mütter darüber klagen, dass die Verantwortung für die Pflichten und Grenzen des Alltags allein auf ihren Schultern läge, während die »Wochenend-Väter« sich darin gefallen könnten, nur »toll« zu sein, ohne von den Kindern

4 Zur schwierigen Frage, bei welchem Elternteil Kinder nach der Trennung der Eltern besser aufgehoben sind, vgl. Figdor 1997, ausführlicher 2006b und 2007.

etwas verlangen zu müssen. In diese Klage mischt sich auch zumeist die Angst, Liebe und Zuneigung der Kinder an den Vater zu verlieren. Aus diesem Grund raten viele Experten – ich eingeschlossen – den Kontakt der Kinder zum anderen Elternteil nicht auf Wochenenden zu beschränken, sondern – etwa durch Einbeziehung von Wochentagen – auch um ein Stück »Alltag« zu erweitern. Auf diese Weise hätten beide, Elternteil und Kind, die Gelegenheit, ein realistischeres Bild voneinander zu gewinnen: »*Auch der Vater* sagt nicht immer Ja!« bzw. »*Auch bei mir* ist das Kind mitunter widerständig und schwierig!« Vielleicht aber unterschätzen wir da die Kinder, zumindest die älteren. Möglicherweise wissen sie ganz genau, dass die Mutter verbieten und gebieten, also manchmal »böse« sein muss und können die Vater-Wochenenden als eine Art Urlaub (vom Erzogensein) genießen, ohne zu glauben, beim Vater wäre jeder Tag ein Sonntag, würde man nur bei ihm leben. Die differenzierte Zurückweisung einer trotz Scheidung fortgesetzten Erzieherfunktion des Vaters kann somit auch als eine Besänftigung der Ängste vieler Mütter, in den Augen der Kinder schlechter als der Vater abzuschneiden, gelesen werden. Sie entlastet aber auch jene Väter, die fürchten, durch die zeitliche Beschränkung auf die Wochenenden bei ihren Kindern die Rolle *als Vater* zu verlieren: »Bloß« schöne Zeit miteinander zu verbringen, schmälert weder die Liebe des Kindes noch die Autorität und die Funktion des Vaters, durch seine Persönlichkeit ein zweites, wichtiges Modell für seine Kinder zu sein. (Was übrigens in fast allen Fällen auch eine bedeutende Entlastung des Konfliktpotentials der Mutter-Kind-Beziehung mit sich bringt![5]) (Freilich ändern diese Überlegungen nichts an der grundsätzlichen Sinnhaftigkeit der Empfehlung, Väter sollten in den Alltag einbezogen sein. Allein der Umstand, dass fehlendes Engagement des Vaters in schulischen Angelegenheiten der häufigste Grund für schulisches Versagen bzw. die Verweigerung schulischer Leistungsanforderungen darstellt, unterstreicht ihre Richtigkeit).

Die uneingeschränkte Bejahung einer fortgesetzten, guten und lustvollen Beziehung zu dem Elternteil, mit dem man nicht mehr zusammen leben kann, ändert allerdings nichts an den damit auch verbundenen Erschwernissen. Von der Konkurrenz zwischen Zeit mit Eltern und Zeit mit Gleichaltrigen war schon die Rede. Dazu kommen noch die organisatorischen Probleme, wenn man beim anderen Elternteil übernachtet: Die für den nächsten Schultag benötigten Hefte und Unterlagen befinden sich »garantiert« in der falschen Wohnung; ebenso die Fußballschuhe oder Tennissachen für Nachmittag. Und

5 Vgl. dazu ausführlicher Figdor 1991 und 1997 sowie Kap. 3: *Wozu brauchen Kinder Väter?* in diesem Band.

bei jeder Verabredung müsse man erst nachrechnen, ob man sich an diesem Tag bei der Mutter oder beim Vater befindet. Je größer die Entfernung zwischen den Wohnorten von Mutter und Vater, desto gravierender sind diese Probleme. Daher können sich die Jugendlichen ein striktes »alternatives Sorgerecht«, das heißt, z. B. eine Woche bei der Mutter, eine Woche beim Vater zu leben, kaum vorstellen. (Wozu anzumerken wäre, dass ich auch Jugendliche kennen gelernt habe, die von sich aus, nach Lust, Laune, Gefühl und Gegebenheit zwischen den Eltern pendelten. Allerdings lagen in diesen mir bekannten Fällen die Wohnungen der Eltern stets relativ nahe beieinander.)

Inzwischen näherten wir uns dem Ende der für unseren Workshop vorgesehenen Zeit. Den Rest des Nachmittags verbrachten wir mit der Planung und Organisation der Präsentation vor dem Konferenzplenum am nächsten Vormittag: Welche Aspekte würden von wem vorgetragen werden? Wie sollte meine Moderatoren- und Kommentatorrolle aussehen? Wer antwortet, wenn Fragen aus dem Publikum kommen? Usw. Obwohl, wie ich im nachhinein erfuhr, die Jugendlichen fanden, dass ihr Auftritt vor dem Konferenzplenum die Vielfalt und Differenziertheit der Gespräche im Workshop nicht ganz widergespiegelt hätte, wurde diese Präsentation ein voller Erfolg.

Epilog

Alle Teilnehmer, immerhin recht hochkarätige Experten, waren – wie ich am Vortag – von dem, was die Jugendlichen vortrugen, außerordentlich beeindruckt. Und viele, mit denen ich nachher noch sprach, meinten, dass dieser Teil der erkenntnisreichste der ganzen Konferenz gewesen sei. Mir selbst haben diese eineinhalb Tage – und zwar ganz unabhängig vom Thema, um das es bei dieser Veranstaltung ging – nachdrücklich vor Augen geführt, was alles in den so oft abfällig als »desinteressiert« und »pubertär« beschriebenen jungen Leuten dieses Alters steckt, und was alles man mit ihnen erreichen und erarbeiten kann, wenn man ihnen nur *zuhört*. Wobei Zuhören, wie ich es meine, heißt: sich auf das, was ihnen zurzeit in ihrem Leben emotional wichtig ist, einzulassen; sich für ihre Leidenschaften, auch wenn sie nicht (mehr) unsere sind, zu interessieren; ihre Ansichten und Einstellungen zu respektieren (auch wenn wir andere haben, was wir auch nicht verheimlichen müssen). Nur allzu oft nehmen wir die Äußerungen Jugendlicher sofort zum Anlass, sie zu bewerten, und es fällt uns überaus schwer, auf nachfolgende Belehrungen zu verzichten. Und wenn wir ihnen Fragen stellen, dann geht es meist darum, sie zu prüfen (Schule) oder das zu erfahren, was *uns* interessiert, egal ob wir nun als Eltern, als Familienrichter, als Psychotherapeuten oder Erziehungsberater fragen. So aber dürfen wir uns nicht wundern, wenn kein Dialog zustande kommt, wenn sie uns »nichts erzählen« und – umgekehrt – auch von uns eigentlich »nichts hören« wollen. Für diese Einsicht danke ich den sechs Jugendlichen – inzwischen sind sie ja alle erwachsen – und möchte sie auf diesem Weg noch einmal herzlich grüßen.

6.
Der goldene Vogel

Über die Bedeutung des Märchens
für die psychische Entwicklung von Kindern

Editorische Vorbemerkung:
Seit 1999 veranstaltet die Wiener Psychoanalytische Vereinigung jährlich im Spätherbst einen »Psychoanalytischen Samstag für Pädagogen«. In der Veranstaltung des Jahres 2000 referierte H. Figdor über die Bedeutung des Märchens für die psychische Entwicklung des Kindes.

Die Einleitung dieses Vortrages bildet auch die Einleitung des folgenden Kapitels. Das Märchen, das H. Figdor anschließend erzählte und analysierte, wurde in diesem Band jedoch durch das Märchen vom »Goldenen Vogel« ersetzt: Im Rahmen seiner Einführungsvorlesung für Studierende der Pädagogik stand das Märchen vom Goldenen Vogel viele Jahre lang im Zentrum seiner »Weihnachtsvorlesung«, der letzten Stunde vor Weihnachten, die regelmäßig dem Thema Märchen gewidmet war.

Meine sehr geehrten Damen und Herren!

Gehörten Sie zu den Kindern, denen Eltern und Großeltern noch Märchen erzählten? Zu den Kindern, die, nachdem sie schon lesen konnten, die persönlichen Lieblingsmärchen immer und immer wieder lasen? Dann kennen Sie wohl auch die Geschichte von »Brüderchen und Schwesterchen«. Erinnern Sie sich noch?[1]

Brüderchen nahm sein Schwesterchen an der Hand und sprach: ›Seit die Mutter tot ist, haben wir keine gute Stunde mehr. Die Stiefmutter schlägt uns alle Tage, und wenn wir zu ihr kommen, stößt sie uns mit den Füßen fort. Die harten Brotkrusten, die übrig bleiben, sind unsere Speise, und dem Hündlein unter dem Tisch geht's besser, dem wirft sie doch manchmal einen guten Bissen zu. Dass Gott erbarm, wenn das unsere Mutter wüsste! Komm, wir wollen miteinander in die weite Welt gehen.«

Sie gingen den ganzen Tag über Wiesen, Felder und Steine, und wenn es regnete, sprach das Schwesterchen: »Gott und unsere Herzen, die weinen zusammen!« Abends kamen sie in einen großen Wald und waren so müde von Jammer, Hunger und dem langen Weg, dass sie sich in einen hohlen Baum setzten und schliefen.

Am anderen Morgen, als sie aufwachten, stand die Sonne schon hoch am Himmel und schien heiß in den Baum hinein. Da sprach das Brüderchen: »Schwesterchen, mich dürstet. Wenn ich ein Brünnlein wüsste, ich ging' und tränk' einmal. Ich mein', ich hört' eins rauschen.« Brüderchen stand auf, nahm Schwesterchen an der Hand, und sie wollten das Brünnlein suchen. Die böse Stiefmutter aber war eine Hexe und hatte wohl gesehen, wie die beiden Kinder fort gegangen waren, war ihnen nachgeschlichen, heimlich, wie die Hexen schleichen, und hatte alle Brunnen im Wald verwünscht.

Bereits nach diesen wenigen Sätzen wird klar, was – im Gegensatz zu fast allen Kindern – manche Pädagogen früher schon und immer mehr Eltern und Pädagogen heutzutage an den Märchen auszusetzen hatten bzw. haben: Die Realitätsferne, die böse Stiefmutter, die Hexe, und ein wenig später kommt natürlich auch noch der König.

– Die »*Realisten*« – zu ihnen zähle ich etwa jenen Vater, der auf meine Frage, ob sein sechsjähriger Sohn (es war wie heute kurz vor Weihnachten)

1 Sämtliche Märchenzitate sind der Sammlung Jacob und Wilhelm Grimm: Kinder- und Hausmärchen. München: DTV 1984 entnommen.

schon sehr aufgeregt sei, antwortete, dass es bei ihnen kein Christkind gäbe, weil er und seine Frau den Sohn nicht belügen wollen – die Realisten also kritisieren natürlich die *Irrealität* des Märchens. Von ihnen meinen manche, dass das schädlich sei, schließlich müsse sich das Kind einmal im Leben zurechtfinden; die anderen glauben, dass sich »moderne« Kinder der Realitätsferne wegen von solcher Literatur nicht angesprochen fühlten. Kinderbücher sollten daher vom Lebensalltag des Kindes handeln! (Dass in dieser Welt natürlich auch kein Osterhase, Nikolo, Krampus einen Platz hat, versteht sich von selbst.)

- Dann gibt es die *»pädagogische Friedensbewegung«*. Dazu zähle ich etwa eine vor einigen Jahren herausgegebene Neuauflage von Kindergarten-Auszählreimen, in welchen »Maus, Maus, komm heraus, sonst kratz ich dir die Augen aus!« durch »Maus, Maus, komm heraus und lass mich in Dein hübsches Haus!« ersetzt wurde; oder die Initiative einer politischen Jugendorganisation gegen Abenteuerspielplätze, die mit ihren Indianerzelten und Forts Kinder zum »Kriegspielen« verführen würden. Hier gilt der Einwand nur den aggressiven Phantasmen der Märchen (Hexen, böse Geister, Wichte, Zauberer usw.). Kritisiert wird sowohl deren Bösartigkeit, die den Kindern Angst mache, als auch deren gewaltsame Vernichtung. Statt dessen finden wir in den Geschichten, die jene Friedensbewegten für »pädagogisch« halten, kleine ungeschickte Hexen, lustige Hexen, die nur Spaß machen oder anfänglich moderat böse Subjekte, die von freundlichen und vernünftigen Kindern im Gespräch von der Unrichtigkeit ihrer Haltung überzeugt werden. (Natürlich gibt es in dieser pädagogischen Welt auch kein Kasperltheater, bzw. wenn doch, wird weder eine Hexe noch ein Krokodil vom Kasperl verprügelt, vielmehr gipfelt die Spannung – ich hab selbst zugeschaut – im Streit zwischen der »Marie« und der Oma um ein Kuchenrezept, der seine Lösung darin findet, dass – wie sollte es anders sein – beide draufkommen, dass beide Kuchen zwar anders, aber gleich gut schmecken.)
- Auch *feministisch bewegte Pädagoginnen und Pädagogen* haben es mit dem Volksmärchen nicht leicht. Schon die paar Sätze aus »Brüderchen und Schwesterchen« genügen: Wer ist die Böse? Natürlich die Hexe! Und wer von den Kindern ist das aktive? Natürlich der Bub!
- Auch aus *gesellschaftskritischer Sicht* sind die Märchen offenbar alles andere als harmlos. Unlängst las ich, dass die typischen sozialen Rollen – König/Königin, Prinz/Prinzessin – als unkritische Verherrlichung und Beschönigung einer feudalen und damit autoritären Gesellschaftsordnung

zu verstehen sei, wo es doch darum ginge, Kindern demokratische Denkmuster nahe zu bringen.
- Schließlich müsse man sich aus *sozialpädagogischer Sicht* in Zeiten zunehmender Scheidungsraten und der Ausbreitung neuer Familienformen dagegen verwehren, dass »Stiefmütter« generell als böse gezeichnet werden oder sich gar als Hexen entpuppen, während im Gegenzug die traditionelle bürgerliche Kleinfamilie von Vater-Mutter-Kindern verherrlicht würde.

Diese Art von Einwänden gegen Althergebrachtes erinnern mich stark an das so genannte Regietheater. Ich kann mir auch ganz lebhaft vorstellen, wie eine Neuinszenierung von »Brüderchen und Schwesterchen« aussehen könnte: Arbeiterkinder geschiedener Eltern; Vater arbeitslos, kümmert sich nicht um die Kinder, nur mehr an seiner neuen Freundin interessiert; Kinder reißen von zu Hause aus; erkranken, nachdem sie von einem durch die Abwässer eines Industriebetriebes verseuchten Brunnen getrunken hatten …

Schluss damit! Ausgerechnet da, wo Pädagogen fordern, die Phantasie durch die Realität zu ersetzen, lasse ich meine Phantasie schießen! Also wollen wir einen ernsten sachlichen Blick auf die Märchenkritik werfen. Bei aller Unterschiedlichkeit weisen alle diese kritischen Stimmen zwei Gemeinsamkeiten auf:
- Erstens betrachten sie das Märchen als ein Medium der *Belehrung*, das heißt, sie verstehen die Inhalte des Märchens als bildungsrelevante Botschaften. Daraus folgt, dass sie in Hinblick auf *wünschenswerte Bildungsinhalte* geprüft werden müssen. Was schließlich zu einer art »pädagogical correctness« und damit in die Nähe »pädagogischer« Zensur führt.
- Zweitens unterstellen so gut wie alle, die Märchen aus pädagogischen Gründen ablehnen zu müssen glauben, dass unerwünschte Regungen (von Kindern), wie etwa Angst, Grausamkeit, Rachegelüste, Sadismus, Triumphgefühle, List und Tücke ausschließlich von außen ins Leben der Kinder treten. Also: »Ohne Geschichten von bösen Hexen gibt es keine Hexenangst!« Oder: »Ohne Waffen, Indianerzelte, Hexen verbrennende Kinder, Krokodile verprügelnde Kasperln usw. gäbe es keine Aggression!« Oder: »Ohne (ebenfalls ›aggressive‹) Gewinner-Verlierer-Spiele gäbe es kein unsolidarisches Konkurrenzdenken!«

Wie aber sollen wir uns dann erklären, dass diese »irrealen«, an den wirklichen Problemen der Kinder (angeblich) vorbeigehenden Geschichten über Jahrhunderte hinweg bis in unsere heutige Zeit überliefert wurden und immer, auch heute noch, so beliebt waren? Wie lässt sich verstehen, dass Kinder sich zwar tatsächlich fürchten, wenn die böse Hexe auftritt, sich manchmal die Ohren und im Kasperltheater die Augen zuhalten, sich fest an Mutter und Vater schmiegen, jedoch das Märchen am nächsten Tag unbedingt wieder vorgelesen bekommen, am nächsten Sonntag unbedingt wieder ins Kasperltheater gehen wollen? Wie kommt es, dass die Kinder ob der »Grausamkeit« der Märchen nicht erschrecken, wenn sich die bösen Stiefschwestern zu Tode tanzen oder die Hexe im eigenen Ofen verbrannt wird, sondern entspannt einschlafen, dass die Kinder vor Vergnügen glucksen und schreien, wenn der Kasperl das Krokodil verhaut?

Diese Phänomene waren es, die den bekannten Psychoanalytiker Bruno Bettelheim vor 50 Jahren veranlassten, sich dem Phänomen Märchen von einer ganz anderen Seite her anzunähern. Und – wie vielleicht einige von Ihnen wissen – kam er zu dem bemerkenswerten Schluss: Kinder brauchen Märchen.[2] Wohlgemerkt: Er sagt nicht bloß: Märchen schaden Kindern nicht, sondern: Kinder *brauchen* Märchen! Wie aber kommt er zu dieser Behauptung? Statt Ihnen nun Bettelheims Erkenntnisse theoretisch vorzutragen, möchte ich versuchen, Sie den Reiz und die Bedeutung, die diese besonderen Geschichten für Kinder offenbar haben, aus dem Blickwinkel *des Kindes* nacherleben zu lassen. Sollte mir das gelingen, werden Sie auch keine Schwierigkeiten haben, die theoretischen Erläuterungen einer psychoanalytischen Betrachtung der Märchen nachvollziehen zu können.

Ich werde Ihnen jetzt also ein Märchen erzählen. Um es für sie etwas spannender zu machen, habe ich dazu eines ausgewählt, das zwar der populärsten Märchensammlung, jener der Gebrüder Grimm, entstammt, das Sie jedoch wahrscheinlich – im Gegensatz etwa zu Schneewittchen, Hänsel und Gretel, Dornröschen usw. – weniger gut oder vielleicht noch gar nicht kennen werden. Das ist ein Zugeständnis an Ihre erwachsene Psyche: Wir wollen immer neue Geschichten, deren Ende wir nicht kennen, während Kinder – wie Sie wohl aus eigener Erfahrung wissen – zumeist ihre Lieblingsgeschichten immer wieder hören wollen, und zwar ohne sich zu langweilen. (Auf dieses Phänomen werde ich später noch zurück kommen.) Also, passen Sie gut auf oder entspannen Sie sich – je nachdem, welche Haltung Ihnen gerade näher liegt. Ich erzähle Ihnen jetzt das Märchen vom goldenen Vogel.

2 So lautet auch der Titel seines wohl bekanntesten Buches (1975).

Der goldene Vogel

Es war vor Zeiten ein König…

Bevor ich weiter lese, muss ich ein paar Worte zu der Art und Weise, wie Märchen beginnen, sagen: »Es war vor Zeiten« oder »Es war einmal«; *Der Froschkönig* beginnt mit den Worten »In den alten Zeiten, als das Wünschen noch geholfen hat …« All diese »klassischen« Beginnfloskeln der Märchen haben etwas gemeinsam. Sie signalisieren dem Kind: »Was Du hören (bzw. lesen) wirst, spielt nicht heute und nicht hier«, sondern in einer Art separaten Welt. Es ist das eine sehr wichtige Botschaft, denn sie enthält auch die Beruhigung: »Es ist nicht anzunehmen, dass das Gleiche auch Dir passieren könnte.« Was von Kritikern als Realitätsferne angeprangert wird, ist im Grunde auch für uns Erwachsene eine Grundvoraussetzung, uns an dramatischen Ereignissen erfreuen zu können. An den Kämpfen eines spannenden Agententhrillers können wir uns vergnügen. Würden die gleichen Szenen im Rahmen der »Zeit im Bild« oder der »Tagesschau« gezeigt, würde von diesem Vergnügen nicht mehr viel übrig bleiben. Auch wir brauchen dieses »Es war einmal«, nur übernimmt seine Funktion bei uns das Wissen, »dass es ja nur ein Film ist«. Für Kinder hingegen verschwimmen die Grenzen zwischen wahren und erfundenen Geschichten. (Sie nehmen auch Filme für bare Münze, weshalb bei kleinen Kindern Puppenspiele oder Zeichentrickfilme vorzuziehen sind: Hier übernimmt das Unechte der Figuren jene Funktion des »Es war einmal«.)

Also, Sie dürfen sich ruhig auf die Geschichte einlassen. Denn es handelt sich ja »nur um ein Märchen«!

Es war vor Zeiten ein König, der hatte einen schönen Lustgarten hinter seinem Schloss, darin stand ein Baum, der goldene Äpfel trug. Als die Äpfel reiften, wurden sie gezählt, aber gleich den nächsten Morgen fehlte einer. Das ward dem König gemeldet, und er befahl, dass alle Nächte unter dem Baum Wache sollte gehalten werden.

Der König hatte drei Söhne, davon schickte er den ältesten bei einbrechender Nacht in den Garten. Wie es aber Mitternacht war, konnte er sich des Schlafes nicht wehren, und am nächsten Morgen fehlte wieder ein Apfel.

In der folgenden Nacht musste der zweite Sohn wachen, aber dem erging es nicht besser: Als es zwölf Uhr geschlagen hatte, schlief er ein, und morgens fehlte ein Apfel.

Jetzt kam die Reihe zu wachen an den dritten Sohn. Der war auch bereit, aber der König traute ihm nicht viel zu und meinte, er würde noch weniger ausrichten als seine Brüder; endlich aber gestattete er es doch.

Halt! Jeder Lektor würde spätestens hier dem Autor sein Manuskript zurück schicken: Was für ein unglaubwürdiger und psychologisch unstimmiger Text! Von den goldenen Äpfeln einmal abgesehen: Es muss doch möglich sein, dass einer der beiden älteren Söhne nicht einschläft! Soll er sich Kaffee mitnehmen oder den 2. Sohn, sodass sie sich gegenseitig wach halten können. Oder Diener, vielleicht Musikanten. Kein plausibler Grund zwingt den König, diese anscheinend schwierige, ihm aber offenbar wichtige Aufgabe jemanden zu übergeben, dem er von vornherein nichts zutraut!

Aber vielleicht geht es eben gar nicht um dramaturgische Logik. Vielleicht *müssen* die großen Brüder scheitern, damit der, um den es eigentlich geht, der jüngste, dem niemand etwas zutraut, zum Zug kommt. Wir verstehen sehr gut, dass er wohl der Held dieser Geschichte sein wird und hoffen darauf, dass er es besser machen wird. Die Identifizierung mit ihm vollzieht sich ganz selbstverständlich, denn die nach außen hin so unlogische dramaturgische Figur bringt uns unbewusst in Kontakt mit einem unserer zentralen Lebensthemen: Kann ich mich den anderen gegenüber behaupten? Warum bekomme ich nicht die mir zustehende Anerkennung? Ich möchte groß und stark sein, dann werde ich es Euch allen noch zeigen! Um sich mit dem jüngsten Sohn zu identifizieren, ist es übrigens weder nötig, dass ich ein Bub bin, noch dass ich selbst das jüngste meiner Geschwister bin. Sich benachteiligt, weniger geliebt und anerkannt als die anderen zu fühlen, ist ein Teil des Erlebens so gut wie aller Kinder (und nicht nur von Kindern). Wir haben es hier also nicht in erster Linie mit einem Handlungsablauf zu tun, sondern mit einer *Metapher*, also einem symbolträchtigen Bild, was dazu führt, dass ich in dieser Geschichte etwas von mir wieder erkenne und auf diese Weise mit ihr in eine emotionale Beziehung gerate, obwohl sie sich »vor Zeiten« abspielte. So gesehen überrascht es auch nicht, dass dieses Motiv: »Der/die Jüngste, Schwächste, Hässlichste, Ungeliebte usw. wird zum wahren Held« in den meisten Märchen erscheint. Denken Sie nur an *Tischlein deck dich, Aschenbrödel, Von einem, der auszog, das Fürchten zu lernen, Der Wolf und die sieben Geißlein, Frau Holle, Die sieben Raben* (dort ist es die jüngste Tochter, die ihre sieben Brüder befreit) u.v.a. Aber kehren wir zu unserem Märchen vom goldenen Vogel zurück. Also:

Jetzt kam die Reihe an den dritten Sohn. Der war auch bereit, aber der König traute ihm nicht viel zu und meinte, er würde noch weniger ausrichten als seine

Brüder; endlich aber gestattete er es doch. Der Jüngling legte sich also unter den Baum, wachte und ließ den Schlaf nicht Herr werden. Als es zwölf schlug, so rauschte etwas durch die Luft, und er sah im Mondschein einen Vogel daherfliegen, dessen Gefieder ganz von Gold glänzte Der Vogel ließ sich auf dem Baum nieder und hatte eben einen Apfel abgepickt, als der Jüngling einen Pfeil nach ihm abschoss. Der Vogel entflog, aber der Pfeil hatte sein Gefieder getroffen, und eine seiner goldenen Federn fiel herab. Der Jüngling hob sie auf, brachte sie am anderen Morgen dem König und erzählte ihm, was er in der Nacht gesehen hatte.

Der König versammelte seinen Rat, und jedermann erklärte, eine Feder wie diese sei mehr wert als das gesamte Königreich. »Ist die Feder so kostbar«, erklärte der König, »so hilft mir auch die eine nichts, sondern ich will und muss den ganzen Vogel haben«.

Der älteste Sohn machte sich auf den Weg, verließ sich auf seine Klugheit und meinte den goldenen Vogel schon zu finden. Wie er eine Strecke gegangen war, sah er am Rand eines Waldes einen Fuchs sitzen, legte seine Flinte an und zielte auf ihn. Der Fuchs rief: »Schieß mich nicht, ich will dir dafür einen guten Rat geben. Du bist auf dem Weg nach dem goldenen Vogel und wirst heut Abend in ein Dorf kommen, wo zwei Wirtshäuser einander gegenüberstehen. Eins ist hell erleuchtet, und es geht darin lustig her. Da kehr aber nicht ein, sondern geh ins andere, wenn es dich auch schlecht ansieht.«

»Wie kann mir wohl so ein albernes Tier einen vernünftigen Rat erteilen«, dachte der Königssohn und drückte los…

Dass das »alberne Tier« zu sprechen vermag und von seinem Vorhaben weiß, wundert ihn hingegen offenbar überhaupt nicht! Aber das ist verständlich und überrascht auch uns nicht mehr wirklich: Schließlich befinden wir uns in einer anderen Welt, einer Welt »vor Zeiten« (in der das Wünschen noch geholfen hat).

»Wie kann mir wohl so ein albernes Tier einen vernünftigen Rat erteilen«, dachte der Königssohn und drückte los, aber er fehlte den Fuchs, der den Schwanz streckte und schnell in den Wald lief. Darauf setzte er seinen Weg fort und kam abends in das Dorf, wo die beiden Wirtshäuser standen: In dem einen ward gesungen und gesprungen, das andere hatte ein armseliges, betrübtes Ansehen. »Ich wäre wohl ein Narr«, dachte er, »wenn ich in das lumpige Wirtshaus ginge und das schöne liegen ließ«. Also ging er in das lustige ein, lebte da in Saus und Braus, und vergaß den Vogel, seinen Vater und alle guten Lehren.

Als eine Zeit verstrichen und der älteste Sohn immer und immer nicht nach

Hause gekommen war, so machte sich der zweite auf den Weg und wollte den goldenen Vogel suchen. Wie dem ältesten begegnete ihm der Fuchs und gab ihm den guten Rat, den er nicht achtete. Er kam zu den beiden Wirtshäusern, wo sein Bruder am Fenster des einen stand, aus dem der Jubel erschallte, und ihn anrief. Er konnte nicht widerstehen, ging hinein und lebte nur nach seinen Lüsten.

Wiederum verstrich eine Zeit, da wollte der jüngste Königssohn ausziehen und sein Heil versuchen, der Vater aber wollte es nicht zulassen. »Es ist vergeblich«, sprach er, »der wird den goldenen Vogel noch weniger finden als seine Brüder, und wenn ihm ein Unglück zustößt, so weiß er sich nicht zu helfen, denn es fehlt ihm am Besten«.

Jetzt könnte er es doch eigentlich schon besser wissen! Nein, er glaubt immer noch an seine älteren Söhne und unterschätzt seinen Jüngsten. Ja, so sind sie, die Väter (und Mütter und Lehrer, das Publikum, die Öffentlichkeit, die eigene Frau/der eigene Mann): Wann werden sie endlich erkennen, was ich wirklich wert bin? Weiter:

Doch endlich, wie keine Ruhe mehr da war, ließ er ihn ziehen.

Vor dem Wald saß wieder der Fuchs, bat um sein Leben und erteilte den guten Rat. Der Jüngling war gutmütig und sagte: »Sei ruhig, Füchslein, ich tue dir nichts zu Leid.«

»Es soll dich nicht gereuen«, antwortete der Fuchs, »und damit du schneller fort kommst, so steig hinten auf meinen Schwanz.« Und kaum hatte er sich aufgesetzt, so fing der Fuchs an zu laufen, und da ging's über Stock und Stein, dass die Haare im Wind pfiffen. Als sie zu dem Dorf kamen, stieg der Jüngling ab, befolgte den guten Rat und kehrte, ohne sich umzusehen, in das geringe Wirtshaus ein, wo er ruhig übernachtete.

Am anderen Morgen, wie er auf das Feld kam, saß da schon der Fuchs und sagte: »Ich will dir weiter sagen, was du zu tun hast. Geh du immer geradeaus, endlich wirst du an ein Schloss kommen, vor dem eine ganze Schar Soldaten liegt, aber kümmre dich nicht darum, denn sie werden alle schlafen und schnarchen. Geh mitten durch und geradewegs in das Schloss hinein, und geh durch alle Stuben. Zuletzt wirst du in eine Kammer kommen, wo ein goldener Vogel in einem hölzernen Käfig hängt. Nebenan steht ein leerer Goldkäfig zum Prunk, aber hüte dich, dass du den Vogel nicht aus seinem schlechten Käfig herausnimmst und in den prächtigen tust, sonst möchte es dir schlimm ergehen.« Nach diesen Worten streckte der Fuchs wieder seinen Schwanz aus, und der Königssohn setzte sich auf. Da ging's über Stock und Stein, dass die Haare im Wind pfiffen.

Als er bei dem Schloss angelangt war, fand er alles so, wie der Fuchs gesagt hatte. Der Königssohn kam in die Kammer, wo der goldene Vogel in einem hölzernen Käfig saß, und ein goldener stand daneben; die drei goldenen Äpfel aber lagen in der Stube umher.

Nun, was meinen Sie, wird unser braver Königssohn tun? Sie sagen, er hat dem Fuchs schon einmal gehorcht, als er in das schäbige Wirtshaus einkehrte, also wird er auch diesmal dem Rat Folge leisten? Sie hätten recht, würde es sich um eine »pädagogische« Geschichte – »pädagogisch« im Sinne von moralisierend – oder eine Sage handeln, in welcher die guten Helden ohne Fehl und Tadel erscheinen. »Der goldene Vogel« aber ist ein *Volksmärchen.* Und wir ahnen bereits, dass es als solches zwar im manifesten Text von irgendwelchen Königssöhnen und -töchtern handeln mag, eigentlich jedoch, gewissermaßen zwischen den Zeilen, vom Erleben und Denken wirklicher Kinder handelt, die weder immer brav noch immer schlimm sind, die es vielleicht gut meinen, aber das Falsche tun, die auch verführbar sind und dann die Ratschläge der Erwachsenen ganz schnell vergessen. Neben der symbolischen Rolle des Jüngsten/ Kleinsten ist die fehlende Perfektion der Märchenhelden ein weiterer wichtiger Mosaikstein, der die Identifizierung so leicht und so stark macht: Rotkäppchen weicht vom Weg ab, Hänsel und Gretel können dem Knusperhäuschen nicht widerstehen, Schneewittchen missachtet die Warnungen der Zwerge … Und unser Prinz?

Da dachte er, es wäre lächerlich, wenn er den schönen Vogel in dem gemeinen und hässlichen Käfig lassen wollte, öffnete die Tür, packte ihn und setzte ihn in den goldenen. In dem Augenblick aber tat der Vogel einen durchdringenden Schrei. Die Soldaten erwachten, stürzten herein und führten ihn ins Gefängnis. Den andern Morgen wurde er vor ein Gericht gestellt und, da er alles bekannte, zum Tode verurteilt.

Sagen und Fabeln wären hier zu Ende, vielleicht noch ergänzt um den bekannten Schluss: »Und die Moral von der Geschicht' …« (hier etwa: »… missachte gute Ratschläg' nicht!« oder »… verfall dem Glanz des Goldes nicht!«) Da ich Ihnen aber ein Märchen versprochen habe, dürfen wir noch hoffen…

… und (wurde), da er alles bekannte, zum Tode verurteilt. Doch, sagte der König, er wollte ihm unter einer Bedingung das Leben schenken, wenn er ihm nämlich das goldene Pferd brächte, welches noch schneller liefe als der Wind, und dann sollte er obendrein zur Belohnung den goldenen Vogel erhalten.

Der Königssohn machte sich auf den Weg, seufzte aber und war traurig, denn wo sollte er das goldene Pferd finden? Da sah er auf einmal seinen alten Freund, den Fuchs, am Weg sitzen. »Siehst du«, sprach der Fuchs, »so ist es gekommen, weil du auf mich nicht gehört hast. Doch sei guten Mutes, ich will mich deiner annehmen und dir sagen, wie du zu dem goldenen Pferd gelangst. Du musst geradewegs fortgehen, so wirst du zu einem Schloss kommen, wo das Pferd im Stall steht. Vor dem Stall werden die Stallknechte liegen, aber sie werden schlafen und schnarchen, und du kannst unbesorgt das goldene Pferd herausführen. Aber eins musst du in acht nehmen: leg ihm den schlechten Sattel von Holz und Leder auf und ja nicht den goldenen, der dabei hängt, sonst wird es dir schlimm ergehen.« Dann streckte der Fuchs seinen Schwanz aus, der Königssohn setzte sich auf, und es ging fort über Stock und Stein, dass die Haare im Wind pfiffen.

Alles traf so ein, wie der Fuchs gesagt hatte. Er kam in den Stall, wo das goldene Pferd stand; als er ihm aber den schlechten Sattel auflegen wollte…

Nein, nicht schon wieder! Keiner von uns, aber auch kein Kind, das hier kein »déjà vu« erleben würde, denn das neue Abenteuer, das Pferd zu erringen, gleicht dem ersten mit dem goldenen Vogel fast aufs Haar. Wiederholungen dieser Art scheinen für das Märchen überhaupt eigentümlich zu sein. Und zwar nicht nur, was den Inhalt der Szenen betrifft, sondern auch in sprachlich formaler Hinsicht, etwa, wenn der gute Fuchs unserem Königssohn aus der Patsche hilft und ihn auffordert, sich auf ihn zu setzen: »Da streckte der Fuchs seinen Schwanz aus, und da ging's über Stock und Stein, dass die Haare im Wind pfiffen«. Solche Stilelemente, seien es immer wieder kehrende Reime, Verse, Dialogstücke oder dramatische Formulierungen finden wir in fast allen Märchen. Sie haben eine wichtige Funktion. Erstens dienen sie dem Wiedererkennen, was an und für sich für Kinder höchst lustvoll ist.[3] Zweitens ermöglichen sie ein Stück Entwicklung: So identifiziert wir mit unserem Königssohn auch sind, jetzt treten wir ein Stück aus dieser Identifizierung heraus. Wir hoffen, er möge den Fehler nicht noch einmal machen, wir würden ihn gerne an der Hand nehmen. Aber nicht wegen des geforderten Gehorsams, sondern weil wir bzw. die Kinder inzwischen begriffen haben, dass der Rat des Fuchses einen guten Grund hat. Nicht Anpassung wird gefordert, sondern Einsicht, die Voraussicht einer Gefahr bestimmt unsere Spannung. Und sie wird sich nicht so schnell lösen:

3 Zur emotionalen Bedeutung des Wiedererkennens vgl. auch das folgende Kapitel: *Lotta zieht um, Pippi & Co* in diesem Band.

Als er ihm aber den schlechten Sattel auflegen wollte, so dachte er: »Ein so schönes Tier wird verschandelt, wenn ich ihm nicht den guten Sattel auflege, der ihm gebührt.« Kaum aber berührte der goldene Sattel das Pferd, so fing es an, laut zu wiehern. Die Stallknechte erwachten, ergriffen den Jüngling und warfen ihn ins Gefängnis. Am andern Morgen wurde er vom Gericht zum Tode verurteilt, doch versprach ihm der König das Leben zu schenken und dazu das goldene Pferd, wenn er die schöne Königstochter vom goldenen Schloss herbeischaffen könnte.

Mit schwerem Herzen machte sich der Jüngling auf den Weg, doch zu seinem Glück fand er bald den treuen Fuchs. »Ich sollte dich nur deinem Unglück überlassen«, sagte der Fuchs, »aber ich habe Mitleiden mit dir und will dir noch einmal aus deiner Not helfen. Dein Weg führt dich gerade zu dem goldenen Schloss. Abends wirst du anlangen, und nachts, wenn alles still ist, dann geht die schöne Königstochter ins Badehaus, um da zu baden. Und wenn sie hineingeht, so spring auf sie zu und gib ihr einen Kuss, dann folgt sie dir und du kannst sie fortführten. Aber dulde nicht, dass sie vorher von ihren Eltern Abschied nimmt, sonst kann es dir schlimm ergehen.« Dann streckte der Fuchs seinen Schwanz, der Königssohn setzte sich auf, und so ging es über Stock und Stein, dass die Haare im Wind pfiffen.

Bevor wir uns zur schönen Königstochter ins Bad begeben, verdient es der gute Fuchs, dass wir uns ein paar Gedanken über ihn machen. Der Fuchs ist, was die 12. Fee in Dornröschen, die Zwerge in Schneewittchen, die Frau Holle, die drei Männlein im Walde, die verstorbene Mutter in Aschenbrödel, der Eisenhans repräsentiert: die gute, beschützende Macht, die immer dann da ist, wenn alles zu Ende scheint. Psychoanalytisch gesprochen symbolisieren sie die »guten inneren Objekte«, das »Urvertrauen«, also die Lebenskraft spendende Hoffnung und Zuversicht, die wir als Erbe hinreichend guter Erfahrungen in unserer Kindheit zwar in uns tragen, die aber doch immer und immer wieder einmal erschüttert wird. Der Fuchs und seine magischen Verwandten symbolisieren die Mutter, die mich nicht vergisst, über mich wacht, den Vater, der immer da ist, wenn ich Hilfe brauche. Keine Spur von Illusion, sie sind so real wie die, die sich um das Kind sorgen bzw. so real, wie Sehnsüchte, Wünsche und Sorgen der Kinder. Womit diesen Gestalten eine ganz wichtige Funktion eignet: die die Kindheit (das Leben) unvermeidlich begleitenden Ängste zu lindern.

Unser guter Fuchs ist also auch jetzt wieder da, streckt seinen Schwanz und:

… so ging es über Stock und Stein, dass die Haare im Wind pfiffen. Als er beim goldenen Schloss ankam, war es so, wie der Fuchs gesagt hatte. Er wartete bis um Mitternacht, als alles in tiefem Schlaf lag und die schöne Jungfrau ins Badehaus ging; da sprang er hervor und gab ihr einen Kuss. Sie sagte, sie wollte gerne mit ihm gehen, bat ihn aber flehentlich und mit Tränen, er möchte ihr erlauben, vorher von ihren Eltern Abschied zu nehmen. Er widerstand anfänglich ihren Bitten, als sie aber immer mehr weinte und ihm zu Füßen fiel, so gab er endlich nach. Kaum aber war die Jungfrau zu dem Bett ihres Vaters getreten, so wachte er und alle anderen, die im Schloss waren, auf, und der Jüngling ward festgehalten und ins Gefängnis gesetzt.

»Aller guten Dinge sind drei!« möchten wir auf den ersten Blick sagen. Aber das stimmt nicht ganz, oder richtiger: nur in formaler Hinsicht. Waren es nämlich vorher der goldene Käfig und der goldene Sattel, denen unser Königssohn nicht widerstehen konnte – psychoanalytisch könnte man von der »symbolischen Darstellung prägenitaler Triebregungen« sprechen –, geht es jetzt um die schöne Jungfrau. Die Geschichte erhält eine unübersehbare erotische Wende. Was aber noch viel bedeutsamer ist: Das Tabu betrifft nicht mehr den Gegenstand des Begehrens, wie dies vorher der Fall war. Dem Berührungsverbot, das dem Käfig und dem Sattel galt, würde nämlich konsequenterweise das Verbot, die schöne (»goldene«) Jungfrau zu küssen, entsprechen. Dies aber fordert der Fuchs ja gerade. Verboten hingegen wird der Abschied der Prinzessin von ihren Eltern. Dementsprechend ist auch der Konflikt des Königssohns ein anderer: nicht mehr Begehren versus Verbot, sondern der Konflikt zwischen dem auch für ihn als sinnvoll erkanntem Verbot (»er widerstand anfänglich«) und den Bitten des weinenden Mädchens. Und sein »Fehler« besteht nicht mehr in der Ohnmacht gegenüber der Stärke seiner Triebe, sondern darin, seinem Mitleid aus Liebe nachgegeben zu haben. (Die Dialektik von Wiederholung und Entwicklung dürfte ein wesentlicher Aspekt der Symbolik der Zahl *Drei* sein, die uns im Märchen ja immer wieder begegnet.[4])

Die Ritterlichkeit unseres Königssohnes lässt ihn also in eine weitere lebensbedrohliche Situation schlittern. Aber – ich weiß natürlich nicht, ob es Ihnen genauso geht – schon als ich das Märchen das erste Mal las, war ich an dieser spannenden Stelle nicht mehr wirklich beunruhigt. Denn eigentlich ist

4 Die Zahl Drei kann auch etwa für die Mutter-Vater-Kind-Triade, für das männliche Geschlechtsteil, für das Gesicht (Augen-Mund) oder für die dialektische Relation von These – Antithese – Synthese stehen.

kaum vorstellbar, dass der gute Fuchs ihn im Stich lassen sollte (ich habe ihn offenbar schon richtig verinnerlicht!). Hören wir aber weiter:

Am anderen Morgen sprach der König zu ihm: »Dein Leben ist verwirkt, und du kannst bloß Gnade finden, wenn du den Berg abträgst, der vor meinen Fenstern liegt und über welchen ich nicht hinaussehen kann, und das musst du binnen acht Tagen zustande bringen. Gelingt dir das, so sollst du meine Tochter zur Belohnung haben.« Der Königssohn fing an, grub und schaufelte, ohne abzulassen; als er aber nach sieben Tagen sah, wie wenig er ausgerichtet hatte und dass alle seine Arbeit so gut wie nichts war, so fiel er in große Traurigkeit und gab alle Hoffnung auf.

Am Abend des siebenten Tags aber erschien der Fuchs und sagte: »Du verdienst nicht, dass ich mich deiner annehme, aber geh nur hin und lege dich schlafen, ich will die Arbeit für dich tun.« Am anderen Morgen, als er erwachte und zum Fenster hinaussah, so war der Berg verschwunden. Der Jüngling eilte vor Freude zum König und meldete ihm, dass die Bedingung erfüllt wäre, und der König mochte wollen oder nicht, er musste Wort halten und ihm seine Tochter geben.

Wie wir gehofft, ja eigentlich schon erwartet haben, wird der gute und sympathische Charakter unseres Helden mit der Eroberung der schönen Prinzessin belohnt. Und wäre der »Goldene Vogel« ein Roman, wäre dies auch schon das Happy End: Zu Beginn hätten wir den braven, aber seinen älteren Brüdern unterlegenen Jungen, der in die Welt hinauszieht, sich bewährt, an seiner Unvollkommenheit fast scheitert, aufgrund seiner Freundlichkeit und Güte (gegenüber dem Fuchs) jedoch nicht allein dasteht, seinen Mut nicht verliert und schließlich zum jungen Mann reift, der sein zuvor noch auf (goldene) Dinge gerichtetes Begehren nun auf eine junge Frau richtet, die er auch gewinnt. Aber: Der goldene Vogel ist kein einfacher Roman, sondern ein Märchen. Unser Königssohn mag die Kränkungen und Konflikte seiner Kindheit hinter sich gelassen haben und zufrieden sein, mit seiner schönen jungen Frau ein neues Leben zu beginnen. Fünf-, sechs- oder siebenjährige Hörer/Leser befinden sich hingegen noch mitten in ihrer Kindheit. Zwar mag die Aussicht, als Großer unabhängig zu sein und sich seine Wünsche erfüllen zu können, ein großer Trost, zugleich ein mächtiger Anreiz, wachsen zu wollen, sein. Aber die gegenwärtigen Liebesbeziehungen und die mit ihnen zusammenhängenden Ängste sind noch zu gegenwärtig, als dass man von ihnen ganz absehen könnte. Daher werden die meisten Kinder durch unser Happy End nicht wirklich zufriedengestellt sein. Unweigerlich werden sie fragen: »Und was ist mit dem Vater?« »Glaubt er immer noch, dass sein Jüngster nichts kann?« »Und was machen die Brüder?« (die ja schließlich allein die Liebe des Vaters besaßen und somit als existentiell bedrohliche Gegenspieler in die Geschichte eingeführt wurden.) Und sie haben wohl weder den goldenen Vogel vergessen, den der Vater unbedingt besitzen wollte, und auch nicht das so überaus attraktive goldene Pferd, das schneller als der Wind läuft. »Und der Fuchs, was ist mit dem Fuchs?« insistiert die achtjährige Karina, mit allen Anzeichen, dass ihre Liebe weniger der Prinzessin oder dem Prinzen, sondern dem stets hilfreichen, »zauberhaften« Fuchs galt.

Keine Angst meine Damen und Herren, bzw. liebe Kinder, die in Ihnen noch lebendig sind: Das Märchen ist noch nicht zu Ende, und es wird sich alles noch weisen!

Nun zogen die beiden zusammen fort, und es währte nicht lange, so kam der treue Fuchs zu ihnen. »Das Beste hast du zwar«, sagte er, »aber zu der Jungfrau aus dem goldenen Schloss gehört auch das goldene Pferd.«

»Wie soll ich das bekommen?«, fragte der Jüngling.

»Das will ich dir sagen«, antwortete der Fuchs. »Zuerst bring dem König, der dich nach dem goldenen Schloss geschickt hat, die schöne Jungfrau. Da wird unerhörte Freude sein, sie werden dir das goldene Pferd gerne geben und werden dir's vorführen. Setz dich alsbald auf und reiche allen zum Abschied die Hand herab, zuletzt der schönen Jungfrau. Und wenn du sie gefasst hast, so zieh sie mit einem Schwung hinauf und jage davon, und niemand ist imstande, dich einzuholen, denn das Pferd läuft schneller als der Wind.«

Alles wurde glücklich vollbracht und der Königssohn führte die schöne Jungfrau auf dem goldenen Pferd fort. Der Fuchs blieb nicht zurück und sprach zu dem Jüngling: »Jetzt will ich dir auch zu dem goldenen Vogel verhelfen. Wenn du nahe bei dem Schloss bist, wo sich der Vogel befindet, so lass die Jungfrau absitzen, ich will sie in meine Obhut nehmen. Dann reite mit dem goldenen Pferd in den Schlosshof. Bei dem Anblick wird große Freude sein, und sie werden dir den goldenen Vogel herausbringen. Wie du den Käfig in der Hand hast, so jage zu uns zurück und hole dir die Jungfrau wieder ab.«

Als der Anschlag geglückt war und der Königssohn mit seinen Schätzen Heim reiten wollte, so sagte der Fuchs: »Nun sollst du mich für meinen Beistand belohnen.«

»Was verlangst du dafür?«, fragte der Jüngling.

»Wenn wir dort in den Wald kommen, so schieß mich tot und hau mir Kopf und Pfoten ab.«

»Das wäre eine schöne Dankbarkeit«, sagte der Königssohn, »das kann ich dir unmöglich gewähren«.

Sprach der Fuchs: »Wenn du es nicht tun willst, so muss ich dich verlassen. Ehe ich aber fortgehe, will ich dir noch einen guten Rat geben. Vor zwei Stücken hüte dich: kauf kein Galgenfleisch und setze dich an keinen Brunnenrand.« Damit lief er in den Wald.

Der Jüngling dachte: »Das ist ein wunderliches Tier, das seltsame Grillen hat. Wer wird Galgenfleisch kaufen! Und die Lust, mich an einen Brunnenrand zu setzen ist mir noch niemals gekommen.«

Also, so ganz zur Vernunft gereift ist er noch nicht. Jetzt könnte er schon wissen, dass der Fuchs nichts ohne Bedeutung sagt. (Aber vielleicht hat er auch nur zu wenige Märchen gelesen, denn dann wüsste er, dass sich die diversen Zauberwesen mit Vorliebe kryptischer Weissagungen bedienen.) Und wir ahnen besorgt neues Ungemach. Was die seltsame Aufforderung des Fuchses, ihn zu erschießen, betrifft, fällt es uns hingegen nicht schwer, die Weigerung des Königssohnes zu verstehen. Wie sollte er auch: seinen besten Freund, dem er so viel verdankte, töten? Vielleicht ist es ja auch so, dass der Fuchs ihn nur auf die Probe stellen wollte? Sehen wir, wie sich die Dinge weiter entwickeln.

Er ritt mit der schönen Jungfrau weiter, und sein Weg führte ihn wieder durch das Dorf, in welchem seine beiden Brüder geblieben waren. Da war großer Auflauf und Lärmen, und als er fragte, was da vor sich ginge, hieß es, es sollten zwei Leute aufgehängt werden. Als er näher hinzukam, sah er, dass es seine Brüder waren, die allerhand schlimme Streiche verübt und all ihr Gut vertan hatten. Er fragte, ob sie nicht können freigemacht werden. »Wenn Ihr für Sie bezahlen wollt«, antworteten die Leute. »Aber was wollt Ihr an die schlechten Menschen Euer Geld hängen und sie loskaufen.« Er besann sich aber nicht, zahlte für sie, und als sie freigegeben waren, so setzten sie die Reise gemeinschaftlich fort.

Sie kamen in den Wald, wo ihnen der Fuchs zuerst begegnet war, und da es darin kühl und lieblich war und die Sonne heiß brannte, so sagten die beiden Brüder: »Lasst uns hier am Brunnen ein wenig ausruhen, essen und trinken.« Er willigte ein, und während des Gesprächs vergaß er sich, setzte sich an den Brunnenrand und dachte nichts Arges. Aber die beiden Brüder warfen ihn rückwärts in den Brunnen, nahmen die Jungfrau, das Pferd und den Vogel und zogen heim zu ihrem Vater. »Da bringen wir nicht bloß den goldenen Vogel«, sagten sie, »wir haben auch das goldene Pferd und die Jungfrau von dem goldenen Schloss erbeutet«. Da war große Freude …

Was für eine Dramatik! So kurz vor dem glücklichen Ende alles zu verlieren!

Natürlich hat er es sich selbst zuzuschreiben, hätte er nur auf die Warnung des Fuchses gehört, dem er nun schon zum vierten Mal kein Gehör schenkte. Allerdings: Schon bei der Freiung der Prinzessin stellten wir fest, dass sich unser Königssohn nicht einfach (kindlicher) Unfolgsamkeit schuldig machte, sondern sich in einem Beziehungs- und Gewissenskonflikt befand, den er zugunsten des geliebten Mädchens, deren Bitte er entsprach, löste. Jetzt war es Bruderliebe und Mitleid, die ihm statt Anerkennung und Lohn das Verderben brachten.

Aber keine Angst! Nichts liegt dem Märchen ferner, als seine Hörer oder Leser unglücklich zu machen. Und es würde uns (jedenfalls Kinder) unglücklich machen, wenn der Held, den wir inzwischen mögen und mit dem wir durch alle Höhen und Tiefen gegangen sind, so kurz vor dem Ziel scheitern würde, noch dazu unter so tragischen Umständen. Also muss es noch weitergehen …

»Da bringen wir nicht bloß den goldenen Vogel«, sagten sie (die heimtückischen Brüder), »wir haben auch das goldene Pferd und die Jungfrau von dem goldenen Schloss erbeutet«. Da war große Freude, aber das Pferd, das fraß nicht, der Vogel, der pfiff nicht, und die Jungfrau saß und weinte.

Der jüngste Bruder war aber nicht umgekommen. Der Brunnen war zum Glück trocken, und er fiel auf weiches Moos, ohne Schaden zu nehmen, konnte aber nicht wieder heraus. Auch in dieser Not verließ ihn der treue Fuchs nicht, kam zu ihm herab gesprungen schalt ihn, dass er seinen Rat vergessen hätte. »Ich kann's aber doch nicht lassen«, sagte er, »ich will dir wieder an das Tageslicht helfen«. Er sagte ihm, er solle seinen Schwanz anpacken und sich fest daran halten, und zog ihn dann in die Höhe. »Noch bist du nicht aus aller Gefahr«, sagte der Fuchs. »Deine Brüder waren deines Todes nicht gewiss und haben den Wald mit Wächtern umstellt, die sollen dich töten, wenn du dich sehen ließest.« Da saß ein alter Mann am Weg, mit dem vertauschte der Jüngling die Kleider und gelangte auf diese Weise an des Königs Hof.

Niemand erkannte ihn, aber der Vogel fing an zu pfeifen, das Pferd fing an zu fressen, und die schöne Jungfrau hörte mit dem Weinen auf. Der König fragte verwundert: »Was hat das zu bedeuten?« Da sprach die Jungfrau: »Ich weiß es nicht, aber ich war so traurig, und nun bin ich so fröhlich. Es ist mir, als wäre mein rechter Bräutigam gekommen.« Sie erzählte ihm alles, was geschehen war, obgleich die anderen Brüder ihr den Tod angedroht hatten, wenn sie etwas verraten würde. Der König hieß alle Leute vor sich bringen, die in seinem Schloss waren, da kam auch der Jüngling als ein armer Mann in seinen Lumpenkleidern, aber die Jungfrau erkannte ihn gleich und fiel ihm um den

Hals. Die gottlosen Brüder wurden ergriffen und hingerichtet, er aber ward mit der schönen Jungfrau vermählt und zum Erben des Königs bestimmt.

Jetzt erst sind wirklich alle Probleme *erledigt*: die eroberten Schätze gesichert, das Vertrauen und die Anerkennung des Vaters errungen, die Liebe der schönen Prinzessin gewonnen und – für jedes Märchen charakteristisch und höchst bedeutsam –: das Böse *vernichtet*. Aber ist das wirklich nötig? Mussten sie unbedingt hingerichtet werden? Erst vor kurzem haben wir vielleicht noch gegen die Todesstrafe demonstriert, für Toleranz auch gegenüber sozialen Außenseitern plädiert, uns für einen therapeutischen Strafvollzug eingesetzt – und jetzt sollen wir es zulassen, ja geradezu provozieren, dass sich die Kinder über die Tötung der Brüder freuen? Von verbrannten Hexen, sich zu Tode tanzenden Stiefschwestern, in einem genagelten Fass blutig verendenden lügenhaften Kammerzofen (Gänsemagd) usw. ganz zu schweigen!

Vielleicht ist es mir gelungen, Sie verstehen und spüren zu lassen, wie nahe das Märchen der Gefühlswelt der Kinder – und wohl nicht nur der Kinder[5] – kommt. Von der Psychoanalyse wissen wir, dass auch aggressive und sadistische Regungen zu dieser Gefühlswelt gehören, was uns durch die Begeisterung der Kinder über das grausame Ende der bösen Brüder, Stiefschwestern, Hexen oder über das Klagen des verhauten Krokodils im Kasperltheater eindrucksvoll vor Augen geführt wird. Aber sollte man nicht gerade deshalb hier gegensteuern? Und weil wir schon bei der zweifelhaften Moral der Märchen sind: Wie »gut« ist eigentlich unser lieber Königssohn und sein Mentor, der Fuchs? Haben sie nicht dem dritten König durch die unvorhersehbare Zauberkraft des Fuchses die Tochter genommen? Haben sie nicht die beiden anderen Könige durch schlaue List um ihr Eigentum, das goldene Pferd und den goldenen Vogel betrogen? Und womit hat sich der jüngste Königssohn sein Glück, seine Brüder in der Erbfolge zu überholen und alle Schätze zu gewinnen, verdient? Lediglich dadurch, dass er zu einem Fuchs freundlich war und seinem ersten Rat folgte: Reicht das aber als moralische Ausrüstung für das Leben? Und ehe wir es uns versehen, sind wir bei den gleichen Einwänden, die ich zu Beginn meines Vortrages skizzierte.

Nun, als inhaltliche *Beschreibungen* der Märchen sind diese Einwände ja durchaus zutreffend, pädagogisch bedenklich hingegen wären sie nur dann, wenn die Kinder sich die Märchenhelden in ihren realen Handlungen zum »lehrreichen« Vorbild nehmen würden. Genau um diese reale Ebene geht es

5 Ursprünglich wurden die Märchen unter Erwachsenen erzählt und tradiert. Vgl. dazu Scherf 1984.

aber nicht: Kein Kind plant, ins nächste Schloss einzubrechen, um dort einen goldenen Vogel zu finden, Füchse zu beschwören oder, wenn es einmal groß ist, die eigenen Geschwister hinzurichten! Und wenn ein Erwachsener zum Mörder an seinem Bruder wird, so bestimmt nicht, weil er dazu durch den »Goldenen Vogel« ermutigt wurde, sondern weil er alle Liebe verloren hat, durch Hass überwältigt wurde oder sich nicht anders aus dem Gefühl lebenslanger Abhängigkeit befreien zu können glaubt. Genau hier aber liegt die psychologische Funktion des Märchens: inneren Konflikten, unerfüllten Sehnsüchten und den heftigen Gefühlen, die mit ihnen verbunden sind, eine *symbolische Ausdrucksmöglichkeit zu verleihen.* Dementsprechend sind die Protagonisten nicht in erster Linie literarische Varianten lebendiger Personen, sondern Träger von seelischen Inhalten, die sich auf sie projizieren lassen. Man könnte sie auch als »Container«, also als »Behältnisse«[6] bezeichnen, in welchen wir Regungen und Gefühle, die im realen Alltag nicht verfolgt, geäußert bzw. gespürt werden dürfen oder in ihrer wirklichen Gestalt schwer erträglich wären, unterbringen können. Der reale Alltag des Kindes ist aber durch eine nahezu absolute Macht seiner Eltern (»König« und »Königin«) und einer entsprechenden existentiellen Abhängigkeit von ihnen geprägt. Den Eltern gilt die ganze Liebe des Kindes, sie sind aber auch die einzigen, die wichtig genug sind, um Hass zu provozieren. Dieser Konflikt zwischen Liebe und Hass – Freud sprach von der »Ambivalenz« aller Liebesbeziehungen – gehört zu den belastendsten inneren Konflikten und ist die vielleicht bedeutendste Quelle unserer (nicht unmittelbar real begründeten) Ängste: laufen wir doch Gefahr, gerade die vernichten zu wollen, die wir am meisten lieben und brauchen oder, wenn wir das auch nicht wirklich tun, für unsere bösen Gedanken und Wünsche bestraft zu werden, körperlich oder durch Liebesentzug – beides für das Kind lebensbedrohlich. Und da treffe ich als Kind nun plötzlich auf ein Märchen mit seinen absolut guten und absolut bösen Mächten, die mir erlauben, *einerseits ohne Einschränkung zu lieben und zu vertrauen, andererseits aber auch ohne jede Einschränkung zu hassen, (in der Phantasie) zu kämpfen und jenes Bedrohliche, Böse zu besiegen.* Jenes Böse, das in der Realität sowohl den Befriedigung verweigernden, strafenden Eltern als auch mir selbst – in meinem Hassen – anhaftet. Oder in den Worten Bruno Bettelheims: »Oft kann sich das Schulkind nicht vorstellen, dass es jemals in der Lage sein wird, mit der Welt ohne die Eltern fertig zu werden.« Denn es »sieht existentielle Gefahren nicht objektiv, sondern in phantastischer Übertreibung entsprechend seiner unreifen Angst – die beispielsweise in der kinderfressenden Hexe

6 Der Begriff »Container« bzw. »Containing« wurde von *W. Bion* geprägt.

symbolisiert ist. [...] Eine Hexe, die aus den Angstphantasien eines Kindes geboren ist, wird es verfolgen, aber eine Hexe, die man in ihren eigenen Ofen stoßen und verbrennen kann, ist eine Hexe, von der das Kind sich befreit glauben darf. Solange Kinder an Hexen glauben – wie sie es immer getan haben und immer tun werden, bis sie so alt geworden sind, dass sie sich nicht mehr gezwungen sehen, ihren gestaltlosen Ängsten eine menschenähnliche Gestalt zu geben –, sollte man ihnen Geschichten erzählen, in denen gescheite Kinder es fertigbringen, sich von solchen Verfolger-Figuren ihrer Phantasie zu befreien« (190f).

Bettelheim schrieb diese Sätze als Schluss seiner Analyse von »Hänsel und Gretel«. Im »Goldenen Vogel« übernehmen die Brüder die Funktion der Hexe. Zwar verfügen sie als Träger des Bösen und Bedrohlichen, im Gegensatz zu anderen bekannten Märchen, über keine Zauberkräfte, sind aber in ihrer Charakterlosigkeit und Bosheit nicht weniger unmenschlich als Hexen, Zauberer oder sprechende und sich verkleidende Wölfe. Solcherart symbolisieren sie all das Schlimme, das ein von der Anerkennung des Vaters ausgeschlossenes und offenbar ohne Mutter aufwachsendes Kind auf sich zukommen sieht, ebenso, wie sie sich für die Wiedergutmachung der erlittenen Kränkung und für die Abfuhr der mit ihr verbundenen Wut eignen. Und natürlich steht der Fuchs für die andere Seite der »Ambivalenz«, also die »gute Seite« unserer Eltern: der (immer) da ist, wenn er gebraucht wird; mir (grenzenlos) vertraut und mir (immer wieder) verzeiht, auch wenn ich ihn enttäusche; der mir zeigt, was ich wie tun soll, um zu erreichen, was *ich* möchte! *Er hilft dem Prinzen, erwachsen zu werden.* Wie die meisten Märchen scheint die manifeste Handlung nur ein paar Tage, bestenfalls Wochen zu umfassen. Tatsächlich jedoch sind die Märchenhelden und -heldinnen zu Beginn noch Kinder und am Ende erwachsene junge Männer und Frauen, die ihre Eltern beerben.

Auf einen besonderen Aspekt dieses Entwicklungsprozesses, der im »Goldenen Vogel« stärker als in anderen Märchen herausgearbeitet ist, möchte ich Sie gerne noch hinweisen – zumal davon schon im Rahmen der »moralischen Märchenkritik« die Rede war: Unser Königssohn wächst nicht nur aufgrund des Zusammenspiels eigener Kraft und Stärke mit der zauberhaften Unterstützung durch den Fuchs. Das Märchen erzählt uns von zwei weiteren Entwicklungsbedingungen: Da ist einmal die Überlistung der beiden anderen Könige, die ihm trotz seiner diebischen Absichten das Leben schenkten, die er dann jedoch – mit Hilfe des »guten« Fuchses – um das goldene Pferd und die schöne Jungfrau betrog. Ich denke, es fällt nicht schwer zu verstehen, dass es sich bei diesen Königen um Verdoppelungen des Vaters handelt, an denen er sich für das erlittene Unrecht, vielleicht sogar für den Verlust der Mutter, rächen, deren Macht er sich durch eine dritte, schützende Person (den Fuchs) entziehen kann, über die er hinauszuwachsen und die er schließlich auch zu besiegen vermag. Als Psychoanalytiker würde ich von einer Erfüllung aggressiv-ödipaler Wunschphantasien reden, die sich ein Kind am »Originalobjekt«, dem Vater, nie erlauben könnte.

Psychologisch und pädagogisch fast noch interessanter ist, dass im »Goldenen Vogel« die Schwächen des Königssohnes nicht nur durch den Fuchs ausgeglichen, sondern selbst zum Entwicklungsfaktor werden: Hätte er nämlich dem Fuchs von Anfang an gefolgt, sich vom goldenen Käfig nicht verführen lassen, wäre er nie zum goldenen Pferd gekommen, wäre der schönen Prinzessin nie begegnet, sondern bestenfalls als »braver Jüngster« an den Hof des Vaters zurück gekehrt. Ähnlich »subversive« Motive finden wir in »Hänsel und Gretel«, die ohne ihre orale Gier (die sie vom Lebkuchen-Haus naschen lässt) nie an die Reichtümer der Hexe gekommen wären; im »Eisenhans«, den der achtjährige Königssohn gegen den Befehl des Vaters entkommen lässt und der ihm später zu Ruhm und Macht verhilft; im »Froschkönig«, wo Übermut und Unvorsicht die Königstochter dem Frosch begegnen lässt und dieser seine menschliche Gestalt erst erhält, nachdem die Prinzessin – entgegen dem väterlichen Gebot, mit dem Frosch Tisch und Bett zu teilen – diesen aus Ekel und Wut gegen die Wand schleudert; im »Tapferen Schneiderlein«, dem schiere Angeberei, freilich verbunden mit List und Intelligenz, zu Ruhm und Ehre verhilft; oder in »Schneewittchen«, das, hätte sie den Zwergen gehorcht und den Verführungen der Stiefmutter-Hexe widerstanden, vielleicht ihr Leben als Haushälterin der sieben Zwerge beendet hätte und so dem Prinzen nie begegnet wäre. Welche Entlastung für jedes Kind, da es kein (noch einigermaßen psychisch gesundes) Kind schafft, alle von der erwachsenen Umwelt an es gerichteten Erwartungen zu erfüllen. Wenn man bedenkt, dass eine psychoanalytische Psychotherapie wesentlich darauf abzielt, den Patienten mit den dunklen und abgelehnten Seiten der eigenen Person zu versöhnen, sie als Teil seiner selbst anzuerkennen, um ihn so fähig zu machen, mit ihnen produktiv umzugehen statt sie zu verdrängen – denn aus den Verdrängungen erwächst das neurotische Leid –, dann ist es nicht weit hergeholt, das Märchen – übrigens ganz ähnlich dem Spielen der Kinder – als eine Art *Alltags-Therapie* zu bezeichnen. Hier findet das Kind, so wie der Patient in der therapeutischen Beziehung, einen von der Realität abgegrenzten Raum, in dem seine Gefühle, Strebungen, Phantasien und Schwächen, die »draußen« immer wieder mit den Anpassungsforderungen des Milieus oder sozialen Konsequenzen in Konflikt treten, erstens *sein dürfen*, und zweitens sogar *zu Gutem führen* können.

Damit bin ich eigentlich am Ende meines Vortrages. Doch halt: Bin ich auch mit dem »Goldenen Vogel« bereits am Ende? Ist wirklich *alles* »erledigt«, wie ich zuvor behauptete? Ich sehe einhelliges Kopfschütteln. Und sie haben recht: auf der symbolischen Ebene mögen wir das Wesentliche des Märchens verstanden haben, aber vom dramaturgischen Standpunkt aus bleibt etwas offen: *Was ist mit dem guten Fuchs?* Natürlich lässt das Märchen diese Frage nicht unbeantwortet, und natürlich werde ich Ihnen die Auflösung nicht schuldig bleiben:

Aber wie ist es dem armen Fuchs ergangen? Lange danach ging der Königssohn einmal wieder in den Wald, da begegnete ihm der Fuchs und sagte: »Du hast nun alles, was du dir wünschen kannst, aber mit meinem Unglück will es kein Ende nehmen, und es steht doch in deiner Macht, mich zu erlösen.« Und abermals bat er flehentlich, er möchte ihn totschießen und ihm Kopf und Pfoten abhauen. Also tat er's, und kaum war es geschehen, so verwandelte sich der Fuchs in einen Menschen und war niemand anders als der Bruder der schönen Königstochter, der endlich von dem Zauber, der auf ihm lag, erlöst war. Und nun fehlte nichts mehr zu ihrem Glück, solange sie lebten.

Ich sehe rundherum zufrieden-entspanntes Lächeln, genau wie in einer Gruppe von Kindern (zwischen 6 und 9 Jahren), denen ich den Goldenen Vogel vorlas. Mit Ausnahme der knapp achtjährigen Monika. Mit gerunzelter Stirn beschwerte sie sich: »Und der Bruder muss allein bleiben?« Offenbar! Das Märchen vom goldenen Vogel ist jetzt wirklich zu Ende, keine neue, abschließende Wendung, um auch diesen letzten Punkt zu erledigen, z.B. eine im Gesinde verborgene Prinzessin, die in ihm ihren früheren Bräutigam erkannt hätte, den sie verlor als er in den Fuchs verzaubert wurde (oder so etwas ähnliches). Monika hatte die einzige wirklich Schwachstelle dieses Märchens entdeckt. »Du hast recht«, sagte ich, »da fehlt etwas. Nun da müssen wir wohl raten, wie es weitergehen könnte.« Plötzlich hellte sich Monikas Gesicht auf. Und nicht ohne einen verschmitzten Ausdruck im Gesicht, begann sie:

Eines Tages ritt der Bruder-Königssohn auf seinem Schimmel durch den Wald, kam aber vom Weg ab und wusste nicht mehr, wo er sich befand. Da bemerkte er plötzlich eine große Dornenhecke und hinter der Dornenhecke ein altes Schloss, in dem seit hundert Jahren alle zu schlafen schienen …

7.
Lotta zieht um, Pippi und Co

Die wunderbaren Geschichten der Astrid Lindgren

Erstveröffentlichung:
Figdor, H.: Lotta zieht um. Kindliche Konflikte in den Geschichten Astrid Lindgrens: in: Zwettler-Otte, S. (Hg.): Kinderbuch-Klassiker psychoanalytisch. München (Reinhardt) 1994; erweiterte Neuauflage: Zwettler-Otte, S. (Hg.): Von Robinson bis Harry Potter. Kinderbuch-Klassiker psychoanalytisch. München (dtv) 2002

Im Text zitierte Bücher von Astrid Lindgren (alle Friedrich Oetinger Verlag, Hamburg):
Mio, mein Mio, Lotta zieht um, Madita, Michel in der Suppenschüssel, Ich will auch Geschwister haben, Die Kinder aus der Krachmacherstraße, Pippi Langstrumpf

Editorische Vorbemerkung:
Von 11.–12. Juni 1993 veranstaltete die Sigmund Freud-Gesellschaft Wien ein Symposium zur psychoanalytischen Deutung von Kinderliteratur. Das folgende Kapitel ist die schriftliche Bearbeitung des Vortrages, den H. Figdor auf dem Symposium hielt.

Märchen und Geschichten

»Seid ganz leise«, sagte Jiri. Ganz still saßen wir da und warteten. Es wurde noch etwas dunkler zwischen den alten Bäumen, und Jiris Haus sah noch mehr nach einem Haus aus einem Märchen aus. Dort stand es in einem grauen, wunderlichen Dunkel, keinem ganz schwarzen Dunkel, denn es war noch immer die Dämmerstunde. Etwas Graues, Wunderliches und Altes lag über dem Haus und über den Bäumen, aber vor allem lag es über dem Brunnen, auf dessen Rand wir erwartungsvoll im Kreise saßen. »Seid ganz leise«, flüsterte Jiri, obwohl wir schon eine Weile überhaupt nichts gesagt hatten. Und weiter saßen wir still, und es wurde noch etwas dunkler und grauer zwischen den Bäumen, und ich vernahm keinen Laut mehr in diesem völligen Schweigen. Aber dann, dann hörte ich etwas. Ja, ich hörte, wie es unten im Brunnen zu raunen begann. Tief, tief dort unten begann es zu flüstern und zu murmeln. Es war eine wundersame Stimme, und sie glich keiner anderen Stimme.

Und die Stimme raunte Märchen, Märchen, die keinem anderen Märchen glichen und die noch schöner waren als alle Märchen, die ich kannte. Es gibt fast nichts, was ich mehr liebe als Märchen, und ich beugte mich weit über den Brunnenrand, um mehr und mehr von dem zu hören, was die Stimme raunte. Manchmal sang die Stimme, und es war ein seltsamer und schöner Gesang, der aus dem Brunnen emporstieg. »Was ist das nur für ein wunderlicher Brunnen?« fragte ich Jiri leise. »Ein Brunnen, voll von Märchen und Liedern. Das ist alles, was ich weiß«, sagte Jiri. »Ein Brunnen, voll von Märchen und Liedern, die vor langer Zeit einmal in der Welt waren und die längst vergessen sind. Und nur dieser Brunnen, der am Abend raunt, er kennt sie noch alle.«

»Ein Brunnen, voll von Märchen und Liedern, die vor langer Zeit einmal in der Welt waren und die längst vergessen sind…« Vergessen, wie die Träume, Sehnsüchte und Gefühle der Kinder, die wir selbst einmal waren, vor langer Zeit. Können wir uns denn wirklich jener ersten Zeit unseres Lebens entsinnen? Vielleicht reicht die Erinnerung noch einigermaßen bis etwa ins siebente Lebensjahr zurück, ab da aber wird es schon dunkler. Es mögen uns einzelne Bilder, Szenen aufsteigen, aber die Gefühle, die Freude und Begeisterung, Eifersucht, archaische Wut und Verzweiflung, all das also, was wir tagtäglich an unseren Kindern erleben, scheint völlig aus unserem Gedächtnis verbannt zu sein.

Freud (1905,175ff.) hat dieses Phänomen *infantile Amnesie* genannt: Ungefähr um das sechste Lebensjahr herum versinkt ein großer Teil der kindlichen Leidenschaften ins Dunkle der Verdrängung. Diese Verdrängungen bilden den Urgrund, aus dem unser unbewusstes Seelenleben sich speist, den Urgrund, aus dem die unbewussten Anteile unseres Alltagsbewusstseins und all dessen, was wir Charakter nennen, entstammen. Diese Verdrängungen bilden auch den Boden, auf dem unser späterer Neurosengarten wächst.

Aber da gibt es noch etwas. Die infantile Amnesie ist für eines der Grundprobleme aller Erziehung verantwortlich. Mit der Verdrängung unserer eigenen kindlichen Leidenschaften und der daraus erwachsenden seelischen Konflikte sind wir eines wichtigen Mittels beraubt, uns in unsere Kinder einfühlen, sie verstehen zu können. Die Amnesie ist freilich nicht vollständig und auch nicht völlig unerschütterlich. Gerade der Kontakt mit Kindern ist geeignet, längst Verdrängtes wieder zu aktivieren. Sehr häufig geschieht diese Aktivierung jedoch in einer Form, die dem Verstehen-Können nicht entgegenkommt, sondern, ganz im Gegenteil, Einfühlen und Verstehen möglicherweise völlig ausschließt.

Um zu begreifen, was ich meine, müssen wir daran denken, was uns die Psychoanalyse über die Verdrängung lehrt. Verdrängen muss das Ich, wenn unbezwingbare Wünsche, Strebungen oder Phantasien unerträgliche Affekte nach sich ziehen (Scham, Schuldgefühle und vor allem Angst), weil sie mit entgegengesetzten Strebungen oder mit Anforderungen der Umwelt oder des eigenen Über-Ichs in Konflikt geraten. Was geschieht nun, wenn wir in Gestalt unserer Kinder mit Wesen konfrontiert sind, die jene konfliktbehafteten seelischen Inhalte noch nicht ins Unbewusste verbannt haben, sondern sie offen und sichtbar leben? Da kann es passieren, dass jene Gefühle der Scham, Schuld und Angst sich wieder beleben, unsere mühsame Verdrängungsarbeit sabotiert wird, indem die Kinder uns den Spiegel des eigenen Unbewussten vor Augen halten. Die Konfrontation mit den eigenen Triebstrebungen halten wir aber heute ähnlich schlecht aus wie einst als Sechs- oder Siebenjährige (andernfalls wäre eine Psychoanalyse auch nicht eine so langwierige und schwierige Sache). Somit sind wir neuerlich zum Handeln aufgerufen, um das (weitgehend angstfreie) psychische Gleichgewicht zu erhalten. Die unmittelbare Gefahr für dieses Gleichgewicht geht nun jedoch nicht vom eigenen Inneren, sondern von den kleinen Kindern aus, deren Wünsche und Leidenschaften wir daher zu bannen und zu unterdrücken versuchen.

Darin scheint mir – aus psychoanalytischer Sicht – eines der großen Probleme von Erziehung zu liegen: dass wir Erziehung – die auf bewusster Ebene dem Wohl der Kinder dienen soll – ohne es zu wissen dazu verwenden, um unsere eigenen Ängste, Schuld- und Schamgefühle abzuwehren, was dann ganz bestimmt nicht den Kindern zugute kommt. Es ist dies einer der Gründe, warum bereits die Pioniere der Psychoanalytischen Pädagogik meinten, dass eigentlich alle Pädagogen selbst eine Analyse machen müssten, um den eigenen Trieben, und damit auch der Lebendigkeit der Kinder, angstfrei begegnen zu können – natürlich eine (leider) unrealisierbare Forderung.

Allein, es gibt eine Spezies von Menschen, die sich jenen freundlichen Zugang zum Kind, das sie selbst waren, offenbar erhalten haben. Es ginge wohl zu weit zu behaupten, sie hätten gar keine infantile Amnesie, aber diese scheint durchlässiger zu sein, oder anders ausgedrückt: Ein Teil der kindlichen Leidenschaften scheint weniger angstbesetzt zu sein, so dass einiges, was sie einst selbst gewünscht, ersehnt, gefürchtet und gedacht hatten, erinnerbar geblieben ist oder zumindest über die Identifizierung mit Kindern nachgefühlt und nachgespürt werden kann. Diese Spezies Mensch, von der ich rede, ist eine Handvoll begnadeter Kinderbuchautoren. Und zu diesen gehört – an ganz vorderer Stelle – auch Astrid Lindgren.

Astrid Lindgren selbst ist für mich ein solch »raunender Brunnen«, wie jener aus ihrer wunderbaren Erzählung *Mio, mein Mio,* aus welcher die Passage stammt, mit der ich begonnen habe: ein schier unerschöpflicher Quell von Märchen und Geschichten aus – für uns Erwachsene – längst versunkenen Tagen.

Was bedeutet es nun, über ein solches Talent, über diese Fähigkeit des Sich-Erinnern-Könnens zu verfügen? Nicht mehr und nicht weniger, als dass diese Menschen Geschichten erzählen, »erfinden«, mit deren Helden und Schicksalen sich *Kinder spontan identifizieren können.*

Ich meine hier jedoch eine besondere Art der Identifizierung, die etwas anders ist als die uns täglich vertraute, wenn wir ein Buch lesen oder einen Film anschauen. Auch wir identifizieren uns mit den Protagonisten dieser Geschichten – andernfalls es ganz unbegreiflich wäre, warum wir mit Personen mithoffen, mitleiden und uns anlässlich des Happy Ends mitfreuen sollten, von denen wir wissen, dass sie erstens nur Schauspieler, und zweitens ihre Schicksale erfunden sind.

Das aber ist es nicht allein, was sich bei Kindern angesichts ihrer Lieblingsgeschichten seelisch abspielt. Der Unterschied zeigt sich an einem bekannten Phänomen. Während wir meistens ein Buch, einen Film, selbst wenn wir großen Gefallen daran gefunden haben, nur einmal ansehen, weil es uns sonst langweilig würde, scheint den Kindern diese Art von Neugier abzugehen. Alle Kinder haben eine Reihe von Geschichten oder Märchen, die sie *immer wieder* hören oder lesen möchten. Mit einigen wenigen Büchern und Filmen mag es manchen von uns ähnlich gehen, was aber eher die Ausnahme ist. Umgekehrt nehmen natürlich auch Kinder manche Geschichten kein zweites Mal zur Hand, weil »ich sie ja schon kenne«. Tatsächlich zeigt uns dieses Verhalten aber fast immer an, dass die betreffende Erzählung dem Kind nicht besonders gefallen (oder es geängstigt) hat. Offensichtlich erfüllen dagegen die *Lieblingsgeschichten* eine psychische Funktion, deren wir Erwachsene entweder nicht oder weniger bedürfen, oder die inzwischen auf andere Weise Erfüllung findet.

Wie wichtig diese Funktion sein muss, erkennt man, wenn man versucht, solche endlos wiederholten Geschichten etwas zu variieren, man ihnen eine neue Wendung geben möchte, alles aus dem freundlichen Bemühen heraus, zu verhindern, dass dem Kind langweilig werde. Doch wehe uns! Sogleich erleben wir heftigsten Protest und sehen uns der unerbittlichen Forderung gegenüber, die Geschichte Szene für Szene, Wort für Wort exakt gleich wieder zu erzählen. Handelt es sich um eine niedergeschriebene Geschichte, lässt sich das ja unschwer machen. Bei mündlichen Erzählungen kann diese Strenge, gepaart mit dem phänomenalen Gedächtnis der Kinder, schon erhebliche Schwierigkeiten bereiten. Immer wieder werden wir bei Ungenauigkeiten ertappt, die freilich keinesfalls toleriert werden. (Dieses Bedürfnis bzw. die Freude an der Wiederholung des schon Bekannten ist auch der Grund, warum sich Kinder so gerne das Werbefernsehen anschauen: kurze Geschichten, die man kennt, bei denen man genau weiß, wie sie weitergehen.)

Die Fragen, die wir uns also stellen, lauten: Was hat dieses geradezu unstillbare Verlangen nach Wiederholung für eine Bedeutung? Und: Was macht bestimmte Geschichten geeignet, dieses Verlangen auszulösen, andere dagegen nicht?

Das literarische Vergnügen der Kinder hat also eine deutlich »konservative Tendenz«. Das Bedürfnis nach steter und exakter Wiederholung vermittelt uns den Eindruck, als würde sich das Kind gegen Neues bzw. gegen Veränderung sträuben, am Gewohnten festhalten, Kontinuität sichern wollen. Dass es sich dabei tatsächlich um ein wichtiges Bedürfnis der Kinder handelt, wissen wir aus ihren Erwartungen und Ansprüchen in den primären Liebesbeziehungen. Aber warum äußert sich diese konservative Tendenz ausgerechnet im Umgang mit Literatur? Warum sind Bücher, Geschichten nicht eine Gelegenheit für die Realisierung einer anderen Tendenz, die normale Kinder schließlich ebenfalls haben: neugierig zu sein, Lust am Entdecken, Lernen zu haben usw.?

Vielleicht liefert uns das Kind selbst die Antwort, wenn wir es beobachten. Dann sehen wir nämlich, dass die Lust offenbar von dem Umstand ausgeht, dass es erstens immer schon *weiß, wie es weitergeht* und – damit zusammenhängend – die Personen bzw. Situationen *wieder erkennt.*

Wiedererkennen aber ist ein Erlebnis von archaischer Bedeutung: zum Beispiel das erste Lächeln beim Erkennen des Gesichts, wenn man sich über das

Baby beugt. Im Grunde genommen spielt das Wiedererkennen aber schon beim zweiten Stillakt eine zentrale Rolle und ermöglicht dem Baby einen immer geübteren Umgang sowohl mit den eigenen Hungerempfindungen als auch mit dem Körper der Mutter. Indem das Baby sich an Empfindungen, Tätigkeiten und Reize erinnert, wird aus dem Chaos der Welt das Bekannte herausgehoben, wodurch sich erste Strukturen der Wahrnehmung und Selbstwahrnehmung bilden. Welche enorme affektive Bedeutung dem Bekannten – und darob Wiedererkannten – zukommt, zeigt sich besonders eindrucksvoll am so genannten »Fremdeln« des Kindes um den siebenten, achten Lebensmonat herum, die »Achtmonats-Angst« nach René Spitz (1965, 172 ff.): Während das Baby das Gesicht der Mutter anlächelt, verzieht es sein Gesichtchen enttäuscht, verängstigt und fangt nicht selten zu weinen oder zu schreien an, wenn es einer anderen Person ansichtig wird. An dieser Stelle fängt das Kind an, die Welt in »vertraut« und »fremd« zu teilen, was den Gefühlen des Geborgen- und Geliebtseins auf der einen und Angst auf der anderen Seite entspricht. Dieser beobachtbare Zusammenhang von Wiedererkennen und Lächeln bzw. Fröhlichkeit lässt darüber hinaus die Vermutung legitim erscheinen, dass auch das Phänomen des Humors hier seinen Ursprung hat.

Nicht zufällig ist das Wiedererkennen gerade im Babyalter ein besonders aufregendes Erlebnis. Das Baby ist hilflos und in seinem Überleben und seiner Triebbefriedigung ganz von der Außenwelt abhängig. Im Zustand der Abhängigkeit dreht sich jedoch alles um die Frage, ob diese Außenwelt mir gut oder böse gesinnt ist. Wir beginnen zu verstehen, wohin sich die Funktion des Wiedererkennens, das dem Baby Angst nimmt und Zuversicht schenkt, bei uns Erwachsenen verlagert hat: in das Wissen um unsere Handlungsmöglichkeiten, unsere Fähigkeiten, unsere reale Macht und Lebenskompetenz. Oder vielleicht sollte man richtiger sagen: Das Erkennen von schon Erfahrenem ist die erste Form dieser Kompetenz zur Welt- und Lebensbewältigung, die – der kindlichen Abhängigkeit zufolge – jedoch einen eher passiven Charakter hat.

Warum und in welcher Hinsicht spielt nun das Wiedererkennen als ein entängstigendes, Sicherheit gebendes Erlebnis in der Literatur für (doch schon ältere) Kinder eine so große Rolle? Ich denke, sie tut das in dreifacher Hinsicht:

– Zu einer Zeit, in welcher der Phantasie im Leben der Kinder ein großer Stellenwert zuzukommen beginnt – gerade auch als Lösungsstrategie für in der »Realität« nicht lösbare Probleme –, gewinnt das Kind an den Helden seiner Geschichten *Freunde*. Das Wiedererkennen wird so zu einer *Wiederbegegnung*, die die (latent bedrohliche) Welt des Kindes um einige vertraute Personen bereichert. Dazu kommt, dass diese Freunde sich den Allmachtsphantasien unterordnen lassen: Man kann sie, wann immer man will, ins Kinderzimmer einladen, Zeit mit ihnen verbringen, und sie lassen sich wegschicken, wenn sie nicht mehr gebraucht werden.

– Dieses Wiedererkennen von Personen als Freunde ist jedoch vergleichsweise unwichtig gegenüber einem anderen Wiedererkennen: nämlich der Möglichkeit, *sich selbst in anderen, in den Helden der Geschichten, wieder zu erkennen:* in den eigenen Sorgen, Nöten, Ängsten und Wünschen. Warum ist gerade dieser Aspekt so bedeutsam?
– Zum einen fühle ich mich als Kind dann nicht so allein mit meinen Problemen. Was aber wichtiger ist: Ich erkenne, dass ich nicht der einzige bin, der mitunter »spinnt«, böse ist oder unfähig, feig, verführbar, gierig, schlimm, eifersüchtig, faul, unvorsichtig, stolz, zornig, grausam, egoistisch, ängstlich, empfindsam und hilflos: Nicht ich allein, sondern *Kinder* sind so, *Menschen* sind so. Daraus kann das Kind eine unerhörte narzisstische Entlastung beziehen, darüber hinaus vermag diese Erkenntnis Angst zu mildern. Und zwar jene Angst vor Liebesverlust, die mit der Phantasie verbunden ist, dass nur mit mir etwas nicht in Ordnung ist, und sich die Eltern daher ein anderes Kind gewünscht hätten.
– Das Wiedererkennen eigener Probleme und Wünsche in den Helden jener Geschichten hat noch eine dritte, geradezu therapeutische Funktion: Es hat den Charakter einer psychoanalytischen *Deutung:* Da wir davon ausgehen können, dass ein großer Teil dieser seelischen Regungen zwar irgendwie gespürt, nicht jedoch klar bewusst ist, erfüllen jene Geschichten auch die Funktion, diesen Regungen einen Namen zu geben und sie an Personen und Handlungsabläufen festzumachen. Die Wünsche und Nöte des Kindes erlangen auf diese Weise eine symbolische Gestalt, die sie bewusstseinsfähig macht.
– Mit diesem »Bewusstwerden durch Symbolisierung« hängt eine dritte Form des Wiedererkennens zusammen: sich anhand der Helden und ihren Schicksalen immer wieder vor Augen zu führen, wie mit diesen Problemen, Gefühlen, Wünschen, inneren und äußeren Konflikten umgegangen werden kann, wie sie vielleicht lösbar wären.

  An diesem Punkt vermögen gute Geschichten das Kind über den Horizont seiner alltäglichen Lebenserfahrung hinauszuführen, indem bislang Unmögliches möglich erscheint, indem die Geschichten am Beispiel ihrer Helden die Kinder von passiv Erleidenden zu aktiven Gestaltern ihres Lebens machen und ihnen endlich Zuversicht und Vertrauen in die eigene Kraft schenken, aber auch in die Hilfe und Unterstützung, die sie von der Umwelt erwarten dürfen. Und noch etwas: In Geschichten

> eröffnet sich dem Kind auch *Geschichte,* das heißt die Erkenntnis, dass das, was heute ist, nicht so bleiben muss. Das fängt an beim Trost, den es bereitet zu wissen, dass mich die Mama, die gerade böse auf mich ist, mich in einer Stunde oder morgen wieder in die Arme nehmen wird; das setzt sich fort in der Zuversicht, dass ich das, was ich heute noch nicht zusammenbringe, übermorgen beherrschen werde; und reicht bis hin zur leichteren Erträglichkeit meiner Schwäche, Unterlegenheit und Hilflosigkeit als Kind, wenn ich mir ausmalen kann, dass ich einst ebenso groß, geschickt, schön, stark oder gescheit sein werde wie Papa oder Mama. (Dieser Aspekt der Entwicklung vom Kind zum Erwachsenen spielt etwa in den Volksmärchen eine zentrale Rolle, deren Helden zu Beginn Kinder sind und die Erzählung als Meister oder König bzw. mit der Heirat beenden.)

Geschichten ermöglichen Kindern also, mit den Schwierigkeiten des Lebens in einer spielerisch-denkenden Weise umzugehen, und erfüllen damit eine psychohygienische Funktion, die nicht zuletzt auch in der Psychotherapie eine große Rolle spielt. So gesehen sollte es uns eigentlich nicht verwundern, wenn Kinder »ihre« Geschichten immer und immer wieder lesen und hören wollen.

Warum nun gerade die Geschichten der *Astrid Lindgren* sich so besonders eignen, Kindern Angst zu nehmen und Zuversicht zu schenken, indem sie sich in den Helden dieser Geschichten wieder zu finden vermögen, lässt sich wohl am besten an ihren Geschichten selbst zeigen. Hören wir also zu …

Lotta zieht um

Lotta zieht um ist eine der schönsten Geschichten Astrid Lindgrens. Da in dieser Geschichte so viel von den alltäglichen Nöten der Kinder enthalten ist, widme ich ihr auch den größten Platz. Der Leser/die Leserin möge mich also in die Krachmacherstraße begleiten und dort jene Lotta kennen lernen, der die verdiente Ehre zukommt, den Titel meines Aufsatzes anzuführen.

Als Lotta aus der Krachmacherstraße gerade fünf Jahre alt geworden war, wachte sie eines Morgens auf und hatte schon von Anfang an schlechte Laune. Sie hatte etwas geträumt, was sie ärgerte, und sie glaubte, was man träume, sei wahr, die kleine, dumme Lotta. Darum war sie böse. »Die haben meinen Teddy gehauen!« schrie Lotta, als Mama hereinkam, um nachzusehen, weshalb Lotta morgens um acht im Bett saß und laut heulte.

»Wer hat deinen Teddy gehauen?«, fragte Mama.

»Jonas und Mia-Maria!«, schrie Lotta.

»Liebe Lotta, das hast du nur geträumt«, sagte Mama. »Jonas und Mia-Maria sind in die Schule gegangen. Sie haben gar keine Zeit gehabt, deinen Teddy zu verhauen.«

»Sie haben es aber doch getan, wenn sie auch keine Zeit hatten«, weinte Lotta und streichelte den armen Teddy.

Lottas Teddy war ein dickes Schweinchen, das Mama aus hellrosa Stoff genäht und Lotta geschenkt hatte, als sie drei Jahre alt geworden war. Damals war der Teddy sauber und rosa und fein gewesen, jetzt war er schmutzig und sah wirklich aus wie ein richtiges Schweinchen. Lotta aber meinte, es wäre ein Bär, und darum musste er Teddy heißen, obwohl Jonas immer sagte: »Hahaha, es ist kein Bär, es ist ein Schwein!«

»Du Dummer«, sagte Lotta dann, »es ist doch ein Bär!«

»Denkst du«, sagte Jonas. »Bären sind aber nicht rosa. Glaubst du, es ist ein Eisbär oder ein gewöhnlicher Bär?«

»Es ist ein Schweinsbär«, sagte Lotta, »stell dir mal vor!« Und ihren Schweinsbären liebte Lotta. Er durfte nachts in ihrem Bett schlafen, und sie erzählte sich viel mit ihm, wenn Jonas und Mia-Maria es nicht hörten.

Aber jetzt lag der Teddy dort auf dem Kissen und war unglücklich, weil Jonas und Mia-Maria ihn gehauen hatten, wie Lotta meinte. Sie weinte und streichelte den Teddy und sagte: »Armer Teddy, ich verprügle Jonas und Mia-Maria. Das tu ich!«

Jonas und Mia-Maria und Lotta und Mama und Papa wohnten in einem gelben Haus in der Krachmacherstraße. Jonas und Mia-Maria gingen jeden Morgen in die Schule, und Papa ging ins Büro. Mama und Lotta blieben als einzige zu Hause.

»Es ist ein wahres Glück, dass ich meine kleine Lotta habe«, sagte Mama immer. »Sonst wäre ich den ganzen Tag hier allein.« »Ja, es ist ein wahres Glück, dass du mich hast«, sagte Lotta dann. »Sonst könntest du einem wirklich leid tun.«

Aber das sagte sie nicht jetzt, nicht an diesem Morgen, als sie so böse war. Da sagte sie nichts, sondern saß nur da und maulte und machte ein beleidigtes Gesicht.

Bis hierher haben wir es mit dem Vorspiel zu tun, das eigentliche Drama beginnt erst …

Als sie sich dann anziehen sollte, brachte Mama den weißen Pullover, den

Oma für Lotta gestrickt hatte. »Den nicht«, sagte Lotta. »Der kratzt und piekt.«

»Der kratzt bestimmt nicht«, sagte Mama. »Fühl mal, wie weich und mollig er ist.«

»Nein, der kratzt und piekt«, sagte Lotta, ohne zu fühlen. »Ich will mein Sandkleid anziehen.«

Sie hatte ein hellblaues Samtkleid, das ihr bestes Kleid war. »Sandkleid«, nannte Lotta es. Und jetzt wollte sie das anziehen, und dabei war heute nur Donnerstag, ein ganz gewöhnlicher Donnerstag.

»Sonntag darfst du das Samtkleid anziehen«, sagte Mama. »Heute wird dieser Pullover angezogen.«

»Dann laufe ich lieber nackt herum«, sagte Lotta.

»Dann tu das«, sagte Mama und ging in die Küche hinunter.

An dieser Stelle beginnt Lotta also zu *trotzen*, obwohl es sich hier um etwas anderes handelt, als üblicherweise unter »Trotz« verstanden wird. Mit Trotz verbindet man zumeist bloßen Negativismus, Freude an Opposition, sinnloses Neinsagen. So mag es für die Mutter aussehen, bestimmt aber nicht aus Lottas Sicht. Denn für Lotta ist etwas passiert, und zwar etwas, das sie empört und wütend macht. Schuld daran sind die Geschwister, aber Jonas und Mia-Maria sind nicht da, also bleibt nur die Mutter, auf die sie wütend sein kann. Aber die Mutter ist keinesfalls nur Ersatzobjekt, sondern inzwischen selbst zur Schuldigen geworden: Statt dass sie Lotta richtig tröstet, auf Jonas und Mia-Maria ebenfalls böse ist, sich also zu Lotta loyal verhält, tut sie so, als würde Lotta spinnen, und ist am Ende gar noch auf sie böse. Das aber ist zuviel. Der Punkt ist erreicht, wo Lotta nicht mehr mitzuspielen gedenkt. Jetzt muss auch die Mama ihre Strafe bekommen: »Ich werde den Pullover nicht anziehen!« beschließt sie.

Außer der Intention, die Mama zu bestrafen, scheint mir an dieser Stelle ein weiterer Gedanke Lottas sichtbar zu werden: »Es kann nicht sein, dass immer alles nach eurem Wollen (dem Wollen der Erwachsenen) geht!« Ich glaube, Lotta braucht ihr »Nein« und das Beharren auf dem Samtkleid auch dazu, um sich in diesem Augenblick weiter *spüren zu* können.

Lotta blieb oben im Kinderzimmer sitzen, böse und nackt, ja, natürlich nicht ganz nackt. Sie hatte ein Hemdchen an und Höschen und Strümpfe.

»Aber sonst ganz und gar nackt«, sagte Lotta zu ihrem Teddy – er war ja der einzige, den sie zum Reden hatte.

Also Lotta fühlt sich zwar ausgeschlossen, aber ein wenig kokettiert sie auch damit: »Aber sonst ganz und gar nackt«, als hätte es schon auch etwas Reizvolles, sich so ganz und gar frierend und ungeliebt zu sehen. Man hat den Eindruck, als müsse Lotta ihren Zorn, ihre Wut etwas wappnen, zum einen gegen Vernunftgründe – etwa, dass es vielleicht doch nur ein Traum war –, zum anderen gegen die Verführung, mit der Mama in gutem Einvernehmen zu sein. Es ist eben für ein kleines Kind nicht so einfach, zornig zu bleiben.

»Lotta, du kommst wohl gleich herunter und trinkst deinen Kakao«, rief Mama unten an der Treppe. »Denkst du«, murmelte Lotta auf ihrer Bettkante. »Antworte doch, Lotta!« rief Mama. »Willst du Kakao trinken oder nicht?« Jetzt war Lotta ganz zufrieden. Mama mochte ruhig fragen und fragen, ob Lotta Kakao trinken wollte. Lotta dachte nicht daran, zu antworten, und sie fand es schön, dass sie nicht antwortete, wenn Mama rief. Aber sie hatte Hunger und hätte nur zu gern Kakao getrunken, und nachdem sie eine kleine Weile gewartet hatte, nahm sie ihren Teddy und ging die Treppe hinunter. Sehr langsam ging sie, und sie blieb auf jeder Stufe einen Augenblick stehen. Mama sollte nicht zu sicher sein – vielleicht trank sie Kakao und vielleicht auch nicht.

»Ich werde mal sehen, was ich tue«, sagte Lotta zum Teddy. Und dann ging sie in die Küche.

»Sieh mal an, da ist ja Lotta!« rief Mama. Lotta blieb an der Tür stehen und maulte immer weiter, damit Mama nicht dachte, sie sei etwa nicht mehr böse. Mama und Lotta aßen morgens zusammen in der Küche ihr Frühstück. Es war dort immer so gemütlich – und jetzt auch wieder. Die Sonne schien durchs Fenster, und auf dem Tisch stand Lottas eigene blaue Tasse, bis an den Rand voll Kakao, und daneben lag ein Käsebrot.

Sonst plapperte Lotta in einem fort, aber heute sagte sie nichts. Und Mama saß am Tisch, trank Kaffee und las die Zeitung und sagte ebenfalls kein Wort. Schließlich sagte Lotta: »Ich kann ja ein bisschen Kakao trinken, wenn es durchaus sein muss.«

»Nein, es muss nicht durchaus sein«, sagte Mama. »Und vor allem zieh dich erst an!«

Oh weh! An dieser Stelle der Geschichte geschieht etwas sehr Schlimmes. Wir haben schon vorher gesehen, dass sich Lotta gegen das Wieder-gut-Sein wappnen musste, und nun kommt noch die Verführung durch den duftenden Kakao dazu. Noch bewahrt sie sich die Vorstellung, widerstehen zu können: »Ich werde sehen, ob ich ihn trinke oder nicht«, denkt sie sich. Wenn Freud sagt, dass unser ganzes Seelenleben aus Kompromissen zwischen unterschiedlichen Strebungen besteht, so gibt uns Lotta dafür ein schönes Beispiel: Sie trachtet, böse zu bleiben, sich als unabhängig zu behaupten und trotzdem zu ihrem Kakao zu kommen – sie vollzieht dieses Kunststück, indem sie das Trinken des Kakaos zum Wunsch der Mutter macht und sich selbst als folgsames Kind präsentiert. Es ist ein geradezu diplomatisches Angebot, bei dem keiner von beiden das Gesicht verliert: »… Wenn es durchaus sein muss.« Aber die Mama nimmt das Waffenstillstandsangebot nicht an. Dabei hätte gerade hier noch alles gut werden können. Wir können uns auch fragen, warum die Mutter das Angebot nicht annimmt, denn eigentlich ist Lottas Mama – wie alle Eltern bei Astrid Lindgren – eine sehr liebe Mama. Es wird wohl die Aggression sein, die in Lottas Friedensangebot fein verpackt ist. Denn genau genommen ist Lottas »Folgsamkeit« ein herablassendes Nachgeben gegenüber den »Launen« der Mutter, wodurch die Mutter zur Schuldigen, zu jener, die spinnt, wird. Das spürt sie wohl, und nun reicht es auch ihr.

Damit lässt sich nun aber für Lotta der schöne Kompromiss nicht mehr erreichen. Nicht nur, dass der Kakao nun wirklich gefährdet ist, wird sie – nach ihrer großen Geste – nun wie ein Baby in ihr Zimmer geschickt, was in hohem Maße kränkend ist.

Nun war Lotta ohnehin schon ziemlich böse gewesen, aber jetzt geriet sie richtig in Wut. Oh, wie war Mama dumm! Kein Kleid bekam man anzuziehen, bloß einen ekligen Pullover, der kratzte und piekte, und nun bekam man auch nichts zu essen! Oh, wie war Mama dumm!

»Du Dumme!« schrie Lotta und stampfte mit dem Fuß auf.

»So, Lotta«, sagte Mama, »nun ist es aber genug. Geh hinauf ins Kinderzimmer und bleib da, bis du wieder artig bist.«

Wir sehen, der Dialog ist hier bereits entgleist. Die Mutter findet keinen Bezug mehr zu Lottas Motiven. Und Lotta hat die Mutter verloren, die sie vielleicht gerade jetzt benötigen würde. Oder anders ausgedrückt: Die Mutter hat jenen Bereich möglicher Rollen verlassen, innerhalb dessen es für Lotta noch möglich gewesen wäre, den Konflikt mit ihr durchzustehen, ohne die Kontrolle zu verlieren und von ihren Affekten überschwemmt zu werden. Hier aber steht die Mutter im Augenblick nicht mehr zur Verfügung. Das Ergebnis ist Wut, Einsamkeit und in Folge die Wiederbelebung jener Zeiten, in denen die Objekte sich von einem Augenblick zum anderen von »ganz guten« zu »ganz bösen« verwandeln konnten. Mit anderen Worten: In diesem Augenblick hat

Lotta ihre »gute Mutter« verloren, geblieben ist nur die »böse Mutter« oder gar keine.[1]

Da begann Lotta zu brüllen, dass man es sogar bei Tante Berg im Nebenhaus hören konnte. Und sie rannte durch die Küchentür hinaus und die Treppe hinauf ins Kinderzimmer und brüllte unausgesetzt, so dass Tante Berg drüben den Kopf schüttelte und sagte:

»Nun hat Lottachen aber sicher Bauchweh!«

Aber Lotta hatte überhaupt kein Bauchweh, sie war nur wütend. Und als sie am wütendsten war, fiel ihr Blick auf den weißen Pullover. Der lag auf einem Stuhl und sah aus, als kratzte er schlimmer als je zuvor.

Lotta stieß ein Geheul aus und schmiss den Pullover auf den Fußboden. Aber dann verstummte sie. Auf dem Fußboden gleich neben dem Pullover lag eine Schere, die Lotta immer gebrauchte, wenn sie Anziehpuppen ausschnitt. Langsam hob Lotta die Schere auf und schnitt ein großes Loch in den Pullover.

»Das geschieht dir ganz recht«, sagte Lotta, »denn du kratzt und piekst.« Lotta fuhr mit der Hand durch das Loch. Oh, das war aber groß! Und es sah unheimlich aus, wie da eine ganze Hand heraus stak, wo keine Hand heraus stecken durfte. Lotta bekam Angst.

»Ich sage, ein Hund hat ihn kaputtgebissen«, sagte sie zum Teddy.

Man sieht, der Konflikt verlagert sich. Wir haben es jetzt mit einem klassischen *Aggressions-Über-Ich-Konflikt* zu tun: Lotta ist wütend, will den Pullover zerschneiden und weiß doch, dass es verboten ist. Vielleicht ist es noch mehr ein Ich- als ein Über-Ich-Konflikt, indem sie sich weniger vor den Einsprüchen ihres Gewissens als vor dem fürchtet, was dann die Mama sagen oder tun könnte. Da ist die Idee, den Hund als Ausrede zu gebrauchen, ganz entlastend, zumindest eine Zeitlang.

Sie hielt den Pullover hoch und betrachtete ihn lange. Dann nahm sie die Schere und schnitt einen Ärmel ab.

»Ich sage, er hat ihn ganz schrecklich kaputtgebissen«, sagte Lotta. Wieder hielt sie den Pullover hoch und betrachtete ihn lange. Dann nahm sie die Schere und schnitt auch den zweiten Ärmel ab.

»So'n Hund ist mir aber noch nie vorgekommen«, sagte Lotta. Doch dann bekam sie ernstlich Angst. Sie knüllte den Pullover zu einem Ball zusammen und stopfte ihn in den Papierkorb. Jetzt wollte sie ihn nicht mehr sehen.

---

1 Vgl. dazu Kap. 2: *Die ersten drei Jahre* in diesem Band.

Im selben Augenblick rief Mama unten von der Treppe: »Lotta, bist du wieder artig?«

Da weinte Lotta leise vor sich hin und sagte: »Nein, kein bisschen.« Sie nahm den Teddy in den Arm und drückte ihn an sich.

»Es geschieht ihnen aber auch ganz recht«, sagte Lotta, »wo sie alle so hässlich zu mir sind.«

Das war nicht wahr, und das wusste Lotta. Schneidet man aber einen Pullover kurz und klein, dann braucht man jemanden, auf den man die Schuld schieben kann.

»Doch, doch, sie sind alle hässlich zu mir«, sagte Lotta zum Teddy. »Bloß deshalb schneide ich ja Sachen kaputt.« Sie sah zu dem Papierkorb hinunter, in dem der Pullover lag. »Und außerdem hat es ein Hund getan«, sagte sie.

Aber die Tragödie findet hier noch kein Ende. Es war nämlich Zeit, dass Mama einkaufen ging und ins Kinderzimmer kam. Nun war sie es, die ein Friedensangebot machte, aber welches! Sie sagte:

»Mach schnell und sei wieder artig, Lotta, und zieh den Pullover an. Dann darfst du mitkommen zum Einholen.«

Einholen, das war das Schönste, was es für Lotta gab. Aber der Pullover, den sie anziehen sollte, lag ja im Papierkorb und war zerschnitten.

Und da hob Lotta von neuem ein Geschrei an, das bis zu Tante Berg zu hören war.

»Was in aller Welt ist mit dir los, Lotta?« fragte Mama. »Hast du die Absicht, den ganzen Tag solchen Krach zu machen? Ja, dann muss ich wohl allein einholen gehen.« Und dann ging Mama. Lotta saß auf dem Fußboden und schrie …

Was der Mutter als Kontinuität erscheint – Lotta fährt fort, verrückt zu sein, ein Schreien nach dem anderen –, ist, wie wir sehen, in Wirklichkeit eine Aufeinanderfolge immer neuer Situationen mit immer neuen (inneren) Konflikten. Nun handelt es sich nicht mehr um einen Trotzkonflikt (wie angesichts des verlockenden Kakaos), auch nicht mehr um einen Aggressionskonflikt, wie gerade eben. Jetzt ist nichts mehr da als *pure Verzweiflung*. Verzweiflung über das, was geschehen ist, und darüber, nun auch nicht mit der Mama einkaufen gehen zu können, was sie so gerne tut. Und sie kann jetzt nicht einmal mehr brav sein und den Pullover anziehen, den es nicht mehr gibt. Aber erklären kann sie es auch nicht. Mit einem Wort: Kein Ausweg. Wirklich *kein* Ausweg?

Lotta saß auf dem Fußboden und schrie, so lange sie konnte. Dann wurde sie still und begann zu überlegen.

Es würde noch so kommen, sagte sich Lotta, dass sie ihr ganzes Leben lang im Kinderzimmer sitzen musste bloß wegen dieses Pullovers. Alle anderen gingen einkaufen und gingen in die Schule und ins Büro oder hatten etwas anderes Schönes vor, aber Lotta musste ganz allein ohne Kleid mit dem Teddy im Kinderzimmer auf dem Fußboden sitzen.

»Da ist es schon besser, wir gehen weg«, sagte Lotta zum Teddy. O gewiss, man konnte ja gehen. Maja, die Hausgehilfin von Frau Larsson, war auch gegangen. Es hätte ihr bei Larssons nicht gefallen, sagte Mama.

»Und mir gefällt es bei Nymans nicht«, sagte Lotta zum Teddy. Nymans, das waren Mama und Papa, Jonas und Mia-Maria – und natürlich Lotta selbst.

»Die sind so hässlich zu mir, die Nymans«, sagte Lotta. Es geschieht ihnen ganz recht, wenn wir weggehen.« Lotta beschloss, sofort auszuziehen.

»Wir müssen schnell machen, sonst kommt Mama wieder nach Hause«, sagte sie zum Teddy, »und dann geht es nicht mehr.« Aber sie wollte nicht weggehen, ohne dass es bemerkt wurde. Mama sollte es wissen, und sie sollte weinen, weil Lotta nicht mehr da war. Darum nahm sie jetzt Papier und Bleistift und schrieb einen Zettel an Mama.

Jonas hatte ihr das Lesen und Schreiben der Druckbuchstaben beigebracht. Es war ziemlich schwer, aber es ging, und auf dem Zettel stand Folgendes:

ICH BIN WEGESOGEN KUKT IM PAPIRKORP

Das sollte heißen: Ich bin weggezogen, guckt in den Papierkorb. »Dann weiß Mama gleich, weshalb ich weggezogen bin«, sagte Lotta.

Und dann nahm sie ihren Teddy und zog aus. Wie sie ging und stand, nur mit Hemdchen und Höschen und Strümpfen bekleidet. Vorher ging sie noch schnell in die Küche und trank den Kakao. Das Käsebrot nahm sie mit und aß es auf dem Flur auf.

Was uns Lotta hier demonstriert, ist einer der wichtigsten psychischen Mechanismen überhaupt: die *Wendung von der Passivität zur Aktivität.* »Nicht ihr verlasst mich, sondern ich verlasse euch!« Das stellt zum einen das narzisstische Gleichgewicht wieder her, denn das aktive Verlassen heißt auch: »Ich bin nicht auf euch angewiesen!« Zum anderen nimmt es Angst weg. Denn wenn ich auf jemanden nicht angewiesen bin, kann mich die Verstimmung mit ihm oder sein Verlust ja auch nicht beängstigen. Diese Wendung von der Passivität zur Aktivität liegt auch vielen Spielen der Kinder zugrunde.

Aber es wäre nicht Astrid Lindgren, wenn Lotta nur auszöge, und Lotta wäre kein normales Kind, wenn sie tatsächlich ihr Elternhaus verließe und nicht wieder käme. Lotta beschließt, zu Tante Berg, der Nachbarin, zu ziehen. Diese richtet ihr tatsächlich ein Zimmer her, da gibt es sogar noch eine Puppe aus Tante Bergs eigener Kindheit mit verschiedenen Kleidern und anderes mehr. Lotta ist selig, sie ist wohl das einzige Kind auf der Welt mit einer eigenen Wohnung. Sie empfängt sogar den Besuch der Mama und des Papas und der Geschwister, die sie sehr um ihr neues Heim beneiden.

Das Glück ist vollkommen, allerdings nur bis zur Dämmerstunde. Es wird immer dunkler, niemand kommt mehr, und es wird ihr immer klarer, dass sie die Nacht ganz alleine verbringen wird müssen. Vom Fenster aus kann sie das Elternhaus sehen, macht hinter den beleuchteten Fenstern die Schatten ihrer Eltern und Geschwister aus und möchte im Moment nichts mehr auf der Welt, als selbst wieder dort sein. Und langsam überkommt die kleine Lotta das richtige Elend. Doch gerade als die Verzweiflung so richtig groß werden will, stehen Papa und Mama in der Tür, schließen ihre Lotta in die Arme und nehmen sie wieder mit zurück nach Hause.

Der Schritt in die Autonomie, die Wendung zur Aktivität war für Lotta eine große Entlastung für den Augenblick, aber konnte keine endgültige Lösung sein. Denn die Lösung der Probleme dieses schrecklichen Vormittags lag letzten Endes nicht in der Aufkündigung, sondern in der Wiederaufnahme der Liebesbeziehungen.

Madita, Michel, Peter und nochmals Lotta

Der Autonomie-Abhängigkeits-Konflikt

Der Konflikt zwischen Autonomie- und Abhängigkeitsbedürfnissen, mit der Lottas Umzuggeschichte endet, spielt bei Astrid Lindgren eine große Rolle. Etwa in der Variante der Zwiespältigkeit der Erregung, die sich einstellt, wenn gewohnte Bahnen verlassen werden, Neues oder Abenteuerliches unternommen werden soll. Jene Art Erregung, die zwischen Lust und Angst pendelt und in eine befriedigende Erleichterung mündet, in welcher sich die überwundene Gefahr mit dem Stolz paart, sich getraut zu haben.

Ein Beispiel dafür sind die Geschichten von *Madita.* Madita ist fast sieben Jahre alt und hat einen Freund, Abbe Nilsson. Das ist schon ein großer Bub, vierzehn Jahre alt, mit dem Madita eine Art Kampfesfreundschaft verbindet. Eines Tages fragt nun Abbe Madita, ob sie hellsichtig sei. Allerdings weiß Madita nicht, was »hellsichtig« heißt, worauf sie von Abbe darüber aufgeklärt wird, dass Hellsichtigsein bedeutet, Gespenster sehen zu können. Er, Abbe, hätte diese Fähigkeit, im Unterschied zu den meisten Sterblichen. Er besuche, so behauptet er, fast täglich um Mitternacht in der Waschküche seiner Eltern den Geist seines Ururgroßvaters. Mit diesem hat es nämlich eine besondere Bewandtnis. Abbe ist der Sohn einer armen Häuslerfamilie, der Vater ist meist betrunken, und die Mutter liegt fast den ganzen Tag im Bett, und die gesamte Arbeit muss von Abbe geleistet werden. In Wirklichkeit jedoch, behauptet Abbe, sei dieser Ururgroßvater der allerreichste Graf gewesen, den man sich vorstellen kann, weshalb er, Abbe, auch ein Graf sei, allerdings dürfe das niemand wissen. Das Problem, warum der arme Ururgroßvater keine Ruhe in seinem Grab finde wie andere Grafen, bestehe darin, dass er einst, vor hundert Jahren, einen großen Haufen Geld in seinem Brauhaus – der jetzigen Waschküche von Tante Nilsson, der Mutter Abbes – vergraben hatte. Dieser Schatz lässt ihm keine Ruhe, darum muss er jede Nacht nachschauen kommen. Man müsste etwas unternehmen, um rauszukriegen, wo das Geld vergraben sei. Dazu müsse man mit dem Geist reden, aber um das zu können, muss man hellsichtig sein.

»Na, kommst du nun mit?« fragte Abbe noch strenger als vorher. »Ja-a«, sagte Madita, »doch, dann komm ich wohl mit.« »Famos«, sagte Abbe. »Auf dich kann man sich verlassen.«

Madita und Lisabet (Lisabet ist Maditas kleine Schwester) gehen abends immer um sieben zu Bett. Dann kommt Mutti noch für ein Weilchen herein, erzählt ihnen Märchen und singt ihnen etwas vor. Ganz zum Schluss singen dann alle zusammen, Mutti, Madita und Lisabet, ein Lied. Manchmal ist auch Vati dabei, dann singen sie zweistimmig. »Schön ist der Abend, friedlich und still«, singen sie. Madita wird immer so froh, wenn sie hört, wie schön es klingt, und beinahe noch froher machen sie die Worte, wenn sie auch nicht weiß, warum …

Doch dieser Abend ist nicht lieblich und still. Er ist alles andere als das.

Bei dem bloßen Gedanken an das, was sie vorhat, läuft Madita ein Schauder nach dem anderen über den Rücken, aber die Schauder sind gar nicht so unangenehm. Das Unbekannte und Spannende lockt und lockt. Und da sie sich nun einmal entschlossen hat, zu Nilssons Waschhaus zu gehen, um festzustellen, ob sie hellsichtig ist, da ist das etwa so, als wenn sie zum Zahnarzt muss: Am schlimmsten ist es, ehe bestimmt worden ist, dass sie hin muss. Danach ist es gar nicht mehr so arg. Und wenn Abbe es aushalten kann, Gespenster zu sehen, dann wird sie es ja wohl auch fertigbringen. Das glaubt sie jedenfalls, solange sie noch im Bett liegt. Vati und Mutti haben schon längst gute Nacht gesagt. Jetzt wartet Madita nur darauf, dass Lisabet einschläft, denn was sie vorhat, ist so geheim, dass nicht einmal Lisabet etwas davon wissen darf.

Dann wird es ganz aufregend, denn sie muss warten, bis Lisabet eingeschlafen ist, muss sich im Finstern anziehen, über eine Veranda auf jenen Apfelbaum hinaufklettern, von dem sie dann in Abbes Garten gelangen kann. Durch das Quietschen des Veranda-Fensters wäre sie bald erwischt worden. Nun ist sie auf dem Dach und hört noch leise das Klavierspiel ihrer Mutter in der schönen warmen und hellen Stube.

Alles, was lieb und traulich ist, lässt sie jetzt hinter sich. Vor ihr liegen nur Finsternis und Gefahr.

Es ist November. Ein dunkler, kalter Novemberabend, viel unheimlicher, als sich Madita ihn vorgestellt hat. Der Wind heult durch die Bäume. Sie haben das Laub verloren, das sonst immer so freundlich rauschte, und klappern jetzt mit den Zweigen, als wollten sie sie erschrecken. Dann steht Madita im Dunkeln vor Abbes Fenster. Sie sieht Nilssons in der Küche sitzen, Abbe und seine Mutter und seinen Vater. Wie gern würde sie jetzt zu ihnen hineingehen und dort sein, wo Licht und Wärme ist, aber Abbe hat gesagt, sie soll vor dem Fenster warten und wie ein Käuzchen rufen. Madita ist gehorsam und tut es gleich. Es klingt so unheimlich, dass sie es selber mit der Angst bekommt und Tante Nilsson da drinnen zusammenschrickt. Aber auch in Abbe kommt Leben. Er springt vom Stuhl und stülpt sich die Mütze auf den Kopf. Jetzt ist er schon an der Tür. Madita sieht ihn im matten Schein der Petroleumlampe …

Weit hinten in Nilssons Garten, ganz unten am Fluss, liegt das Waschhaus. Ein schmaler, ausgetretener Pfad führt dorthin. Abbe hat eine Taschenlampe mitgenommen, und damit leuchtet er jetzt, damit sich Madita nicht den Kopf an irgendeinem bemoosten Apfelbaum stößt. So nett und besorgt ist Abbe! »Darf ich dich an der Hand fassen?« fragt Madita. »Ich seh dann besser« …

Das Waschhaus liegt dort dunkel und schwarz, es sieht wahrhaftig allemal wie ein Spukhaus aus. Und es ist da so unheimlich still. Kann das wirklich dasselbe Häuschen sein, das so gemütlich und voll munterer Geräusche ist, wenn Tante Nilsson dort wäscht?

Sie hat Angst, und das spürt er. Die Taschenlampe hat er ausgeknipst, und jetzt packt er den großen, schweren Schlüssel und will ihn gerade herumdrehen, aber auf einmal hält er inne.

»Also, sag jetzt, ob du es willst oder nicht«, flüstert er.

»Ich hab nur gedacht, du möchtest vielleicht gern mal'n Gespenst sehen, aber du brauchst nicht, wenn du nicht willst.«

In diesem Augenblick rasselt der Wecker in der Waschküche los, als wollte er sämtliche Nachtgespenster aufschrecken, um ihnen mitzuteilen, dass Madita jetzt kommt. Es klingt schaurig.
Den Wecker hat nämlich Abbe auf neun Uhr gestellt, damit der Ururgroßvater, der ja normalerweise erst um Mitternacht zur Geisterstunde erscheint, schon früher aufwacht, denn bis Mitternacht hätte es Madita nicht geschafft, wach zu bleiben.

»Hau ruhig ab«, sagte Abbe. »Noch ist es Zeit, denn es dauert bestimmt 'ne Weile, bis der Alte munter wird.«

Natürlich hat Madita Angst, so große Angst, dass sie zittert, aber wie soll sie denn je erfahren, ob sie hellsichtig ist, wenn sie jetzt nicht die Gelegenheit ergreift?

»Ich will ihn sehen«, murmelt sie. »Aber nur für einen ganz kleinen Augenblick.« ...

Den Rest verrate ich nicht. Wie es weitergeht, müssen Sie selbst lesen!

Die unschuldig schlimmen Kinder

Einer der Gründe, warum Astrid Lindgren lange Zeit (vorzugsweise bei Pädagogen) Anstoß erregte, war der Vorwurf, dass ihre Kinder *schlimme Kinder* seien. Dahinter steckt die Vorstellung, die viele Pädagogen selbst heute noch haben, dass eine gute Kindergeschichte stets eine »gute Lehre« vermitteln müsste. Astrid Lindgren nahm in einem Interview (ORF 1993) auch dazu Stellung; dabei argumentierte sie gar nicht mit dem uns nahe liegenden Hinweis, dass Kinder schließlich nicht nur schlimm *sind,* sondern es bis zu einem bestimmten Grad auch *sein müssen* – sie sagte etwas ganz anderes. Sie sagte: »Das ist alles nicht wahr. Die Kinder meiner Geschichten sind alle *gute und brave Kinder!«* In diesem Satz spricht sie etwas ganz Wichtiges aus. Es handelt sich darum, dass die Streiche und Gräueltaten der Kinder häufig ohne deren Absicht geschehen. Das Schlimmsein *passiert* einfach, zumindest so lange, als das Kind sich seine Lebendigkeit bewahrt hat. Wird man dann bestraft, macht das zunächst wütend. Dazu aber kann das Gefühl kommen, (wieder) versagt zu haben, es einfach nicht zu schaffen, so zu sein, wie es sich die Eltern wünschen.

Eines der Kinder Astrid Lindgrens, dem ein Streich nach dem anderen *passiert,* ist *Michel in der Suppenschüssel.* Seinen Namen hat er, weil er einmal seinen Kopf so tief in die Suppenschüssel tauchte, dass er stecken blieb. Nachdem der Arzt ihn befreit hatte, wollte er zu Hause zeigen, wie es passiert sei ... Jedenfalls steckte der Kopf abermals in der Schüssel. Und solche Sachen widerfahren dem Michel täglich, worauf er vom Vater in den Schuppen gesperrt wird, wo er ein Männchen schnitzt – jedes Mal eines. Einmal sammelten die Bewohner von Lönneberga – dem Wohnort Michels und seiner Familie – Geld, um ihn weit weg nach Amerika zu schicken. Aber Michels Mama wurde daraufhin furchtbar böse, schleuderte das Geld aus dem Fenster und rief: »Michel ist ein netter kleiner Junge. Wir haben ihn lieb, so wie er ist!« (Wir sehen, auch Astrid Lindgrens Bücher enthalten »Lehren«, sie richten sich jedoch eher an die Eltern, aber davon später.)

Vorhin habe ich schon erzählt, dass Lina (das ist die Magd, auch eine, die Michel nach Amerika schicken wollte; H. F.) nicht ohne den schrillenden Wecker wach zu bekommen war; aber an einem Morgen wurde sie jedenfalls durch etwas anderes geweckt. Es war am 27. Juli, gerade an dem Tag, als Michel Fieber hatte. Kann man sich so was Schreckliches vorstellen – schon um vier Uhr morgens wachte Lina auf, weil ihr eine große Maus genau über das Gesicht lief. Sie fuhr mit einem Aufschrei hoch und kriegte ein Holzscheit zu fassen, aber die Maus war schon in einem Loch neben der Holzkiste verschwunden. Michels Papa war außer sich, als er von der Maus hörte.

»Das ist ja eine schöne Geschichte«, sagte er. »Mäuse in der Küche! Die können uns das Brot und das Fleisch auffressen.«

»Und mich«, sagte Lina. »Ja, und dann unser Fleisch und unser Brot«, sagte Michels Papa. »Wir müssen die Katze diese Nacht in der Küche lassen!«

Michel hörte das von der Maus, und obwohl er Fieber hatte, überlegte er sich gleich, wie er sie fangen könnte, falls es mit der Katze nicht so ganz klappen sollte.

Um zehn Uhr am Abend dieses 27. Juli war Michel absolut fieberfrei und voller Tatendrang. Um diese Zeit schliefen all die anderen auf Katthult, Michels Papa, Michels Mama und Klein-Ida in der Kammer neben der Küche, Lina in ihrem Küchenbett und Alfred in seiner Knechtshütte neben dem Tischlerschuppen.

Schweine und Hühner schliefen im Schweine- und im Hühnerstall, Kühe und Pferde und Schafe schliefen draußen auf den grünen Wiesen – aber in der Küche saß die Katze hellwach und hatte Sehnsucht nach der Scheune, denn dort gab es mehr Mäuse.

Hellwach war auch Michel. Und aus seinem Bett in der Kammer kam er leise in die Küche geschlichen. »Armes Schnurrchen«, sagte er, als er die Katzenaugen hinten an der Küchentür leuchten sah, »hier sitzt du nun.«

»Miau«, antwortete Schnurrchen. Und tierfreundlich, wie er war, der kleine Michel, ließ er Schnurrchen hinaus.

Die Maus musste natürlich gefangen werden, das war Michel klar, und weil die Katze jetzt nicht mehr da war, musste es auf irgendeine andere Weise geschehen. Deshalb nahm Michel eine Mausefalle und stellte sie mit einem kleinen Stück Speck neben der Holzkiste auf. Dann aber dachte er nach. Wenn die Maus die Falle sah, sobald sie ihre Nase aus dem Loch steckte, würde sie misstrauisch werden und sich überhaupt nicht mehr fangen lassen. Es wäre besser, dachte Michel, wenn die Maus erst einmal in aller Ruhe in der Küche herumstrolchen könnte und dann ganz plötzlich die Falle dort finden würde, wo sie sie am wenigsten vermutete. Michel dachte auch kurz daran, die Falle auf Linas Gesicht zu stellen, weil die Maus gerade dort gern herumlief. Aber er fürchtete, Lina könnte aufwachen und alles verpatzen. Nein, es musste woanders sein. Warum eigentlich nicht unter dem großen Klapptisch? Gerade dorthin müsste doch eine Maus laufen, um nach heruntergefallenen Brotkrumen zu suchen. Natürlich nicht gerade unter dem Platz von Michels Papa, da war es nur mager mit Brotkrümeln bestellt.

»Wie schrecklich«, sagte Michel und blieb mitten in der Küche stehen. »Wenn die Maus nun mal ausgerechnet dorthin kommt und findet keine Brotkrümel und knabbert statt dessen an Papas großem Zeh!« Das durfte nicht geschehen, dafür würde Michel sorgen. Und deshalb stellte er die Mausefalle dorthin, wo sein Papa immer die Füße hinsetzte. Dann kroch er, sehr zufrieden mit sich, wieder ins Bett.

Erst am hellen Morgen wachte er auf, und es war ein lautes Geschrei aus der Küche, das ihn geweckt hatte. Die freuen sich, dass die Maus gefangen ist, deshalb schreien sie so, dachte Michel, aber in dem Augenblick kam seine Mama hereingestürzt. Sie zerrte ihn aus dem Bett und zischte ihm ins Ohr:

»Schnell raus mit dir in den Tischlerschuppen, bevor Papa seinen großen Zeh aus der Mausefalle rausbekommt! Schnell – sonst, glaube ich, hat deine letzte Stunde geschlagen.«

Ja, solches Pech geschieht dem Michel immer wieder. Zu Mittag kommt er wieder heraus, und als er seinen Papa mit eingebundenem Fuß sieht, tut er ihm furchtbar leid. An diesem Tag gibt es Blutwurstknödel zum Mittagessen…

Michel schämte sich und bereute seinen dummen Unfug mit der Mausefalle. Nun wollte er seinen Papa wieder froh machen, und weil er wusste, dass sein Papa Blutklöße über alles liebte, nahm er die Steingutschüssel und hielt sie aus dem Fenster.

»Guck mal«, schrie er jubelnd, »heute Mittag gibt's Blutklöße!« Sein Papa nahm den Strohhut vom Gesicht und sah mit düsterem Blick zu Michel hoch. Noch hatte er die Mausefalle nicht vergessen, das merkte man. Um alles wieder gut zu machen, strengte Michel sich noch mehr an. »Guck mal, Papa, so viel Teig!« jauchzte er und hielt die Schüssel noch weiter hinaus. Aber – kann man sich so was Schreckliches vorstellen? – er konnte sie nicht mehr halten, und die Steingutschüssel mit ihrem blutigen Inhalt fiel genau auf Michels Papa hinunter, wie er da lag, die Nase in der Luft. »Blupp«, sagte Michels Papa, denn mehr kann man nicht sagen, wenn man in Blutklößeteig eingemauert ist.

Ja, so geht es immer weiter mit dem Michel, und Ähnliches passiert vielen Lindgren-Kindern.

Eifersucht und Schadenfreude

Aber man muss Astrid Lindgren auch etwas Lügen strafen: Denn nicht immer sind ihre Kinder *nur* »gut«, und nicht immer passieren ihre Streiche und Taten so ganz absichtslos. Natürlich sind auch das keine *bösen* Kinder. Worum es vielmehr geht, ist, dass eben auch Eifersucht, Neid, Wut, Schadenfreude usw. – also die ganze Palette »niederer« Strebungen – zum Kind, zu uns Menschen gehört. Und dass es nicht darum geht, diese Regungen zu verhindern oder zu unterdrücken, sondern sie zu verstehen.

Da ist etwa *Peter*, der ein Geschwisterchen bekommt, das er sich sogar gewünscht hat. Es geht also um eines der größten Probleme des Kinderlebens. Dabei gibt es immer noch (gar nicht so wenige) Eltern, die der Illusion erliegen, sie könnten ein zweites Kind in die Welt setzen, ohne dass das erste eifersüchtig würde. Man stelle sich vor, eine Frau würde ihren Mann mit der Mitteilung überraschen: »Lieber Mann, ich habe einen anderen kennen gelernt, den ich sehr liebe. Aber sorge dich nicht, ich liebe auch dich immer noch. Wir werden nur ab jetzt zu dritt leben!« Der Mann würde wohl den Koffer packen – seinen oder den seiner Frau –, aber das kann sich *das Kind* nicht leisten. Das Kind muss den Schmerz, den Thron verlassen zu müssen, ertragen, ebenso die Eifersucht, die Wut und die Kränkung. Sogar die liebe Nachbarin, die stets ein nettes Wort bereit hatte und es bewunderte, weil es schon wieder gewachsen war und so gescheit sei, übergeht es ab sofort, hat nur mehr Augen für den Kinderwagen und macht nur mehr »Tutututututu ...«, statt sich um das Große zu kümmern. Diese Verirrung der Eltern mag zum Teil auch damit zusammenhängen, dass sich viele Kinder (zunächst) ein Geschwisterchen wünschen. Aber natürlich macht es einen großen

Unterschied, sich einen Bruder oder eine Schwester zu *wünschen* oder zu *haben.* Ganz abgesehen davon, dass sich die Kinder eher eine Art Spielpuppe vorgestellt hatten, während es sich bald als Quälgeist und Nebenbuhler entpuppt.

Auch Peter hatte sich ein Geschwisterchen gewünscht und prompt eines bekommen – die Mutter war nämlich schon schwanger gewesen. Dann kam es auf die Welt:

»Sie heißt Lena«, sagte Mama.

Lena konnte nicht laufen und nicht sprechen, bloß brüllen. Wenn sie schrie, kam Mama und nahm sie aus ihrem Bett und legte ihre Wange gegen Lenas Wange und sagte, sie sei das niedlichste Kind auf der ganzen Welt. Ja, außer Peter natürlich. Wenn Lena Hunger hatte, gab Mama ihr zu trinken. Jeden Abend wurde Lena in einer Wanne gebadet, und Papa und Peter schauten zu. Mama und Papa hatten Lena sehr, sehr lieb. Peter aber gar nicht. Peter hatte Lena gar nicht lieb, wenn er es sich richtig überlegte. Es machte überhaupt keinen Spaß, eine Schwester zu haben. Und es war doch wirklich komisch, dass Mama und Papa dieses Bündel lieb hatten, das bloß immer brüllte. Aber sie hatten es wirklich lieb, das war deutlich zu sehen. Vielleicht hatten sie Lena sogar lieber als Peter. Das schien Peter so. Und als ihm das einfiel, wurde er ganz furchtbar böse auf Lena.

Ich war schön dumm, als ich sagte, ich wollte Geschwister haben, dachte er. Warum habe ich mir nicht statt dessen lieber ein Dreirad bestellt! Und er überlegte sich, ob er Lena nicht vielleicht gegen ein Dreirad umtauschen oder aber sie verkaufen und für das Geld ein Dreirad kaufen könnte. Es gibt aber sicher niemanden, der sie haben will, dachte er und haute Lena, die auf einer Decke auf dem Fußboden lag.

Da kam Mama und packte Peter fest am Arm und sagte, er solle sich schämen, dass er das Schwesterchen schlage. Und nun wurde Peter noch wütender auf Lena und auf Mama auch, und er stieß mit den Füßen nach Mama. Er ärgerte sich. Aber er schämte sich auch ein wenig. Er wollte es aber nicht zeigen.

Lena schrie, und Peter meinte, es wäre gut, wenn man sie an einer Leine aus dem Fenster hängen könnte, damit man nicht mit anzuhören brauchte, wie sie brüllte.

Wenn Mama Lena im Arm hatte und ihr zu trinken gab, machte Peter immer so viel Unfug, wie er nur konnte. Bloß damit Mama gezwungen war, Lena beiseite zu legen und zu ihm zu laufen und nachzusehen, was er machte. Einmal nahm er eine Schere und schnitt sich fast alle Haare ab, und ein andermal nahm er die Teekanne und schmiss sie auf den Fußboden, dass es nur so knallte. Da kam Mama angerast, und das war schön. Schließlich war sie ja zuallererst Peters Mutter gewesen und nicht Lenas. Eines Tages war Peter ganz unglücklich. Er saß in einer Ecke und weinte, denn er glaubte, Mama und Papa hätten nur Lena lieb und ihn gar nicht. Da kam Mama zu ihm und zog ihn auf den Schoß und wiegte ihn hin und her, genauso wie sie es immer mit Lena machte. Und dann sagte sie: »Ich habe dich ganz furchtbar lieb, Peter. Zuerst hatte ich meinen kleinen Peter lieb, und jetzt habe ich meinen großen Peter lieb.« Da kuschelte Peter sich noch tiefer in Mamas Arme, und dann sagte er: »Lena ist wirklich dumm!« – »Lena ist nicht dumm«, sagte Mama. »Lena ist klein. Und kleine Kinder machen sehr viel Mühe.« – »Jaaa«, sagte Peter.

Schließlich gibt die Mama Peter die Gelegenheit, seine Eifersucht in Fürsorge zu kompensieren, was möglich ist, weil ihm das zugleich ein Gefühl der Überlegenheit gibt. Psychoanalytisch ausgedrückt könnte man vielleicht sagen, Peter habe seine Eifersucht und Aggression *sublimieren* können.

Um Geschwisterrivalitäten geht es auch oft bei den Kindern aus der »Krachmacherstraße«, deren jüngstes Lotta ist, die wir ja schon kennen. Köstlich sind die Berichte von Lottas älterer Schwester Mia-Maria, die erzählt, wie sie und Jonas, der große Bruder, stets versuchen, Lotta »liebevoll« in ihre Spiele einzubeziehen. So »darf« Lotta zum Beispiel einen Seeräuber spielen, der sich lautlos unter dem Bett verbirgt. Oder sie spielen Schutzengel, und Lotta ist das Kind, das im Bett liegt und von den umherfliegenden Engeln beschützt wird. Oder sie spielen Spital, und Lotta ist das kranke Kind, das still im Bett liegen muss ...

Aber auch Lotta steht nicht zurück, ihre ambivalenten Gefühle zu zeigen. Da wurde einmal ein Ausflug unternommen, und Jonas fiel ins eiskalte Wasser, war ganz nass und holte sich einen Schnupfen. Aber das Schlimmste kam noch. Als sie nach Hause fahren wollten, war Lottas Teddy, der rosa Schweinsteddy – der Leser/ die Leserin erinnert sich – plötzlich verschwunden. Es ist bekannt, dass der Verlust der Lieblingspuppe, des Lieblingstieres für kleine Kinder eine wirkliche Katastrophe sein kann, weil es (unbewusst) die (im Gegensatz zur wirklichen) stets verfügbare Mutter repräsentiert. Diese Rolle eines »Übergangsobjekts«, wie Winnicott (1971) es nennt, kann auch eine alte Windel, ein Taschentuch u. a. m. einnehmen. Endlich wurde aber der Schweinsteddy wieder gefunden, sie fuhren nach Hause, und der Tag hatte ein glückliches Ende gefunden:

Mama und Papa kamen abends ins Kinderzimmer, um uns gute Nacht zu sagen, wie immer am Abend. Und Papa stellte sich an Lottas Bett. Da lag sie mit ihrem schmutzigen Teddy neben sich. »Na, Lotta«, sagte Papa, »was war denn nun das Schönste vom ganzen Tag? Das war doch sicher, als wir den Teddy gefunden haben?«

»Nee, das Schönste war, als Jonas in den See gefallen ist«, sagte Lotta.

Pippi Langstrumpf

Schließlich noch ein paar Worte zu *Pippi*, an der man einfach nicht vorbeigehen kann, wenn man über Astrid Lindgren schreibt. Da Pippi Langstrumpf so populär ist, brauche ich auch nicht so viel über sie und ihre Geschichte erzählen und kann mich auf ein paar Wesentlichkeiten beschränken.

In der Person Pippis vereinigt sich so viel, was der Phantasie der Kinder lieb und teuer ist: das traurige Schicksal des Waisenkindes; auf der anderen Seite die traumhaften Vorteile der völligen Unabhängigkeit: keine Mama zu haben, die sagt, wann man ins Bett gehen muss; niemand, der einen ermahnt, was sich gehört oder nicht, der einen in die Schule schickt oder sonst welche Vorschriften macht; jenseits aller gesellschaftlichen Konventionen leben zu können, sogar mit einem Affen und einem richtigen Pferd als Hausbewohner; schließlich Reichtum, Macht und Stärke zu haben: Pippi besitzt ja bekanntlich einen richtigen Schatz, ist unglaublich stark, vermag selbst ihr Pferd in die Höhe zu heben und natürlich jeden Dieb oder sonstigen Bösewicht zu vertreiben und zu besiegen.

Doch all das ist nicht das einzige, was die Wirkung von *Pippi Langstrumpf* auf die Kinder ausmacht. Genauso wichtig wie die Figur der Pippi sind ihre beiden Freunde Thomas und Annika, von denen jene, die mit *Pippi Langstrumpf* nicht so vertraut sind, vielleicht gar nichts wissen. Aber selbst wenn man *Pippi Langstrumpf* gut kennt, scheinen die beiden eine eher unbedeutende Nebenrolle zu spielen. Es handelt sich bei Thomas und Annika um die Nachbarskinder von Pippi. Und sie sind ganz brave, gesittete, ordentliche, angepasste Durchschnittskinder. Als solche aber sind sie – psychologisch gesehen – für das, was die Figur der Pippi den kleinen Lesern bedeuten kann, von entscheidender Wichtigkeit: Thomas und Annika sichern, dass die Kinder angesichts der Unabhängigkeit Pippis (die zugleich Fehlen von Geborgenheit und erlebter Liebe ist), angesichts ihrer Frechheit, Stärke und Macht (die zugleich Ablehnung vonseiten der anderen und Einsamkeit einbringt) nicht verzagen müssen. Denn in Pippi begegnen ihnen ihre Träume und narzisstischen Phantasien, in Thomas und Annika dagegen ihre eigene Lebensrealität – und zwar sowohl was die äußeren Lebensumstände als auch die eigene Schwäche und Bedürftigkeit betrifft. Ja, selbst im Hinblick auf die eigenen hochfahrenden Zukunftspläne ist das Leben Pippis in hohem Maße ambivalent. Denn irgendwann einmal wollen die Kinder doch auch groß sein, schreiben, lesen und rechnen können und einen schönen Beruf haben. Das »historische Element«, das in den Märchen und vielen Kindergeschichten den Kindern erlaubt, über die Beschränktheit ihrer Gegenwart hinaus zu blicken,[2] fehlt in Astrid Lindgrens *Pippi Langstrumpf.* Diese Funktion wird vielmehr dadurch erreicht, dass den Kindern mit Thomas und Annika auf der einen und Pippi auf der anderen Seite völlig konträre, polare Identifizierungsobjekte zur Verfügung gestellt werden: Erst dadurch, dass die Kinder aus ihrer Identifizierung mit Pippi stets und immer wieder zur Identifizierung mit Thomas und Annika »zurück kehren« können, kommen sie überhaupt in die Lage, sich unerschrocken den Träumen hingeben zu können, die durch Pippi repräsentiert werden.

Schluss

Der Leser/die Leserin wird sich denken können, dass die Abfassung dieser Arbeit – und das hieß vor allem: Astrid Lindgrens Geschichten (wieder) zu lesen – für mich sehr lustvoll war. Weshalb ich ihn/sie anregen möchte, es mir gleichzutun. Und zwar nicht nur der Freude wegen und schon gar nicht aus »intellektuellem Interesse an guter Kinderliteratur« heraus. Zwar habe ich die ganze Zeit von der Bedeutung guter Kinderliteratur für die Psyche der Kinder geschrieben. Darüber hinaus glaube ich aber, dass diese Kinderbücher im Grunde die besten pädagogischen Ratgeber für Eltern und Erzieher sind: Wenn es Kindergeschichten gelingt, die Kinder in entängstigender Weise mit ihren seelischen Regungen und Konflikten zu konfrontieren, so kann eben das auch bei erwachsenen Lesern passieren. Diese Geschichten können für die Erwachsenen eine Art *Übergangsraum* (im Sinne Winnicotts) eröffnen, in welchem sie sich mit den kindlichen Gefühlen, Ängsten und Triebstrebungen konfrontieren können, ohne unmittelbar real betroffen zu sein, weshalb diese Strebungen auch nicht sofort abgewehrt werden müssen. Das mag ihnen ermöglichen, sich mit Zügen der Kinder identifizieren zu können, die sie im Alltag mit eigenen Kindern entweder gar nicht bemerken würden oder unterdrücken müssten. Damit wäre aber ein wichtiger Weg zu besserem Verstehen der Kinder gewiesen, ein Weg, der (ein Stück wenigstens) um die infantile Amnesie herumführt.

Beschließen soll diese Arbeit aber unsere kleine Lotta. Wir befinden uns

2 Vgl. Kap. 6 *Der goldene Vogel* in diesem Band.

zwei Jahre vor ihrem dramatischen Umzug zu Tante Berg, Lotta ist gerade drei Jahre alt. Erzählt wird die Geschichte von ihrer Schwester Mia-Maria. Übertiteln möchte ich diese Geschichte mit einem weiteren Problem, das im Zusammenleben zwischen Kindern und Erwachsenen immer wieder eine Rolle spielt. Ich will es *Sprachverwirrung* nennen.

Lotta ist böse, weil sie nicht so groß ist wie Jonas und ich. Jonas und ich dürfen ganz allein bis zum Marktplatz gehen, aber Lotta darf das nicht. Jonas und ich gehen samstags auf den Markt und kaufen Bonbons bei den Marktfrauen, die dort stehen. Aber wir bringen Lotta auch Bonbons mit; das müssen wir nämlich.

Einmal an einem Samstag regnete es so furchtbar, dass wir fast nicht auf den Markt gehen konnten. Aber wir nahmen Papas großen Regenschirm und gingen trotzdem, und wir kauften uns rote Bonbons. Als wir nach Hause gingen, da gingen wir unterm Regenschirm und aßen Bonbons, und das machte Spaß. Aber Lotta konnte nicht einmal auf den Hof rausgehen, nur weil es so furchtbar regnete. »Wozu muss es regnen?« fragte Lotta. »Damit Korn und Kartoffel wachsen können und wir was zu essen bekommen«, sagte Mama. »Wozu muss es denn auf dem Markt regnen?« fragte Jonas. »Ist es wegen der Bonbons, damit die wachsen können?« Da hat Mama nur gelacht. Als wir abends im Bett waren, sagte Jonas zu mir:

»Du, Mia-Maria, wenn wir zu Großvater und Großmutter fahren, dann wollen wir nicht Mohrrüben auf unser Gartenbeet säen, sondern Bonbons, das ist viel besser.«

»Ja, obwohl Mohrrüben besser für die Zähne sind«, sagte ich. »Aber wir können sie mit meiner kleinen grünen Gießkanne begießen, die Bonbons, meine ich.« Ich wurde so vergnügt, als mir meine kleine grüne Gießkanne einfiel, die ich bei Großvater und Großmutter auf dem Lande habe. Sie steht auf einem Wandbrett im Keller. Wir sind immer bei Großvater und Großmutter, wenn Sommer ist. Könnt ihr raten, was Lotta einmal bei Großvater und Großmutter auf dem Lande gemacht hat?

Hinter der Scheune ist ein großer Dunghaufen, wo Onkel Johannson Dung holt und ihn aufs Feld streut, damit alles gut wachsen kann. »Wozu muss man Dung haben?« fragte Lotta. Und da sagte Papa, alles wächst so gut, wenn Dung drauf kommt. »Und Regen muss auch kommen«, sagte Lotta, denn ihr fiel wohl ein, was Mama gesagt hatte, als es an dem Samstag neulich regnete. »Ganz recht«, sagte Papa.

Nachmittags fing es an zu regnen. »Hat einer von euch Lotta gesehen?« fragte Papa. Aber wir hatten Lotta eine ganze Weile nicht gesehen, und wir gingen los und suchten sie. Erst suchten wir überall drinnen im Haus und in allen Wandschränken, aber da war keine Lotta. Und Papa wurde unruhig – er hatte nämlich Mama versprochen, auf sie aufzupassen. Schließlich gingen wir raus und suchten, Jonas und Papa und ich, in der Scheune und auf dem Heuboden und überall. Aber dann gingen wir hinter die Scheune, und stellt euch vor, da stand Lotta mitten im Regen und mitten auf dem Dunghaufen, und sie war durch und durch nass.

»Aber liebe kleine Lotta, warum stehst du denn da?« fragte Papa. Da weinte Lotta und sagte: »Weil ich wachsen will und so groß werden will wie Jonas und Mia-Maria!«

Oh, wie ist sie doch noch klein und dumm, die Lotta!

8.
»Schulprobleme oder Problemschule?«

Kritische Anmerkungen zur gegenwärtigen Situation von Schule und Schulpädagogik

Editorische Vorbemerkung:
Vortrag auf der Jahrestagung des katholischen Lehrervereines Burgenland am 15.05.2002 in Oberschützen/Burgenland. Fußnoten und Zwischentitel wurden für die (leicht überarbeitete) schriftliche Fassung hinzugefügt. (Originaltitel des Vortrages: »Das ist doch alles viel zu viel!« Psychologische und pädagogische Gründe für die Überlastung von Lehrern und Schülern.)

Guten Morgen, meine sehr geehrten Damen und Herren!

Mein Vortrag wird aus drei Teilen bestehen. *Im ersten Teil* wird es um einige zentrale psychologische Aspekte der schwierigen *Beziehung* zwischen Lehrenden und Lernenden gehen.

Im *zweiten Teil* werde ich versuchen zu zeigen, dass die Berücksichtigung von Beziehungsaspekten – und zwar sowohl der Beziehung zwischen Lehrenden und Lernenden, aber auch der emotionalen Beziehung der Schüler zum Lernstoff – mehr bedeutet als nur eine Ausgestaltung oder Erweiterung der pädagogischen Reflexion: Der zentrale Stellenwert, den ich diesen emotionalen Faktoren für den Prozess und die Effekte von Lernen zuschreibe, stellt die im Schulbereich heute übliche Art pädagogischen Denkens in einem Zentralbereich, nämlich die so genannte *Didaktik*, grundsätzlich in Frage.

Im *dritten Teil* werde ich mich mit drei weiteren Fixsternen der Schulpädagogik befassen, die ich allerdings als »Mythen« bezeichne, weil sie nicht nur theoretisch unhaltbar sind, sondern die angenehme Eigenschaft haben, das Scheitern der heute gängigen didaktischen Konzepte erfolgreich zu verschleiern: der Mythos des *Schulversagens*, der Mythos *Verhaltensstörung* und der Mythos *Schulpartnerschaft*.

Sätze wie »... die Didaktik in Frage stellen«, Begriffe wie »Mythen« oder »verschleiern« verraten Ihnen wohl, dass ich mich (gerne) provokanter Formulierungen bediene. Freilich riskiere ich damit, dass Sie sich über mich ärgern könnten und gegen das, was ich Ihnen heute erzählen möchte, von vornherein skeptisch oder abwehrend eingestellt sind. Ich hoffe, dass das nicht passiert ist, denn die Absicht, die ich mit meiner Einleitung verfolgte, war natürlich eine ganz andere: Ich wollte Sie schlicht und einfach neugierig machen.

Mit diesen scheinbar ganz nutzlosen und nur Zeit verschwendenden Bemerkungen befinden wir uns allerdings bereits mitten im Hauptthema meines heutigen Referates: die Bedeutung von Gefühlen und Beziehungen für Lehr- und Lernprozesse. (Und dazu zählt ja auch mein Vortrag.)

1. Teil: Die Lehrer-Schüler-Beziehung

Übertragungsprozesse in der Beziehung zwischen Lehrenden und Lernenden

Ich beginne mit der Lehrer-Schüler-Beziehung. Der Psychoanalyse verdanken wir ein bedeutsames theoretisches Konzept, das uns hilft, eine Reihe, aufs erste rätselhafter Erscheinungen in den Beziehungen zwischen Menschen besser zu verstehen: das Konzept der *Übertragung*. Unter Übertragung versteht die Psychoanalyse das Phänomen, dass es neben der »realen« oder besser: bewussten Beziehungsebene, auf welcher die Partner einander als das wahrnehmen, was sie in der gegenwärtigen Situation wirklich sind (Mann-Frau, Angestellter-Vorgesetzter, Kollege-Kollege usw.), noch eine andere, unbewusste Beziehungsebene gibt. Auf dieser unbewussten Ebene aktiviert jede aktuelle Beziehung Wünsche, Gefühle, Phantasien und Strategien, die aus den intensiven Liebesbeziehungen unserer Kindheit stammen. Vereinfacht ausgedrückt könnte man sagen: In jeder aktuellen Beziehung machen wir den jeweiligen Partner – ohne uns darüber bewusst Rechenschaft zu geben – ein Stück zu unserem Vater, unserer Mutter, einem unserer Geschwister usf. Notwendigerweise führen solche Übertragungen oft zu Wünschen, Erwartungen oder Verhaltensweisen, die der gegebenen realen Beziehung (zum Partner, zum Vorgesetzten, zum Kollegen usw.) nicht angemessen sind.

Der Anteil, den die Übertragung an einer aktuellen Beziehung hat, ist nicht immer gleich groß. Er schwankt von Individuum zu Individuum – nicht alle Menschen haben eine gleich große Übertragungsneigung – aber auch von Beziehung zu Beziehung: affektiv hoch besetzte Beziehungen und Beziehungen, in denen Abhängigkeits- oder ungleiche Machtverhältnisse existieren, aktivieren unbewusste, aus der Kindheit stammende Beziehungsphantasien eher als emotional unwichtigere Beziehungen. (Dementsprechend ist auch die Auswirkung von Übertragungen unterschiedlich groß. Sie kann vom leisen Gefühlston bis zu völlig irrational erscheinendem Beziehungsverhalten reichen.)

Insofern Übertragungsphänomene als normaler Bestandteil menschlicher Beziehungsgestaltung anzusehen sind, liegt es auf der Hand, dass sie auch in der Schüler-Lehrer-Beziehung eine Rolle spielen. Ja, die Erfahrungen der Psychoanalyse, und hier besonders jene aus der psychotherapeutischen Arbeit mit Kindern und Jugendlichen, lehren uns, dass das Phänomen der Übertragung einen der wichtigsten Gründe darstellt, warum sich die Beziehung zwischen Schüler(n) und Lehrer oft so schwierig gestaltet.

Stellen Sie sich z. B. ein siebenjähriges Mädchen vor, nennen wir es Daniela, das seine Lehrerin unbewusst zu seiner Mutter macht. Daniela gerät mit ihrer (wirklichen) Mutter immer wieder in wütend-verzweifelte Auseinandersetzungen, wenn diese ihr Grenzen setzt oder von ihr etwas fordert, denn Daniela fühlt sich von ihrer Mutter nur dann wirklich geliebt, wenn diese sie hält, verwöhnt oder auszeichnet. (Warum das so ist, braucht uns hier nicht zu interessieren.) Nun können wir verstehen, dass ganz alltägliche Handlungen der Lehrerin, wie Ermahnen, Auffordern, Hausübungen-Aufgeben, Fehler-Korrigieren usw., für Daniela eine ganz andere Bedeutung annehmen: ihr nämlich das Gefühl geben, nicht gemocht oder gar abgelehnt zu werden. Worauf sie mit einem Pendeln zwischen Trotz und empörter Auflehnung reagiert.

Oder stellen Sie sich den 11jährigen Georg vor, dessen Vater nach der Scheidung der Eltern aus seinem Leben komplett verschwand, was Georg als Strafe dafür erlebte, dass er dem Vater wohl kein hinreichend guter Sohn gewesen sei.[1] Für Georg, der diese dem Vater geltende Phantasie auf seinen neuen Klassenlehrer überträgt, wird die Schule nachvollziehbarerweise zu einem bedrohlich-feindlichen Ort: Ist er doch (in seiner unbewussten Übertragungsphantasie) täglich mit einem Mann zusammen, der von ihm, Georg, enttäuscht ist, von ihm nichts hält und auf Strafe sinnt. Solcherart schwer verunsichert, versagt der (an sich gescheite) Bub bei einigen Prüfungen, wodurch sich die aus der Übertragung stammende Selbstabwertung fatalerweise zu bestätigen scheint. Bald gibt Georg das Werben um den Vater/Lehrer auf, ersetzt es durch Gleichgültigkeit und tut für die Schule so gut wie nichts mehr …

Übertragungsprozesse finden aber auch hier, in diesem Saal, zwischen meiner Person und Ihnen statt. Auf der realen Ebene unserer heutigen Begegnung befinde ich mich durchaus in einer schmeichelhaften Position. Aus allen Teilen des Landes sind Sie hier zusammengekommen, um mich zu hören. Das sollte doch mein Selbstbewusstsein stärken und mich sicher machen. Aber warum habe ich dann dieses Kribbeln im Bauch? Woher kommt meine Nervosität, wo ich doch seit Jahren gewohnt bin, vor großen Auditorien zu sprechen?

Sie wissen wahrscheinlich, dass man, um Psychoanalytiker zu werden, sich selbst jahrelang auf die Couch legen muss, um sich mit dem eigenen Un-

1 Schuldgefühle ähnlicher Art kommen beim Großteil der Scheidungskinder vor. (Vgl. dazu Figdor 1991, 1997, ferner Kap. 5: *Trennung und Scheidung: Katastrophe oder Chance für das Kind* im 1. Band und Kap. 4: *Worauf muss man bei Trennung und Scheidung besonders achten?* in diesem Band.).

bewussten einigermaßen vertraut zu machen. Das führt zu der (freilich zwiespältigen) Fähigkeit, bei sich selbst seelische Regungen aufspüren zu können, die bei den meisten Menschen verdrängt bleiben. (Zwiespältig ist diese Fähigkeit, weil sie zwar den großen Vorteil hat, dass man sich selbst weniger rätselhaft ist und, indem man mit den eigenen »dunklen« Regungen rechnet, eine größere Chance hat, bewusste Wünsche und Pläne im realen Leben befriedigend umzusetzen. Andererseits macht es diese »Durchlässigkeit« gegenüber sonst unbewusst bleibenden Bedürfnissen, Phantasien etc. weit schwerer, sich selbst zu betrügen oder für die eigenen Schwächen bequeme Ausreden zu finden.)

Wenn ich mich nun also auf meine augenblicklichen Gefühle konzentriere, tauchen Bilder auf, Bilder, in welchen ich mich als der kleine Helmuth sehe, der an die Tafel gerufen wurde; rechts von mir sitzt der Lehrer mit seinem »Katalog« und sein Blick und seine Stimme ist von der einen skeptischen Frage erfüllt: »Was hast du zu bieten?«; und am Ende gibt es ein Plus oder ein Minus. Dabei befand ich mich als Schüler noch in einer vergleichsweise gesicherten Position: Was der Lehrer von mir erwartete, war anhand des Lehrstoffs voraussehbar, auch blieb mir im Falle des Scheiterns immer noch die Möglichkeit, mich das nächste Mal wieder auszubessern. Vor allem aber hatte ich es jeweils nur mit einem Lehrer oder einer Lehrerin zu tun. Ich dagegen stehe heute, ganz allein, vor nahezu 1000 (!) Lehrern und Lehrerinnen, und alle haben Sie in meiner Vorstellung Ihren Katalog auf den Knien und werden mich benoten. Und zwar ohne, dass ich wirklich abschätzen könnte, was Sie von mir hören wollen; und natürlich auch ohne die Chance, mich im Falle Ihrer Unzufriedenheit verbessern zu können.

Übrigens geht es natürlich nicht nur mir so, wenn ich vor Ihnen stehe, sondern häufig *auch Ihnen*, wenn *Sie vor Ihren Schülern* stehen: Besonders, wenn Sie noch jung sind (oder sich ein junges Herz bewahrt haben), werden Sie sich vornehmen, den Unterricht lebendig und für die Kinder spannend zu gestalten. Manchmal wird es Ihnen gelingen oder wenigstens bei einem Teil der Klasse, oft genug aber wohl auch nicht. Unaufmerksamkeit, Gleichgültigkeit, Lernunlust der Schüler, mitunter sogar offener Widerstand oder die Rede von »der blöden Schule«, von »den blöden Lehrern« gehören wohl zu den täglichen Erfahrungen der meisten von Ihnen. Und solche Reaktionen erleben wir als Lehrer unbewusst wie negative Zensuren auf unsere Leistungen, sie werten uns massiv ab, sie kränken, und Kränkungen machen uns depressiv oder aggressiv.

Übertragungsprozesse finden also nicht nur von Schülern auf Lehrer statt, auch Lehrer erhoffen sich von ihren Schülern, gut beurteilt, ja geliebt zu werden. Und sie reagieren spontan sehr oft eben nicht mit der Gelassenheit (und dem »inneren Schmunzeln«) die *Erwachsenen* gegenüber »schlimmen« Kindern anstünde, sondern mit eben jenen Gefühlen, die *für Kinder* angesichts von Kritik und Zurückweisung typisch sind.

Gegenseitige Erwartungen

Kehren wir zurück, aus der Schulklasse hierher ins schöne Burgenland.

Also: In meiner *realen Selbstwahrnehmung* sehe ich mich als doch einigermaßen kompetenter Erziehungswissenschaftler, dem es nicht schwer fallen sollte, einen qualifizierten Vortrag zu halten. Und als Psychoanalytiker und Kinderpsychotherapeut müsste ich Ihnen eigentlich Wissenswertes über die kindliche Psyche vermitteln können. *Von meinem Gefühl her* befinde ich mich hingegen in einem Zustand der Ungewissheit, ob es mir gelingen wird, vor Ihnen zu bestehen. Weil ich mir erlaube, dieses Gefühl zu spüren, gelingt es mir zwar nicht, diese Ungewissheit vor mir selbst zu verleugnen – was unbequem ist –, andererseits beinhaltet das Bewusstsein meiner eigenen Übertragung eine große Chance: Es veranlasst mich, mir eingehend zu überlegen, *was Sie sich wohl tatsächlich von mir erwarten könnten.*

Der Blick auf den Titel meines Vortrages (»Das ist doch alles viel zu viel!«) – der Titel wurde mir vom Veranstalter vorgeschlagen, der ja wiederum mit Ihren Problemen gut vertraut ist – lässt eine erste Antwort unschwer finden: Was Sie sich von mir wahrscheinlich erwarten oder jedenfalls wünschen, wird wohl sein, von mir *Hilfe* zu bekommen, praktische Hilfe im Hinblick auf all das, was »viel zu viel« ist. Dementsprechend müsste ich an mich die Forderung stellen, Ihnen einen solchen praktisch hilfreichen Vortrag zu halten.

Das mag zunächst ganz banal klingen. Aber sehen wir doch einmal genauer hin, worauf wir uns da einlassen: Es bedeutet doch nicht mehr und nicht weniger, als dass ich imstande sein sollte, Ihnen hier ca. eine Stunde lang etwas zu erzählen, das Sie in die Lage versetzt, morgen in Ihre Klasse zu gehen und alle (oder wenigstens einige besonders belastende) Schwierigkeiten lösen zu können. Ich denke, Sie werden mir zustimmen, wenn ich ohne ausführliche Erläuterungen vorwegnehme: Das wird mir nicht gelingen! Bedeutet das aber nicht, dass wir hier in eine gegenseitige Beziehungskonstellation eingetreten sind, in der Enttäuschung bzw. Unzufriedenheit schon vorprogrammiert ist? Auf Ihrer Seite Enttäuschung über meine Ausführungen und auf meiner Seite Unzufriedenheit mit mir selbst? Oder ich wähle, wenn ich diese Unzufriedenheit nicht aushalte, den Ausweg, aus (unbewusster) Selbstverteidigung die Schuld für das Scheitern auf Sie zu projizieren, indem ich mir einrede, *Sie* hätten versagt, etwa weil Sie die Qualität meines Vortrags nicht adäquat bewerten können.

Meine Damen und Herren! Sie haben natürlich schon gemerkt, dass ich, wenn ich von mir rede, zugleich auch Ihre Situation als Lehrer im Auge habe und umgekehrt. Vielleicht könnte man daher aus diesen letzten Überlegungen folgende verallgemeinernde Schlussfolgerung ziehen: Möglicherweise ist nach der »Übertragung« ein weiterer Grund, warum Unterricht sich so oft frustrierend gestaltet – und zwar sowohl für die Schüler als auch für die Lehrer –, darin zu suchen, dass Schüler wie Lehrer an den jeweils anderen (und auch an sich selbst) *Erwartungen* richten, *die sich gar nicht einlösen lassen.*

Das Beispiel Schuleintritt

Dieses Auseinanderklaffen der gegenseitigen Erwartungen lässt sich besonders eindrucksvoll am Beispiel des Schulbeginns zeigen. Wir alle wissen, dass sich die überwiegende Mehrzahl der Kinder auf die Schule freut, wenn auch vermischt mit Spannung und mitunter etwas Angst. Und natürlich empfängt die überwiegende Mehrzahl der Lehrer ihre ersten Klassen mit der Absicht, ihnen die Angst zu nehmen und die Freude an der Schule zu erhalten. Ebenso wissen wir alle, wie schnell diese freudige Erregung einem Alltag weicht, in dem die Schule nur mehr als (mehr oder weniger) unangenehme Pflicht erlebt wird, der sich ein Teil der Kinder zu unterwerfen bereit ist, während sich ein anderer Teil der Kinder dagegen auflehnt, wenngleich in unterschiedlichem Ausmaß und in unterschiedlicher Form: durch Lernverweigerung, Unkonzentriertheit, Schlampigkeit, Disziplinlosigkeit usw.

Warum ist das so? Muss das so sein? Nun, diese Frage beantwortet sich sehr rasch, wenn wir uns nur vergegenwärtigen, *mit welchen Erwartungen jene anfängliche Freude auf die Schule verknüpft ist.* Die Sechsjährigen freuen sich natürlich nicht darauf, statt spielen zu müssen, endlich arbeiten und üben zu dürfen; auch nicht darauf, korrigiert und kritisiert zu werden; und nicht auf das hohe Maß an psychomotorischer Disziplin, das unser Unterricht von ihnen fordert. Worauf sie sich freuen bzw. was sie erhoffen, ist, als Schulkind schon »groß«, kein »Kleinkind« zu sein, dem älteren Geschwister und/oder den Erwachsenen näher zu kommen. *Großsein* aber heißt erstens: mehr wert, »besser« zu sein und mehr zu dürfen, womit sich eine Hebung des *Selbstwertgefühls* und die Hoffnung auf mehr Macht, Autonomie und damit Freiheit verbindet. Und zweitens, damit zusammenhängend, bedeutet Großsein: *keine Angst mehr haben zu müssen.*

Die Tragik besteht darin, dass – zumindest der Tendenz nach – die Schule den Kindern hingegen Erlebnisse beschert, die genau in die gegenteilige Richtung gehen: Keine Rede von größerer Freiheit; Korrekturen, Kritik, Zensuren und die daraus resultierende soziale Positionierung in einer Leistungshierarchie bedeuten neue Gefährdungen des *Selbstwertgefühls*; von den meisten Kindern wird darüber hinaus Leistung als Kriterium ihrer *Liebens-Würdigkeit* (durch die Eltern) erlebt, wodurch die primären Liebesbeziehungen durch *weitere Ängste* belastet werden.

Aber nicht nur die Erwartungen der Kinder werden enttäuscht. Auch die Erwartungen, welche die Lehrer an sich selbst richten, z.B. den Kindern die Schule interessant und lustvoll zu machen, Interesse für Mathematik, Literatur, Geographie etc. zu wecken, *müssen* größtenteils unerfüllt bleiben. Denn würde man die Freude und das Engagement der Kinder tatsächlich aufrecht erhalten wollen, *müsste in der Schule Platz für die emotional wirklich bewegenden Themen dieses Lebensabschnittes sein.* In unserem Beispiel der Schulanfänger hieße das, den Kindern Antworten bzw. Lösungen auf Fragen bzw. Probleme wie die folgenden liefern zu können:

- »Ich möchte groß, stark und schön sein und fühle mich oft klein, hilflos und unattraktiv!«
- »Was soll ich mit meinen Gefühlen machen? Manchmal bin ich traurig, das halten meine Eltern nicht aus, oder die Lehrerin schimpft, ich solle nicht träumen...; besonders schlimm ist es, wenn ich zornig werde wegen der vielen Ungerechtigkeiten oder weil mich keiner verstehen will oder auch, wenn mir etwas nicht gelingt: dann wird alles noch schlimmer...«
- »Ich will endlich keine Angst mehr haben, dass mich die Eltern nicht mehr lieb haben; dass sich Mama und Papa trennen; dass mich die anderen Kinder nicht mögen und ausschließen; dass ich in der Schule (wieder) versage, und die Eltern von mir enttäuscht oder auf mich böse sind.«
- Und, mit all dem aufs engste verknüpft: »Werde ich mein Leben, meine Zukunft schaffen? Werde ich den Erwartungen meiner Eltern entsprechen können? Werden sich meine eigenen Pläne verwirklichen lassen? Was passiert, wenn ich (in Mathematik/ in diesem Schuljahr/ im Gymnasium etc.) scheitere?«

Dass auf die emotionale Situation der Schüler Rücksicht genommen werden soll, findet sich natürlich auch in gegenwärtigen pädagogischen Grundsatzerklärungen. Aber Grundsätze bedingen noch lange keine entsprechende Praxis. Wenn die genannten »Lebensthemen« doch in den Schulalltag Eingang finden, dann ist das heute ausschließlich dem besonderen Engagement einzelner Lehrer und Lehrerinnen zu verdanken: in der *Struktur* unseres gegenwärtigen Unterrichts hingegen sind wirklich hilfreiche »Antworten« auf diese Lebensfragen der Kinder nicht vorgesehen. Im Gegenteil: Wenn Kinder ihrerseits diese Themen in den Unterricht hineintragen, werden sie in allererster Linie *als Störung* wahrgenommen: Sich sorgen und Phantasien nachhängen als *Unkonzentriertheit;* kommunikative Anliegen und Herausforderungen als *Schwätzen*; aggressive oder aus Angst geborene Lernwiderstände als *Faulheit*; Kampf um Anerkennung oder Gerechtigkeit als *Disziplinlosigkeit*; persönliche oder familiäre Krisen (die z.B. zu Leistungsabfall führen) als *Lernschwäche* oder *Unfähigkeit* usw. (Ich komme auf diesen Aspekt im 3. Teil meines Vortrags noch einmal zurück.)[2]

Also bleiben nicht nur die Hoffnungen der Kinder an die Schule, sondern auch jene, die die Lehrer an ihre eigene Tätigkeit richten, mit großer Wahrscheinlichkeit auf der Strecke. Und das gilt, wie deutlich geworden sein dürfte, nicht nur für die erste Klasse. Es ist mir ganz wichtig zu betonen, dass es sich dabei nicht um persönliche Fehler, Versäumnisse oder Defizite der Lehrer und Lehrerinnen handelt, sondern um ein *grundsätzliches strukturelles Problem der heutigen Schule*.

2. Teil: Der geheime Behaviorismus unserer Pädagogik

Sie erinnern sich: Der Ausgangspunkt der letzten Überlegungen war der Verdacht, dass uns hier, in diesem Saal, Erwartungen zusammengeführt haben, die ich nicht werde erfüllen können, nämlich Ihnen für Ihre Praxis konkrete Hilfestellungen geben zu können. Sie bemerken: Ich spreche inzwischen von Verdacht statt von Einsicht. Inzwischen rede ich immerhin schon fast eine halbe Stunde, und, wenn ich mich nicht sehr täusche, hören Sie mir recht interessiert zu. Nun, worüber erzähle ich eigentlich, während ich mich scheinbar nur darüber auslasse, Ihnen gar keinen Vortrag halten zu können, der Sie zufriedenstellen wird? Ich erzähle Ihnen etwas über Ihre Schüler und deren Probleme, über die Beziehung zwischen Schüler, Lehrer und die Institution Schule, damit aber zugleich etwas über Ihre eigene persönliche Situation. Und zwar

2 Vgl. dazu auch Kap. 11: *Mythos »Verhaltensstörung« Wer stört wen?* im 1. Band (Figdor 2006a).

über Aspekte dieses Beziehungsgeflechts, unter welchen Sie Ihre pädagogische Situation bislang vielleicht nicht – oder nicht in dieser Weise – betrachtet haben. Das freilich könnte durchaus für die Praxis relevant werden. Denn *Aufklärung* über Beziehungen, in welchen man sich selbst befindet, verändert zwangsläufig auch die *innere Haltung* zu den anderen, und eine veränderte Haltung – aufgrund einer veränderten Wahrnehmung (Interpretation) des anderen – führt ebenso zwangsläufig zu einem *veränderten Handeln.*

Was aber meinte ich dann, wenn ich davon sprach, es würde mir wohl nicht gelingen, Ihnen für Ihre Praxis konkrete Hilfestellungen vermitteln zu können? Nun, diese Skepsis bezog sich auf eine bestimmte Art von Hilfestellung: Hilfe durch konkrete *Handlungsanweisungen.* Was hingegen, selbst im Rahmen eines einzelnen Vortrages, vielleicht doch möglich sein könnte, ist *Hilfe durch Verstehen* dessen, was *ist.* Es geht also nicht darum, was Sie (anders) tun *sollen*, sondern um den Gewinn neuer Blickwinkel auf das, was Sie tagtäglich *tun* (und erleiden). Ja, ist es nicht so, dass wir im Grunde das meiste, das wir für das Leben brauchen, auf eben diese Art lernen: durch Erfahrungen, die ein neues Licht auf unser Tun und unsere Umwelt werfen, wodurch sich unsere Wahrnehmung, unser Denken und unsere Einstellungen verändern, was sich schließlich auch in verändertem Verhalten niederschlägt? Welch untergeordnete Rolle nimmt im Vergleich dazu jene Art von Lernen ein, welche nach den (angeblich universellen) Gesetzen der klassischen behavioristischen Lerntheorie funktioniert: die Erhöhung der *Auftretenswahrscheinlichkeit* bestimmter *Verhaltensweisen*, wenn sich diese (zufällig) mit bereits bestehenden Reflexen »assoziieren« oder aber (von außen) »verstärkt« werden!

So einseitig und unbefriedigend uns das behavioristische Lernmodell erscheint, wenn es darum geht, die Entwicklung des Menschen – in kognitiver wie affektiver Hinsicht – begreifen zu wollen; so sehr uns einleuchten mag, dass diese »Lerngesetze« weit mehr mit Dressur als mit Bildung zu tun haben, bedienen wir uns im Schulalltag eines methodischen Konzepts, das gerade auf ebendiesen behavioristischen Annahmen aufbaut: die Rede ist von der im Zentrum der gegenwärtigen Schulpädagogik stehenden so genannten *Didaktik.* In der Didaktik geht es um:

- die Aufstellung von Lernzielen (z.B.: die Beherrschung der deutschen Sprache)
- die »Operationalisierung« dieser Lernziele durch die Definition gewünschten Verhaltens (z.B.: richtige Sätze zu schreiben)
- und schließlich die Wahl geeigneter Methoden, wobei zwei Varianten im Vordergrund stehen: Methoden der reflektorischen Verinnerlichung (durch

Üben) und Methoden der positiven und negativen Verstärkung (Korrekturen und Zensuren).

Diese Art des Unterrichtens bzw. Lernens ist uns so vertraut, dass es mitunter gar nicht so leicht ist sich vorzustellen, dass (auch schulisches) Lernen ganz anders funktionieren könnte. Einem meiner Lehrer, dem großen Kinderanalytiker *Rudolf Ekstein*, der – wie so viele – 1938 Wien verlassen musste und in die USA emigrierte, verdanke ich die folgende Geschichte:

Ein alternatives Beispiel: Lernen durch Beziehung

Eine Tochter Ekstein arbeitet an einer Grundschule in Los Angeles als Lehrerin. Sie unterrichtet vorzugsweise Englisch für Kinder mit spanischer Muttersprache. Wenn diese Kinder die Schule verlassen, beherrschen sie Englisch in Wort und Schrift – was uns noch nicht verwundert. Aber die Lehrerin bringt dies zuwege, ohne jemals einem Kind einen Fehler ausgebessert zu haben! Das freilich macht uns neugierig.

Sehen wir uns zunächst einmal an, was diese Lehrerin tut. Anschließend wollen wir versuchen, ihr Vorgehen auch theoretisch zu verstehen.

Die beiden Angelpunkte ihres Unterrichts bilden erstens das Erfinden, Zeichnen, Erzählen und schließlich Schreiben von Märchen und Geschichten; und zweitens der Austausch von Briefen zwischen Schülern und Lehrerin. Dabei geht sie so vor, dass sie, statt die Briefe sprachlich, grammatikalisch oder orthographisch zu korrigieren, den Schülern persönlich gehaltene Antwortbriefe schreibt, wobei sie zum einen auf die Inhalte der Schülerbriefe eingeht – in vielen dieser Briefe geht es um aktuelle persönliche Probleme der Kinder – , dabei aber selbst die Wendungen und Worte, welche die Schüler benützten, verwendet, nun allerdings in korrekter Weise und Rechtschreibung. Dabei verzichtet sie auf jeglichen Hinweis, dass die Schüler diese Wendung, dieses Wort vorher anders, nämlich falsch, gebraucht hatten.

Und das soll genügen? Sehen wir uns also an, was in dieser Art Unterricht eigentlich passiert. Zunächst stellt die Lehrerin mit dem Erfinden, Zeichnen und Erzählen von Märchen und Geschichten sowie dem Austausch von Briefen einen kommunikativen Raum zur Verfügung, der es dem Kind nicht nur ermöglicht, »aktiv« oder »kreativ« zu sein, sondern – was weit wichtiger ist – sich auf einem symbolischen Weg als ganze Person in den Unterricht einzubringen. Denn die Märchen und Geschichten der Schüler handeln natürlich letzten Endes von ihnen selbst, von ihren Wünschen und Hoffnungen, ihren

Enttäuschungen und Befürchtungen, ihren Schwächen und Stärken, sie handeln von Liebe und Glück, Hass und Verzweiflung, von Trennung und Wiedervereinigung, Siegen und Niederlagen, Abhängigkeit und Selbständigkeit. In ihnen geht es um Macht, Gier, Eifersucht ebenso wie um Hilfsbereitschaft, Verzicht und Mut, um gut und böse, Armut und Reichtum, Leben und Tod. (Schon diese assoziative Aufzählung lässt uns erschauern, was alles in unserer Schule keinen Platz hat!)[3]

Natürlich stiftet ein solches Kommunikationsangebot eine intensive Beziehung, die durch Liebe und Vertrauen von Seiten der Kinder ausgezeichnet ist. Aber auch die Beziehung der Lehrerin zu den Kindern erhält eine Qualität, die Lehrern in unserem Schulsystem verwehrt bleibt, in welchem das je besondere Kind – von wenigen Ausnahmen pro Klasse abgesehen – unvermeidlicherweise auf die Abstraktion »Schüler« reduziert bleibt. Dieser Lehrerin hingegen eröffnen sich die Kinder in ihrer ganz besonderen Individualität, was es ihr natürlich weit leichter macht, sie in ihrer Besonderheit zu verstehen und zu akzeptieren. Und zwar auch im Hinblick auf möglicherweise unangenehme oder störende Eigenschaften, weil das Verstehen die Gefahr, in eigene Übertragungsfallen zu geraten (wie ich vorher ausführte), erheblich verringert. Umgekehrt erfahren die Schüler in diesen Briefen auch ihre Lehrerin nicht bloß als (abstrakte) Person, die Lernstoff vermittelt, kontrolliert und sanktioniert, sondern als Mensch mit Ansichten, eigener Geschichte und Gefühlen.

Den erwähnten Austausch von Briefen können wir dann als eine Form verstehen, in der diese überwiegend liebevolle Beziehung gelebt wird. Was sich nun innerhalb dieses Austausches ereignet, hat tatsächlich große Ähnlichkeit mit der Art und Weise, wie Kinder normalerweise ihre Muttersprache erlernen: durch *Identifizierung mit dem geliebten Objekt* (zumeist die Mutter und/oder der Vater). Wir lernen ja unsere Muttersprache auch nicht, um negative Sanktionen zu vermeiden, sondern weil wir Freude ernten wollen; weil wir die Beziehung zum geliebten Objekt sichern wollen, indem wir unsere Kommunikationsmöglichkeiten entwickeln; und nicht zuletzt, weil wir als Kinder den von uns geliebten Personen nacheifern, also so schön, stark, gut und unabhängig werden wollen wie sie. Wenn ein knapp zweijähriger Patrick seine Mutter mit den Worten »Patti Ba ham« auffordert, ihm den Ball hinzurollen, wird sie aller Voraussicht nach nicht (mit hochgezogenen Augenbrauen) antworten: »Schatzi, Dein Name ist nicht Patti sondern Patrick, außerdem heißt das:

3 Zur (auch pädagogischen) Bedeutung der Märchen vgl. Kap. 6 und 7 in diesem Band, ferner Zwettler-Otte (1994) und besonders den »Klassiker« *Kinder brauchen Märchen* von Bruno Bettelheim (1975).

Patrick *will* den Ball – den Ba*ll* – ha*ben*!« Vielmehr wird sie liebevoll lächeln und ihm den Ball mit den Worten »Ah, der Patrick will den Ball haben« hinrollen, schlicht darauf vertrauend, dass ihr Sohn sich *ihre* Sprache, die Sprache der *geliebten* Mama, von selbst – wir würden sagen: durch »Identifizierung« – *aneignen* wird. Was sie tut, ist, das Kind – grammatikalisch richtig – zu paraphrasieren, womit sie genau das tut, was unsere Lehrerin in Los Angeles mit ihren Antwortbriefen macht.

Bitte (miss-)verstehen Sie diesen Bericht nicht als alternatives didaktisches Rezept für Ihren Deutschunterricht, etwa als einen Vorschlag, der im Rahmen des heutigen Schulsystems problemlos realisierbar wäre. Die Geschichte sollte lediglich illustrieren, *dass* Unterricht auch anders aussehen *könnte*, *wenn* man von anderen theoretischen als den herkömmlichen behavioristischen Prämissen ausgeht.

3. Teil: Selbsterhaltungsmythen der pädagogischen Theorie

Vielleicht merken Sie an meinen bisherigen Ausführungen – über unbewusste Übertragungsmechanismen, die Dynamik unerfüllter Erwartungen, die Bedeutung von Gefühlen und Beziehungsqualitäten für Lernprozesse – in welchem Ausmaß pädagogische Wirklichkeit und pädagogisches Denken auseinanderklaffen, wie unzureichend also die Komplexität der individuellen und sozialen Situation von Schülern und Lehrern mit den theoretischen Kategorien, mit denen das Geschehen in der Schule heute zumeist beschrieben wird, erfasst werden kann. Mit der behavioristischen Lerntheorie und der aus ihr abgeleiteten Didaktik ist Ihnen über Ihre Ausbildung, über Schulgesetze, Lehrpläne und Dienstvorschriften ein Instrument in die Hand gegeben, das weder für die Bewältigung des allgemeinen Bildungsauftrages noch für die Realisierung Ihrer ganz persönlichen Erwartungen an Ihr Lehrersein hinreichend geeignet ist. Das spüren Sie zwar, fällt aber letzten Endes in äußerst bedenklicher Weise auf die Schüler zurück. Und davon möchte ich in diesem 3. Teil ein paar Beispiele geben.

Eigentlich sollte man erwarten, dass eine Handlungstheorie, die ihren Gegenstand verfehlt, früher oder später kraft ihres Scheiterns aufgegeben wird. Warum also nicht auch die behavioristische Lerntheorie bzw. Didaktik, eine Theorie, die die *Kinder* auf weitgehend gleich zu behandelnde »Schüler« reduziert; eine Theorie, für die die *Beziehung* als zentraler Faktor des Lernens gar nicht existiert und die glaubt, von *Gefühlen*, *Leidenschaften* oder gar von *unbewussten psychischen Prozessen* einfach absehen zu können? Die Leitthese des 3. Teiles meines Vortrages schlägt eine Antwort auf diese Frage vor: durch die Bildung von Mythen.

Tatsächlich ist das Phänomen, dass sich wünschenswerte Theorien, angestrebte Selbstbilder, Machtverhältnisse u. a. m. auch gegen ihre empirische oder logische Unhaltbarkeit durch die Entwicklung von Mythen zu behaupten trachten, nichts Außergewöhnliches:

- Es gibt kaum ein Land, eine Nation oder ein Volk, das seine Zusammengehörigkeit oder seinen besonderen Wert nicht auf identitätsstiftende Mythen zurück führt. Diese können vorgeschichtlicher, mythologischer Art sein, die Form historischer Behauptungen haben (ein Beispiel wäre Österreichs Opferrolle im Nationalsozialismus), oder auch – um in Österreich zu bleiben – einfach aus einer Anzahl selbstbespiegelnder Klischees (z. B. Gemütlichkeit, Musik u. a. m.) bestehen.
- Die Kehrseite identitätsstiftender Mythen ist der Mythos von der Andersartigkeit bis Bedrohlichkeit der »Fremden«, der sich hervorragend eignet, Herrschaftsverhältnisse sowie soziale oder ökonomische Missstände, also gesellschaftliche Konflikte, zu verdecken und nach außen zu projizieren.
- Aber auch im Privatleben werden Mythen bemüht, um mit der Realität nicht übereinstimmende »Theorien« am Leben erhalten zu können, sei es die »verständnislose« bis »gemeine Ehefrau«, die daran schuld ist, dass der (laut Selbstdefinition) »friedfertige« Mann zugeschlagen hat; sei es der an den Scheidungsreaktionen des Kindes »allein schuldige Vater, dem man das Kind nicht mehr anvertrauen kann«, was der Mutter Schuldgefühle erspart oder es ihr leichter macht, persönliche Wünsche – z. B. das Kind ganz für sich zu haben, mit dem Expartner nichts mehr zu tun haben zu müssen u. a. m. – zu verfolgen ...

Diese Listen ließen sich beliebig fortsetzen. Wenden wir uns aber wieder der Pädagogik zu. Wie angekündigt möchte ich über drei heute allgemein akzeptierte Ansichten reden, die sich, bei näherem Hinsehen, als solche Selbsterhaltungsmythen entpuppen.

3.1. Zum Mythos: »Schulischer Misserfolg ist als Versagen des Kindes zu werten.«

These 1

Ein beträchtlicher Teil mangelhafter Leistungen bis hin zum schulischen Versagen Heranwachsender ist in pädagogischen Defiziten der Institution Schule begründet – keinesfalls in Defiziten der Lehrer/innen, wie meine bisherigen Ausführungen deutlich gemacht haben sollten. Diese pädagogischen Defizite sind einerseits bildungspolitischer Natur (Klassengröße und Förderangebot; davon ist aber heute nicht die Rede), andererseits in der theoretischen Ausrichtung der Schulpädagogik begründet. Diese Defizite führen freilich nicht zur Selbstreflexion, zur negativen Selbstbenotung der Institution – also der Bildungspolitik, der Pädagogischen Akademien und der Universitäten –, sondern werden den Schülern angelastet, psychoanalytisch gesprochen auf sie projiziert, indem die Schüler die schlechten Noten erhalten.

Davon, dass die Kinder für das, was sie emotional beschäftigt, in dem, was sie in der Schule lernen, kaum Resonanz finden, war schon die Rede. Um einem Missverständnis vorzubeugen: Es geht mir nicht darum, dass in der Schule »mehr über Probleme gesprochen wird« (obwohl auch das nicht schlecht wäre), sondern um die *Verknüpfung der Gefühlswelt der Kinder mit kognitiven (Lern-)Prozessen.* Wissen, das nicht nur angelernt ist oder sogar nur kurzfristig bis zur nächsten Prüfung oder Schularbeit behalten wird, sondern auf Verstehen beruht und verinnerlicht bleibt, muss den Kindern *als Antworten* begegnen. Als Antworten jedoch nicht auf Fragen, die von Lehrer/innen gestellt werden, sondern auf Fragen, die die Kinder bewegen, die sich ihnen aus der Konfrontation ihrer Wünsche, Bedürfnisse und Interessen mit der Realität stellen.

Solcherart erworbenes Wissen wird *als Bereicherung* erlebt, prägt sich ein und schult den Intellekt, weil es auf Verstehen beruht – wobei Verstehen, wie ausgeführt, mehr als bloß den rationalen Nachvollzug meint. Und der Erwerb dieses Wissens, also Unterricht, macht dann auch Freude oder ist zumindest interessant. Und zwar auch dann, wenn er mitunter anstrengend ist. Wie oft erleben wir nicht scheinbar (lern-)faule und unkonzentrierte Kinder, die ungeheure Anstrengungen auf sich nehmen, um sich in Fähigkeiten, an denen ihnen etwas liegt (z. B. Sport oder Geschicklichkeit bzw. Lösungskompetenz bei Gameboy- und Computerspielen), zu perfektionieren, wobei dann auch von »Konzentrationsunfähigkeit« nichts mehr zu bemerken ist.

Ich möchte Ihnen an dieser Stelle kurz von meinem Lehrer in der 1. Volksschulklasse erzählen. Jeden Montag konnten wir es kaum erwarten, morgens in die Klasse gelassen zu werden. Warum? Montag war der »Tag der neuen Buchstaben«. Die ganze Tafel war ein von unserem Lehrer mit bunter Kreide gemaltes Bild, dessen Mittelpunkt der neue Buchstabe war. An einige erinnere ich mich heute noch, etwa das »R«: Den senkrechten Aufstrich bildete eine Laterne, an ihr lehnte ein Betrunkener – Laterne + Betrunkener bildeten das ganze »R«. Überdies schnarchte er, wie an der Sprechblase (»R-R-R«) ersichtlich war. Das war aber noch nicht alles: Voll Neugier warteten wir auf die Fortsetzung der Geschichte: Unser Lehrer hatte uns nämlich (nachdem wir schon ein paar Buchstaben kannten) nach jedem neuen Buchstaben einen Text an die Tafel geschrieben, der aus den gelernten Buchstaben bestand, der aber nicht für sich stand, sondern Teil einer Geschichte war. Für die Fortsetzung der Geschichte musste jedoch zuerst ein weiterer Buchstabe gelernt werden. Als Hausübung durften wir – ja, wir *durften* – die Tafelzeichnung nachzeichnen oder, wenn wir wollten, eine eigene zu dem betreffenden Buchstaben zeichnen. (Wir hatten ein paar Schüler in der Klasse, die nicht gut zeichnen konnten. Ihnen skizzierte der Lehrer mit Bleistift das Motiv ins Heft, sie mussten es nur mehr mit Blei und Buntstift nachfahren bzw. ausfüllen und brachten auf diese Weise auch schöne Bilder zustande.) So hatten wir am Ende ein ganzes Alphabet-Bilderbuch produziert, auf das wir ziemlich stolz waren. (Daran, ob wir auch die Fortsetzungs-Texte dazugeschrieben haben, kann ich mich nicht mehr erinnern, wäre aber folgerichtig.)

Warum erzähle ich Ihnen diese Geschichte? Aus mehreren Gründen. Zum einen illustriert sie, wie schon zuvor der Bericht über den Englisch-Unterricht der Lehrerin in Los Angeles, wie die Verknüpfung von Emotionalität und Lernen aussehen kann: Wir *wollten* die neuen Buchstaben kennen lernen, weil wir lesen wollten. Und wir wollten lesen können, um die Fortsetzung der Geschichte zu erfahren. Und es machte uns stolz, die tolle Zeichnung unseres Lehrers zu kopieren. Aber das ist nicht alles. Und damit komme ich zu zwei weiteren Begründungen meiner 1. These (das Lernschwäche bzw. Lernversagen vom pädagogischen System produziert werden):

Die Verknüpfung von Gefühlsleben und Lernen ist nicht bloß eine Sache der Beziehung des Kindes zum Lernstoff. Denn diese ist immer ein Teil der *Beziehung zwischen Schüler und Lehrer/in*. Hübsche »Buchstaben-Bilder« mag es in manchen Arbeitsbüchern auch heute geben, kurze Lesetexte mit den bekannten Buchstaben jedenfalls. Nicht der »didaktische« Einfall, aus Buchstaben Bilder zu machen, machte das Lernen spannend und lustvoll, sondern die Tatsache, dass *er*, *unser Lehrer*, den wir (nicht nur, aber auch deshalb) *liebten*, diese Zeichnungen *für uns machte*, dass er uns die Geschichte *mitbrachte*.

Das Ganze ereignete sich 1954. Ich unterstelle meinem damaligen Lehrer, er stand kurz vor seiner Pensionierung, dass er von »Didaktik« nie etwas gehört hatte. Und ich unterstelle ihm, dass er das, was er tat, aus dem einfachen Grund tat, dass er uns mochte und sich fragte, was uns freuen könnte. (Er benötigte für seine montägigen Tafel-Gemälde sicher mindestens eine Stunde.)

Gelingt es, neue Erkenntnisse so an die Kinder heranzubringen, dass sie sie als »Antworten« auf affektiv besetzte »Fragen« erleben und gerne empfangen, weil sie von einer Person kommen, die man mag, bedarf es eines weiteren Faktors, damit diese Erkenntnisse zu gesichertem Wissen werden: *Zeit*! Zeit, um das Neue *ausprobieren* zu können – ich sage mit Absicht »ausprobieren« und nicht »üben«, denn es geht darum, das Neugelernte in der Anwendung *als Bereicherung erleben zu können* –; zweitens braucht es Zeit, um eine selbst vollbrachte Leistung auch als solche würdigen, um als *Werk* gelten zu können, sodass man darauf stolz sein kann. Wenn ich gestern einen Buchstaben lernte und heute schon der nächste dran ist, verliert sowohl meine gestrige (Lern-) Leistung als auch der betreffende Buchstabe an Wert, denn heute zählt beides nicht mehr. Und morgen geht es weiter. Statt lauter kleine Werke zu vollbringen – schließlich bin ich ja selber noch klein –, an denen ich mich erfreuen kann, die ich mir von allen Seiten anschauen und die ich herzeigen kann, finde ich mich tagtäglich am mühsamen Aufbau eines nicht enden wollenden Riesenbaus. Da kann sich keine Beziehung zu den einzelnen Bausteinen bilden.

Wir hatten diese Zeit. Eine Woche für jeden Buchstaben, ein Jahr für das ganze Alphabet – in Großbuchstaben. In der 2. Klasse bekamen »unsere« Buchstaben, die über die Bilder zu Freunden wurden, Kinder: die Druckbuchstaben. Und in der 3. Klasse reichten sie sich die Hände: Lateinschrift. Dagegen kommt es heutzutage gar nicht so selten vor, dass in der 1. Klasse zu Weihnachten, also nach nur zweieinhalb Monaten, das ganze Alphabet, und zwar in Groß- und Kleinbuchstaben, gelehrt wurde.

Übrigens: Auf diese Art und Weise wird »Legasthenie« geradezu gezüchtet. Wer von Ihnen sich ein wenig mit kognitiver Entwicklungspsychologie beschäftigt hat (Montessori, Piaget), weiß, dass es die von mir erwähnte Zeit auch braucht, um die verschiedenen Sinnesmodalitäten zu koordinieren, also etwa den *Laut A* mit dem *Bild A* und der feinmotorischen Leistung, das *A* darzustellen (zu schreiben). Dazu kommt noch die Vernachlässigung der affektiven Faktoren, von denen ich die ganze Zeit rede: Wie hätte ich je den am Laternenpfahl lehnenden, schna**rrr**chenden Betrunkenen (R) mit der Frau mit dem dicken **B**auch (B) oder mit dem **P**apa, der gerade dabei ist, einen Riesenluftballon aufzublasen (P) verwechseln können? Oder die beiden, sich an den Händen haltenden **M**änner (M) mit dem Waisenbuben **N**orbert, der die **N**acht an einem Baum gelehnt verbringen muss (N), oder mit dem auf den Popo gefallenen Wicht mit Zipfelmütze und den in die Höhe gestreckten Beinen (W)?

Noch ein »Übrigens«: Haben Sie bemerkt, wovon diese, auf den ersten Blick vielleicht banal wirkenden Bebilderungen der Buchstaben handeln? Von dicken Bäuchen, (also Schwangerschaft und drohenden Geschwistern), vom Vater, von Freundschaft, von Armut und Elternlosigkeit, von lächerlicher Ungeschicklichkeit und Kleinheit, von sozialem Außenseitertum. Natürlich waren uns diese Bedeutungen nicht bewusst, aber sie erklären unsere Faszination und sie erklären, dass sich kaum je das Gefühl einstellte: »Was hat das alles mit mir und meinem Leben zu tun?«

Ich könnte mir vorstellen, dass Ihnen im Zusammenhang dieser ersten These und meinen anschließenden Erläuterungen ein Einwand auf der Zunge liegt, der meine Forderung, dass die Institution Schule die Verantwortung für schulische Misserfolge der Heranwachsenden übernehmen müsste, statt sie in Form der Feststellung individuellen Leistungsversagen auf sie abzuwälzen, augenscheinlich in Frage stellt: Schließlich und endlich gibt es ja auch Schüler, die mit den Anforderungen der heutigen Schule gut bis sehr gut zurecht kommen, tadellose Leistungen vollbringen und sogar einige, die gerne in die Schule gehen! Ein zutreffender und wichtiger Einwand! Ich werde ihn im Rahmen des zweiten »pädagogischen Mythos« diskutieren: des *Mythos Verhaltensstörung*.

3.2. Zum Mythos »Verhaltensstörung«

Ein Kind wird gewöhnlich als »verhaltensgestört« oder »verhaltensauffällig« bezeichnet, wenn es sich anders verhält, als man von ihm erwartet. Der Zuschreibung Verhaltensstörung bzw. -auffälligkeit sind also Verhaltens*normen* eingeschrieben, die entweder von einer Institution (Kindergarten, Hort, Schule) oder einer Person (Erzieherin, Eltern, Lehrer) gesetzt werden. Diese Normen werden von jenen, die die Kinder an ihr messen, freilich nicht als willkürlich gesetzt betrachtet: Niemand würde ein Zweijähriges, das sich in einem klassischen Konzert nicht 2 Stunden lang ruhig verhält, als verhaltensgestört bezeichnen. Vielmehr wird vorausgesetzt, daß jene Normen altersentsprechend und der jeweiligen Situation angemessen sind. Daraus folgt schlüssig, dass von der Norm abweichendes Verhalten *als Symptom* zu betrachten ist, das auf einen Entwicklungsrückstand, auf Überforderung (z.B. durch familiäre Probleme) oder auf eine neurotische Störung hinweist und daher zu pädagogischer Besorgnis Anlass gibt. Somit wird die Bezeichnung »Verhaltensstörung« oder »-auffälligkeit« wie eine psychopathologische Kategorie gehandhabt. Dem entgegengesetzt formuliere ich meine 2. These.

These 2:[4]

Die der Institution Schule eingeschriebenen Verhaltensnormen (stundenlang sitzen, spontane Einfälle und Wünsche hintanhalten, Konzentration auf eine Person, emotionale Regungen unterdrücken, Ordentlichkeit, Pünktlichkeit, sich der Autorität des/r Lehrers/in fügen usw.) befinden sich im Grenzbereich dessen, was man von einem gesunden Heranwachsenden erwarten kann. Nicht umsonst hat Peter Fürstenau (1979) in seiner bekannten Studie darauf hingewiesen, dass zwangsneurotische Kinder die größte Chance haben, als vorbildliche Schüler zu gelten. »Verhaltensstörung« und »Angepasstheit« sind die extremen Ausformungen eines grundsätzlichen Konfliktes: zwischen den Erwartungen der heutigen Institution Schule und der je besonderen Persönlichkeit des Kindes. Wo sich das Kind zwischen diesen Extremen positioniert, hängt von einer Reihe von Variablen ab, die weder mit Intelligenz noch mit psychischer Gesundheit etwas zu tun haben müssen. Die wichtigsten dieser Variablen sind: die persönliche Beziehung zum (die Institution repräsentierenden) Lehrer; die (von zu Hause) mitgebrachte Anpassungsbereitschaft bzw. -neigung; das Ausmaß der in der Schule erlebten Selbstbestätigung und schließlich das Geschlecht des Kindes (Buben tendieren weit mehr zu Auflehnung, v.a. gegen Lehrerinnen). Hingegen lassen sich aufgrund des schulischen Verhaltens allein weder Rückschlüsse auf den gegenwärtigen psychischen Gesundheitsstatus der Kinder noch auf ihre Entwicklungschancen ziehen.

Folgt man dieser These lässt sich sagen, dass die »Verhaltensstörung« bzw. »Verhaltens-auffälligkeit« zwar insofern ein *pädagogisches Problem* ist, als erstens die von solchen Kindern betroffenen Lehrer/innen in ihrem Unterricht gestört sind und dafür eine Lösung finden müssen. Und zweitens sich Schule bzw. Lehrer die Frage stellen müssten, inwiefern und warum es nicht gelingt, den Erwartungen, Hoffnungen und Wünschen der Heranwachsenden so zu begegnen, dass sich nicht Feindschaft, sondern gemeinsame Anstrengung einstellt. Hingegen scheint es unstatthaft, die »pädagogische Besorgnis« auf

4 Da ich mich im 1. Band (Kap. 11: *Mythos Verhaltensstörung: Wer stört wen?* mit diesem Thema recht ausführlich beschäftigt habe, beschränke ich mich hier auf ein paar knappe Hinweise.

den Schüler bzw. seine Familie zu richten! Ein paar Überlegungen bzw. empirische Befunde mögen Ihnen diese Behauptungen etwas näher bringen

– Als erste Variable, die schulisches Verhalten bestimmt, habe ich die *persönliche Beziehung zwischen Lehrer/in und Kind* genannt. Natürlich spielt hier auch so etwas wie spontane Sympathie eine Rolle, von besonderer Bedeutung sind aber die unbewussten Übertragungs- und Gegenübertragungsprozesse, von denen ich zu Beginn meines Vortrages sprach. Ob aber ein Kind seine/n Lehrer/in mit den positiven Seiten seiner Eltern-Imagines identifiziert, sich daher unterstützt und gemocht fühlt, oder aber seine/n Lehrer/in als Symbol der negativen Erfahrungen (die jedes Kind mit seinen Eltern auch macht) erlebt, hängt oft von unvorhersehbaren Kleinigkeiten, Äußerlichkeiten oder Zufällen ab. In letzterem Fall – bei so genannter »negativer Übertragung« – wird sich das Kind verlassen, kontrolliert oder kritisiert fühlen, was entweder zu Auflehnung oder aber auch ängstlicher Anpassung führt.
– Zu verstehen, dass *Unauffälligkeit* zwar sehr wohl auf einer guten Lehrer-Schüler-Beziehung beruhen kann, ebenso oft aber auch ein *Angstsymptom* sein kann, ist mir ein besonderes Anliegen. Denn letzteres macht zwar »brave«, in vielen Fällen jedoch keine »guten« Schüler, denn Angst lähmt oder provoziert Widerstand – in diesem Fall Widerstand nicht gegen die Person des Lehrers, sondern gegen den Lernstoff oder die Schule als Ganzes, die immer mehr von einem Ort, an dem ich mich beweisen, wo sich mein Selbstbewusstsein auftanken kann, zum Symbol meines Versagens wird. Empirisch belegt sind diese Zusammenhänge durch eine Vielzahl lernschwacher Kinder, die ich psychologisch zu testen Gelegenheit hatte, und die sich als intellektuell durchaus durchschnittlich bis hoch überdurchschnittlich begabt herausstellten.
– Der Verdacht Fürstenaus (s.o.), dass die *Unauffälligkeit* von Schülern gar *das Ergebnis einer neurotischen Entwicklung* sein kann, bestätigte sich mir in einer beträchtlichen Zahl von adoleszenten Psychotherapie-Patienten, die wegen Prüfungs- oder Versagensängsten und / oder Depressionen zu mir in Behandlung kamen. Die überwiegende Mehrzahl von ihnen war von früh auf immer brav und unproblematisch, Lieblinge der Kindergärtnerinnen und Lehrer/innen gewesen. Umgekehrt ist die Zahl schlechter und »schlimmer« Schüler, die später ihren Weg machten und auch Universitätsstudien ohne Probleme absolvierten, Legion.
– Als vierte Variable nannte ich das *Geschlecht des Kindes*. Etwa 80 % der als »verhaltensgestört« bezeichneten Kinder sind Buben. Und auch die Lernleistungen der Buben liegen in den letzten Jahren im Durchschnitt

> signifikant unter jenen der Mädchen. Das dürfte weder damit erklärbar sein, dass Buben »gestörter« noch dass sie unintelligenter als Mädchen sind. Die deutlich größere Anpassungsbereitschaft bzw. -fähigkeit von Mädchen gegenüber den Verhaltens- wie Lernanforderungen der Schule, aber auch schon des Kindergartens, hängt vielmehr in erster Linie damit zusammen, dass die Anforderungen (Normen) dieser Institutionen durch Frauen repräsentiert sind: durch Erzieherinnen, Lehrerinnen und Hausübungen überwachende Mütter. Im Gegensatz zu den Mädchen fehlen den Buben im so schwierigen Prozess der geschlechtlichen Identitätsfindung die bewunderten gleichgeschlechtlichen Erwachsenen, mit denen sie sich identifizieren könnten. Um sich als Bub und als stark zu fühlen, bleibt ihnen daher u. U. nur die Opposition: *anders* zu sein als Mädchen und Frauen, wobei sich dann diese Opposition nicht nur gegen die Person der Lehrerin, sondern auch gegen die von ihr repräsentierten Werte und Normen richten kann.

Dieser geschlechtsspezifische Aspekt erscheint mir besonders bedenkenswert und zugleich Besorgnis erregend. Die Weigerung von Männern, pädagogische Berufe zu ergreifen – eine Umkehr dieses Trends ist nicht abzusehen: in meiner Einführungsvorlesung an der Universität sitzen zurzeit unter ca. 400 Hörerinnen ganze 5 Männer! –, dazu die durch Berufstätigkeit, vor allem aber durch Scheidung bedingte Abwesenheit von Vätern im Leben der Kinder, führt immer öfter dazu, dass viele Buben im Alltag kaum Erfahrungen mit Männern, mit denen sie sich dann auch identifizieren können, machen. So kommt es, dass an sich wichtige, gesunde und pädagogisch wertvolle Regungen wie Kritik, Oppositionsbereitschaft (auch gegenüber Autoritäten), Ehrlichkeit, Solidarität, Eintreten für Gerechtigkeit usw. bei Buben in den Dienst der Sicherung der eigenen *Geschlechtsidentität durch Abgrenzung gegenüber dem Weiblichen* gestellt werden und im (aktiven oder passiven) Kampf gegen Schule / Leistung / Lernen ihr hauptsächliches Betätigungsfeld finden.[5]

Auch in dieser Hinsicht hätten wir es also damit zu tun, dass nicht die Schüler (aufgrund ihrer Eigenschaften, Persönlichkeiten oder »Defizite«) nicht zur Schule »passen«, sondern die Schule das, was die Heranwachsenden – hier: die Buben – für ihre Entwicklung benötigen würden, nicht bieten kann.

5 Natürlich leiden auch die Mädchen unter der Abwesenheit von Vätern bzw. Männern im Alltag. Sie wirkt sich nur weit weniger negativ auf die Schulkarriere aus. Was hingegen die Entwicklung der weiblichen Geschlechtsidentität und (unbewussten) Partnerschaftsmodelle betrifft, ergeben sich im späteren Leben daraus ebenso große Probleme wie für Buben. (Vgl. dazu auch Kap. 3: *Wozu brauchen Kinder Väter?* in diesem Band.)

Verstehen Sie mich nicht falsch: Ich will keineswegs behaupten, dass Buben schlimme oder schlechte Schüler sein müssen; auch nicht, dass die Relation von Verhaltensauffälligkeit bzw. schulischem Leistungsniveau auf der einen und psychischer Gesundheit, Begabung und Entwicklungschancen auf der anderen Seite geradezu umgekehrt proportional wäre. Ich behaupte lediglich, dass zwischen beiden Seiten keine eindeutige Relation besteht, dass es sich um voneinander unabhängige Phänomene handelt, dass also »Verhaltensstörung« weder als psychopathologische Kategorie noch als prognostisches Kriterium taugt. Mit einer Einschränkung allerdings: Die Zuschreibung »Verhaltensstörung« kann leicht zu einer Stigmatisierung werden, mit der sich Heranwachsende – wenn es kein Gegengewicht gibt, etwa seitens der Eltern – unter Umständen zu identifizieren beginnen. Was sich als eigentlich unstatthafte Diagnose gebärdet, kann auf diese Weise schließlich zur selffullfilling prophecy werden.

Der Hinweis auf die »Eltern als Gegengewicht« ist bereits ein Vorgriff auf das, was ich zum dritten »Mythos«, der so genannten Schulpartnerschaft, anzumerken habe.

3.3. Zum Mythos »Schulpartnerschaft«

Ich kann mir gut vorstellen, dass manchem von Ihnen die Verbindung von »Schulpartnerschaft« und »Mythos« befremdlich erscheinen muss. Zumal es sich dabei doch eher um ein demokratiepolitisches als ein pädagogisches Konzept handelt. Und tatsächlich halte ich die Zusammenarbeit von Schülern, Eltern und Lehrern in vielen Bereichen des Schulalltags für eine überaus begrüßenswerte Errungenschaft. Wenn ich mich hier kritisch zu Wort melde, meine ich einen ganz bestimmten Aspekt von Schulpartnerschaft, ja, vielleicht gehört er ihr eigentlich gar nicht an und wird ihr eher missbräuchlich eingemeindet. Wovon ich sprechen möchte, ist die – nicht immer, aber doch sehr häufig – an die Eltern herangetragene Erwartung oder gar Aufforderung, *die Ziele der Schule auch zu Hause, in der Familie nachdrücklich zu unterstützen.* Sehr oft nimmt diese Erwartung sogar die Form einer Verpflichtung an: »Es ist Ihre Aufgabe als Eltern, mit dem Kind zu lernen und zu üben!«, und gar nicht so selten sollten Eltern auch noch die Hausübungen kontrollieren, ja sogar korrigieren. Gegen diese nicht überall, aber doch weit verbreitete Gepflogenheit möchte ich meine 3. These richten:

These 3

Soll die Schule ihr Selbstverständnis als pädagogische Institution erfüllen, darf ihre vordringliche Aufgabe nicht darin bestehen, den Lernstoff lediglich zu präsentieren, auf dass er dann zu Hause durchgearbeitet und gelernt werde. Im Gegensatz zur Universitäts-Vorlesung hat schulischer Unterricht so zu geschehen, dass die Schüler tatsächlich in der Schule (und nicht für die Schule) lernen. Dementsprechend hat sie für die Erreichung dieses Zieles auch selbst zu sorgen: Das betrifft sowohl das kognitive Verstehen neuen Lernstoffs, seine Integration in den bestehenden Wissensbestand als auch die notwendigen Rahmenbedingungen, die für einen Großgruppen-Unterricht Voraussetzung sind, wie etwa Ruhe in der Klasse, aber auch ein Mindestmaß an Interesse für den neuen Stoff.

Aufgabe der Eltern dagegen ist es, den Kindern in der Familie einen Erfahrungs- und Erlebnisraum zur Verfügung zu stellen, in welchem all die emotional so bedeutenden Regungen und Bedürfnisse der Kinder, die in unserer heutigen Schule – wie ich versuchte zu zeigen – leider viel zu kurz kommen, ausgiebig Platz finden können, in welchem auch andere Werte und Normen gelten dürfen.

Kurz und einfach könnte man diese These auch so formulieren: Die Schule ist ein wichtiger Teil des kindlichen Lebens, das ist richtig und notwendig. Aber sie darf das Leben, und das heißt auch: die für seine Entwicklung bedeutsamen Erfahrungen nicht beherrschen!

Meine These läuft also auf eine ziemlich strikte Trennung von Schule und Familienleben (versus »Partnerschaft«) hinaus. Nun meine ich durchaus nicht, dass diese Trennung *absolut* sein kann oder soll. Dass ich mir wünschen würde, dass das, was die Heranwachsenden in den verschiedenen Entwicklungsphasen emotional beschäftigt, in das schulische Geschehen Eingang finden sollte, habe ich ja ausdrücklich betont. Und natürlich tun Eltern ihren Kindern nicht nur Gutes, wenn sie den Erlebnisraum Schule völlig ignorieren. Um zwischen Schule und (Familien-)Leben eine für die Kinder förderliche Brücke zu schlagen, genügt es jedoch, an den schulischen Ereignissen *liebevolles Interesse* zu zeigen, für Leistungen *Anerkennung* zu zollen und die Kinder *emotional zu unterstützen*. Es ist selbstverständlich auch in Ordnung, dem Kind bei einem Stoff, bei welchem es sich unsicher ist, mit zusätzlichen Erklärungen zu helfen, wenn es das möchte; auch ist es zu begrüßen, wenn es Eltern gelingt, lustvolle Situationen des Lesens und Vorlesens zu gestalten, die Kultur des Briefe- oder Tagebuchschreibens zu fördern usw. Worum es mir geht, ist, dass alle diese »Förderungen« und »Unterstützungen« etwas *Zusätzliches* sind, das sich zwar auf den schulischen Erfolg positiv auswirken kann (und wird), aber für den schulischen Erfolg keine *Voraussetzung* darstellen dürfte. Es ist die Aufgabe der Eltern, dem Kind die Welt zu eröffnen; dass dies auch dem schulischen Lernen hie und da zugute kommt, versteht sich von selbst. Aber diese Aktivitäten unternehme ich als Vater, als Mutter *für mein Kind und nicht für die Schule.*

Natürlich leitet sich die Vehemenz, mit welcher ich meinen Standpunkt vertrete, wie das meiste, was wir denken, befürworten oder ablehnen, aus meiner persönlichen und beruflichen Erfahrung her.

Als erstes fallen mir die zahlreichen Erstklässler ein, denen es vorkommen muss, als seien sie von einem bösen Dämon verzaubert worden. Bis gestern durften sie sich als Augenstern ihrer Eltern erleben, die sich an ihrer Lebhaftigkeit, ihrem Humor, ihrer Kreativität, ihrer Schlagfertigkeit, ihrem Charme und ihrer Phantasie erfreuten. Von einem Tag auf den anderen zählt das alles nicht mehr. Alle Anerkennung, das einzige, was für die Eltern mit einem Male zu zählen scheint, ist, ob die Schultasche eingeräumt ist, die Hausübungen (richtig) gemacht wurden, fleißig gelernt wird und von der/m Lehrer/in Anerkennung und Lob kommt. Funktioniert all das nicht reibungslos, erntet das Kind gar negative Kommentare oder schlechte Zensuren, erleben die Kinder solcher, mit der Schule komplett identifizierter Eltern nicht nur einen weitgehenden *Selbstverlust* – weil sie ihre Eltern nur mehr enttäuschen –, sie erleben in gewisser Weise auch einen *Verlust ihrer Eltern*, nämlich den Verlust jener Eltern, von denen sie sich geliebt fühlten und die auf sie stolz waren. Einige von ihnen lerne ich dann kennen, weil sie »in der Schule versagen«, »weinerlich und depressiv« oder »jähzornig« geworden sind, ins Bett machen u. a. m. (Die Probleme verschwinden mitunter ganz schnell, wenn es mir gelingt, dass sich die Eltern wieder auf die Seite ihrer Kinder stellen, wenn sie in ihnen wieder ihre »ganzen« Kinder sehen und sie nicht mehr auf die Fiktion »Schüler« reduzieren.)

Ich denke auch an die so genannten »Mitteilungshefte«, die mir besorgte Eltern zeigen, in welchen ich Eintragungen finde wie: »Daniel hat trotz zweimaliger Aufforderung sein Schulübungsheft nicht aus der Schultasche genommen und aufgeschlagen!« »Ich musste Corinna mehrmals ermahnen, weil sie während der Stunde von ihrem Jausenbrot abbiss!« »Klara ist unkonzentriert, schaut immer wieder beim Fenster hinaus!« »Oliver stört den Unterricht wiederholt durch Blödeleien und Schwätzen!« »Alexander hat in der Pause eine Mitschülerin gestoßen und angespuckt!« usw. Was soll ich als Vater oder als Mutter mit solchen Informationen anfangen? Am liebsten würde ich zurück schreiben: »Das geht mich nichts an!« oder: »Tut mir leid, aber das hat er/sie wohl von mir, ich war als Kind auch oft so!« (Natürlich tue ich das nicht, weil ich meinem Kind bei seinem/r Lehrer/in schaden würde.) Vielen Eltern machen solche Mitteilungen jedoch angst, sie fassen sie wie eine schlechte Note für ihre Elternschaft auf und beginnen, auf ihr Kind Druck auszuüben.

Beides, die Delegation der Verantwortung für den Schulerfolg als auch für das Betragen der Kinder an die Eltern, führt zwangsläufig dazu, dass sich die schulischen Probleme und Konflikte in das familiäre Leben hinein fortsetzen. Und es führt dazu, dass die Kinder den Eindruck erhalten, die Eltern stünden nicht mehr zu ihnen, sondern auf der Seite der Schule, was zu einer u. U. massiven Belastung der familiären Liebesbeziehungen führen kann und damit zu einer wesentlichen Beeinträchtigung des für die Entwicklung des Kindes so wichtigen Gefühls, geliebt und geborgen zu sein.

Versuchen Sie einmal, diese für Kinder so alltäglichen Auseinandersetzungen mit den Eltern über schulische Angelegenheiten auf ihre eigne Ehe oder Partnerschaft umzumünzen: Stellen Sie sich vor, Sie kämen von der Arbeit nach Hause und erzählen Ihrer Frau / Ihrem Mann gekränkt, frustriert von einer Ungerechtigkeit Ihres Vorgesetzten oder von einem Konflikt mit Kollegen. Was würde in Ihnen vorgehen, wenn Ihr Partner, der wichtigste Mensch in Ihrem Leben, antwortet: »Dein Chef wird schon gewusst haben, warum er mit Dir unzufrieden ist!« Oder: »Deine Kollegen werden schon einen Grund haben, wenn sie sich gegen Dich stellen!« Verstehen Sie, was ich meine?

Frau A. suchte mich in meiner Praxis auf, weil ihre Tochter Linda (11 Jahre) an Angstsymptomen leidet. Diese haben zwar eine lebensgeschichtliche Wurzel, werden aber – wie die diagnostische Abklärung ergab – durch ständige wütende Auseinandersetzungen um Hausübungen und Stoffwiederholungen am Leben erhalten und verstärkt. Da ich es für wichtig erachte, dass Frau A. den Druck auf ihre Tochter reduziert, konfrontiere ich sie mit eben den Überlegungen, die ich gerade vor Ihnen angestellt habe. Darauf sieht sie mich unglücklich an und sagt: »Aber, was soll ich denn machen: Sie hat von dem Stoff, der in den Hausübungen aufgegeben ist, nichts verstanden! Ich muss ihr erst alles erklären, sie kommt von sich aus und jammert, sie wüsste nicht, wie es geht. Und wenn ich es dann versuche, macht sie zu und will dann nicht mehr weitermachen. Das ist dann der Punkt, wo ich explodiere und wir schreien uns nur mehr an.« Linda bestätigt mir gegenüber die Angaben ihrer Mutter: Vor allem in Mathematik, Deutsch und Englisch verstünde sie selten etwas von dem, worüber die Lehrer/innen gerade sprechen. Das Nachfragen habe sie sich angesichts von Antworten wie »Hättest Du besser aufgepasst!«, »Also ein letztes Mal für jene, die es immer noch nicht kapieren…« abgewöhnt, sie schreibe »blind« von der Tafel ab und verlasse sich darauf, dass ihr die Mutter das schon irgendwie erklären wird. (Ergänzend ist anzumerken, dass es sich bei Linda um ein deutlich überdurchschnittlich intelligentes Mädchen handelt.)

Der zwölfjährige Thomas hat laut Aussagen der Lehrer und der Eltern jegliches Interesse an der Schule verloren. Er lernt nichts, macht keine Hausübungen, im Unterricht ist er passiv oder stört. Das einzige, was ihn interessiere, erzählen mir die Eltern, seien Fernsehen, Computerspiele und Unternehmungen mit Freunden. Vor ca. zwei Monaten begann er nun, wiederholt den Unterricht zu schwänzen, was der unmittelbare Anlass war, der die Eltern zu mir führte. Es würde viel zu weit führen, die ganze Komplexität und Geschichte von Thomas' Problem darzulegen. Aber ein Detail aus der diagnostischen Abklärung wird Sie interessieren. Es gibt einen Test, den so genannten »Satzergänzungstest« (SET), bei dem vorgegebene Satzanfänge zu ganzen Sätzen vervollständigt werden sollen. Die Testvariante, die ich verwende, besteht aus 52 Sätzen, richtiger: Satzanfängen, die bestimmte Themen nahe legen (Wünsche, Ängste, Werturteile, Selbstbild, diverse Bezugspersonen, Leidenschaften etc.). Lediglich 2 Satzanfänge legen das Thema Schule nahe: »In der Schule…« und »Ich versage meist…«, hingegen lässt Thomas mehr als die Hälfte aller Sätze von der Schule handeln, von der Schule, die ihm angeblich gleichgültig ist, tatsächlich jedoch den Hauptinhalt seines Denkens und Befindens darstellt. Freilich einen Inhalt, der (inzwischen) durch und durch negativ gefärbt und als Bedrohung wie als Qual erlebt wird.

Ich könnte Ihnen noch viele Situationen, Beispiele oder Fälle erzählen, an denen deutlich wird, wie sehr schulische Probleme (i. w. S.) Gefahr laufen, das ganze Leben der Heranwachsenden zu überwuchern. Ich sage absichtlich »überwuchern«: Denn wenn uns daran gelegen ist, den Kindern zu helfen, ihre Fähigkeiten auch wirklich nützen zu können und die Chance zu optimieren, als Erwachsene ein erfüllendes Leben zu führen, das so etwas wie »Glück« schenken kann, muss in der Kindheit und Jugend – neben schulischer Bildung und Ausbildung – hinreichend Platz sein, für

- Spielen;
- Bewegung und Sport;
- Lesen bzw. Vorlesen-Lassen von spannender Lektüre (die Betonung liegt auf »spannend«);
- Hobbys, wie Basteln, Konstruieren, Sammeln etc.;
- Musizieren und Musikhören;

- Gemeinsame Unternehmungen mit Eltern, Großeltern, Geschwistern etc.;
- Unterhaltung und Unternehmungen mit Freunden, soziale Anerkennung in der Gleichaltrigen-Gruppe;
- Feste feiern;
- auch für Faulenzen, keine »Termine« haben;
- u.a.m., vor allem aber: für das Erlebnis, den Eltern Freude zu machen, einfach, weil ich auf der Welt bin, und von ihnen geliebt zu werden, wie ich bin.

All diese Erfahrungen und Aktivitäten haben – pädagogisch gesehen – eine entwicklungsfördernde Bedeutung, die über »Freizeitbeschäftigung« weit hinausgeht. Sie ermöglichen die Sublimierung und symbolische Befriedigung von Triebregungen, die im »ernsten« Alltag nicht befriedigbar sind; ermöglichen die symbolische Bearbeitung innerpsychischer Konflikte; stärken die familiären Liebesbeziehungen; fördern über diese Liebesbeziehungen Identifizierungsprozesse mit Eltern, älteren Geschwistern, woraus sich wichtige Lern- und Bildungsmotivationen ergeben können; dienen der grob- und feinmotorischen Entwicklung bzw. körperlichen Gesundheit und erfüllen, gewissermaßen nebenbei noch wichtige Bildungsfunktionen.

4. Ein psychoanalytisches Schlusswort

Ich komme zum Schluss meiner Ausführungen. Sie erinnern sich: Ich habe im *1. Teil* meines Vortrages auf mir ganz wichtig erscheinende Defizite der pädagogischen Konzepte, die der heute üblichen Unterrichtsgestaltung zugrunde liegen, hingewiesen. Hauptangriffspunkt meiner Kritik bildete der von mir so genannte *»geheime Behaviorismus«* unserer Schulpädagogik. Damit meine ich, dass sich der Unterricht – unbeschadet aller, vorzugsweise in diversen Präambeln niedergelegten Versicherungen, den *ganzen Menschen* bilden zu wollen – an einer Didaktik orientiert, die den Lern- und Bildungsprozess der Heranwachsenden wesentlich als kognitiven Prozess versteht, damit aber die emotionale Verankerung kognitiver Prozesse übersieht oder zumindestens bedeutsam unterschätzt. Lernprozesse können erfolgreich und dauerhaft nur dann sein, wenn die entsprechenden affektiven Voraussetzungen gegeben sind. Zwei dieser Voraussetzungen betrachte ich als besonders bedeutsam: Was ich lernen (und dauerhaft beherrschen) soll, muss erstens in einem Zusammenhang mit den Fragen und Problemen stehen, die mich lebensgeschichtlich und meiner Entwicklungsphase entsprechend hauptsächlich beschäftigen. Zweitens müssen sie in überwiegend positive, d.h. freundlich-liebevolle und weitgehend angstfreie Beziehungen eingebettet sein. Das aber ist nur möglich, wenn das, was mich interessiert, freut, mir Sorgen bereitet oder mich ängstigt, in diesen Beziehungen Platz findet. Wenn etwas davon in einer Schule / Klasse auch heute schon der Fall ist, dann ausschließlich aufgrund des besonderen Engagements der Lehrer/innen. Tendenziell laufen hingegen die Leidenschaften, Gefühle, Bedürfnisse und Charaktereigenschaften der Kinder, die sich nicht mit der Abstraktion »Schüler« decken, Gefahr, als Störfaktoren reibungslosen Unterrichts aufzufallen, also »nicht in Ordnung zu sein«.

Pädagogisch bedenklich ist dieser »geheime Behaviorismus« nicht nur deshalb, weil unter diesen, zur Didaktik nicht passenden Eigenschaften auch viele sind, die für das spätere Leben von großer Bedeutung sind (z.B. Emotionalität, Humor, Solidarität, Gerechtigkeitssinn, Kritik, Oppositionsbereitschaft, Kreativität), sondern weil diese Didaktik ihr Scheitern notwendigerweise in sich trägt: Schul- und Lernunlust; schlechte Leistungen; Defizite in den grundlegenden Kulturtechniken auch bei jenen Schülern, die ihre Schullaufbahn scheinbar erfolgreich absolvieren; mitunter erschreckende Wissensdefizite älterer ehemaliger Schüler, die offenbar kaum etwas vom einstmal Gelernten behalten haben. An diesem Punkt brachte ich die »Selbsterhaltungsmythen« – »Schulversagen ist individuelle Schuld des Schülers«, »Auffälliges Verhalten ist ein i.w.S. pathologisches Symptom« und, eine Variation des ersten Mythos: »Die Eltern haben für Schulerfolge und Betragen der Schüler die Verantwortung zu tragen« – ins Spiel. Ich habe mich bemüht, Ihnen zu zeigen, dass diese uns inzwischen ganz selbstverständlich erscheinenden Ansichten bei näherer Betrachtung nicht haltbar sind. Aber sie haben de facto die Funktion, das Scheitern dieser Didaktik zu verschleiern, indem sie die Gründe dafür nach außen verlegen, die Schuld auf die Kinder bzw. Familien projizieren. Was dazu führt, dass die Spannungen auf die familiären Beziehungen übergreifen, wodurch sich die Chancen auf eine gute, gesunde psychische Entwicklung weiter verringern. Auf diese Weise scheitert die Schule nicht nur am Bildungsauftrag der Gesellschaft, sondern wird häufig sogar selbst zu einem pathogenen Faktor.

Soweit eine kurze Zusammenfassung meines Vortrags. Aber ich habe Ihnen ja ein »psychoanalytisches Schlusswort« versprochen. Ich möchte mich zum Schluss nämlich noch einmal an Sie persönlich wenden.

Ich habe wiederholt betont, dass meine Kritik an der Schule keine Kritik an den Lehrerinnen und Lehrern ist, ganz im Gegenteil: Wo immer Ihnen, im Hinblick auf eine konkrete Schule oder Klasse bzw. übliche Unterrichtsgestaltung meine heutigen Charakterisierungen überzogen zu sein scheinen, ist es Ihrem persönlichen Engagement und Ihrer Haltung zu verdanken, dass die

Praxis doch häufig besser ist als die das System leitenden Theorien. Dennoch kann ich mir gut vorstellen, dass meine Ausführungen wohl bei so manchem von Ihnen einen unangenehmen Nachgeschmack hinterlassen haben. Denn es ist natürlich Ihre Arbeit als Lehrer, über die sich die pädagogischen Defizite der Institution realisieren. Wenngleich Sie also keine persönliche Schuld trifft, ist der Umstand, dass die heutige Schule (meines Erachtens nach) ihre pädagogische Funktion gegenüber den Heranwachsenden nur sehr unvollkommen erfüllt, ja mitunter sogar pädagogisch überaus bedenklich agiert, möglicherweise nicht so einfach zu verkraften: Stellt meine Kritik doch den Erfolg Ihrer pädagogischen Bemühungen in Frage und könnte daher auch irgendwie als Angriff auf Ihre professionelle Identität erlebt werden. Sollte dem so sein, folgt daraus, dass die »Selbsterhaltungsmythen« nicht nur der Institution bzw. ihren leitenden Konzepten dienen, indem sie deren Scheitern verschleiern, sondern natürlich auch für den einzelnen Lehrer äußerst attraktiv sind, schützt doch die Delegation von pädagogischer Verantwortung an Schüler, Familien oder auch Berater und Therapeuten (im Zusammenhang mit »Verhaltensauffälligkeiten«) vor narzisstischer Kränkung, Schuldgefühlen und Selbstzweifel.

Nun meine ich jedoch, dass Sie eine solche »Abwehr« (wie wir in der Psychoanalyse sagen) gar nicht nötig haben, Sie also diese von mir als Mythen bezeichneten Delegationen von pädagogischer Verantwortung gar nicht brauchen, weil nämlich gar kein Grund für narzisstische Kränkung, Schuldgefühle oder Selbstzweifel besteht! Sie müssen lediglich bedenken, dass es so gut wie keine berufliche Tätigkeit gibt, die nicht durch gesellschaftliche oder institutionelle Rahmenbedingungen mitbestimmt wäre. Das heißt aber, dass diese Rahmenbedingungen mögliche Ziele, Inhalte, Normen und Effekte konkreter Praxisvollzüge in mehr oder weniger großem Ausmaß stets auch präjudizieren und begrenzen: Das Werk eines Handwerkers muss sich notwendigerweise an den ihm zur Verfügung gestellten Materialien, Arbeitsbedingungen und den Wünschen des Auftraggebers orientieren; auch der Naturwissenschaftler ist in seiner Forschung nicht frei, ist von den Interessen der Wirtschaft abhängig und hat oft genug auf die Verwertung seiner Arbeit keinerlei Einfluss; Ärzte sehen sich immer wieder in der Lage, aufgrund geringer Krankenkassensätze ihre Patienten in nur wenigen Minuten abzufertigen, somit eine medizinische Leistung zu erbringen, die mitunter weit unter dem bleibt, was sie zu leisten imstande wären und wie sie ihre Arbeit gerne ausführen würden; ich selbst muss mich damit abfinden, dass meine Tätigkeit als Psychotherapeut und Erziehungsberater, die ich in privater Praxis ausübe, in erster Linie wenigen privilegierten Patienten, Eltern und Kindern zugute kommt. Und selbst dann sind Kompromisse oft genug unausweichlich, weil für die optimalen Lösungen die ökonomischen, zeitlichen oder geographischen (unterversorgter ländlicher Raum) Voraussetzungen nicht gegeben sind; und vergessen wir nicht, dass unsere ganze Art der Lebensführung und unser Wohlstand letztlich nur über die Ausbeutung der Dritten Welt möglich ist...

Ich halte es für wichtig, zwischen persönlichem Versagen bzw. Schuld und gesellschaftlichen bzw. institutionellen Prädispositionen zu unterscheiden, was auch heißt: *meine Abhängigkeit zu akzeptieren.* Tue ich das, fällt ein wichtiger Grund, mich z.B. durch Mythenbildung (unbewusste »Abwehr«) schützen zu müssen, weg; ich werde fähig, meine persönliche Leistung trotz Einschränkung meiner Möglichkeiten von außen, oder gerade angesichts dieser Einschränkungen, zu schätzen; und schließlich geht mir nur dann der kritische Blick auf etwaige Missstände nicht verloren. Dieser kritische Blick aber ist die Voraussetzung jeder Chance auf Veränderung, seien es kleine Schritte »innen«, also im eigenen Bereich, sei es »außen«, also – auf unser Thema bezogen – im Bereich der Bildungspolitik und bildungstheoretischen Diskussionen. In diesem Sinne wünsche ich mir, dass Sie meine kritischen Ausführungen nicht als Angriff auf Ihre Professionalität erleben mögen, sondern als ein Ersuchen, bei der Verbesserung unserer Schule mitzuhelfen.

9.
Das Unbewusste im Musizieren

Über die Bedeutung des Musizierens für die psychische Entwicklung des Kindes

Editorische Vorbemerkung:
Seit 2001 findet in Graz an einem der letzten Samstage des Jahres ein vom Land Steiermark, der Schulpsychologie, der Universität Graz, der Landesnervenklinik Sigmund Freud-Graz und der Wiener Psychoanalytischen Vereinigung veranstaltetes »Psychoanalytisch-pädagogisches Symposium« statt. Im Jahr 2003 referierte H. Figdor über »Das Unbewusste in der Kunst und die Bedeutung für die Entwicklung des Kindes«, wobei er die Bedeutung künstlerischer Aktivität am Beispiel des Musizierens darstellte. Gegenüber dem Vortrag wurde der folgende Text etwas überarbeitet und erweitert.

Meine sehr geehrten Damen und Herren!

Ein langer Tag liegt hinter Ihnen, und vielleicht lässt bei manchen auch schon die Konzentration etwas nach. Als ich erfuhr, dass mein Vortrag der letzte sein würde, erfasste mich spontan die Idee, ich könnte Ihnen – indem ich über Musik und Musizieren erzähle – einen sinnlich anregenden Abschluss dieses Tages bereiten. Sie sollten sich entspannt zurücklehnen können und genießen, was ich Ihnen erzähle, also eine Art verbales Abschusskonzert geboten bekommen.

Natürlich kommt eine solche Phantasie nicht von ungefähr, wie schließlich alle psychischen Manifestationen ihren Grund haben. Sie hängt mit einer alten, unbefriedigten Sehnsucht zusammen: Durch mehrere Jahre meiner Jugend hindurch hoffte ich auf eine Zukunft als Komponist, Musiker und Dichter, bis ich eines Tages einsehen musste, dass mein Talent dafür nicht ausreichen würde. (Wenn ich heute, als Psychoanalytiker, mit ewig-skeptischen Behavioristen[1] zusammentreffe, die sich bemühen, der Psychoanalyse ihre Wissenschaftlichkeit abzusprechen und ihr bestenfalls den Status einer *Kunst* zugestehen wollen, werde ich zwar als Wissenschaftler überzeugt widersprechen, meine Empörung aber hält sich in Grenzen: denn ein Teil von mir erlebt diese Kritik durchaus als Kompliment.)

Dieser Phase der Vorfreude auf meinen Vortrag folgte indes rasch die Ernüchterung. Denn Musik, wie Kunst überhaupt, kann man machen oder passiv genießen, aber man kann sie nicht erzählen – von der Kunst des Erzählens einmal abgesehen. Kunst *machen* und über Kunst *reden* schließen sich zu ein und demselben Zeitpunkt aus. »Der Begriff zerstört das Ding« formulierte Lacan. Kaum sonst spürt man die Richtigkeit dieses Satzes eindrucksvoller, als wenn es um Kunst geht. Wie könnte man auch das Rot Tizians, die erregende Grazie von Rodins »Liebenden« in Worten beschreiben? Und was verrät Ihnen

$$^{D}/_{4},\ ^{Fis}/_{4},\ ^{A}/_{4},\ ^{A}/_{2},\ ^{A}/_{4},\ ^{A}/_{4} - {}^{Fis}/_{4},\ ^{Fis}/_{4} - \ldots$$

über den Schwung und Zauber des Donauwalzers?

Die Sache mit dem anregenden, entspannenden Abschlusskonzert wird mir wohl nicht gelingen. Ich werde mich also mit Reden begnügen müssen. Kaum aber findet sich mein Narzissmus damit ab, stoße ich auf ein inhaltlich-metho-

1 Zum Begriff des »Behaviorismus« vgl. Kap. 1, Fußnote Nr. 10 in diesem Band.

disches Problem: Es ist mir stets ein großes Anliegen, dass meine Zuhörer, wenn ich von Kindern erzähle und von der besonderen Art und Weise, wie sie die Welt erleben, nicht nur etwas Neues dazulernen, sondern mit dieser Welt der Kinder vertrauter werden, sich also in die Kinder besser einfühlen können. Im Hinblick auf unser heutiges Thema hieße das, Sie nicht nur *wissen*, sondern auch *spüren* zu lassen, was Musizieren bedeuten und auslösen kann. Da es unter Ihnen sicher einige gibt, die nicht singen und auch kein Instrument spielen, müssten wir, um das zu erreichen, hier tatsächlich gemeinsam musizieren. Also doch ein Konzert? Da ich meinen musikalischen Fähigkeiten nicht zutraue, aus Ihnen in kurzer Zeit einen wohlklingenden Chor zu machen, werde ich mich des einzigen Instruments bedienen, das in diesem Raum hundertfach vorhanden ist, des vielleicht großartigsten und vielseitigsten Instruments, das es überhaupt gibt: unserer Phantasie.

Stellen Sie sich also bitte einen wunderbar geschwungenen schwarzen Ebenholz-Flügel vor. Jetzt nehmen Sie Platz vor der elfenbeinweiß-schwarzen Klaviatur, lauschen Sie in die Stille und dann…

1. Der erste Ton

… schlagen Sie einen Ton an!

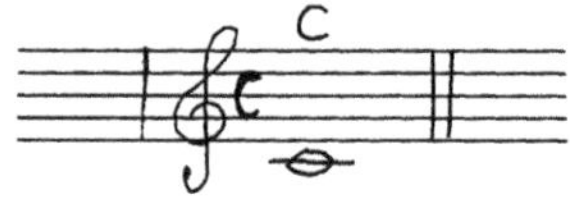

Welch ein Ereignis! Mit einer einzigen Fingerbewegung habe ich den ganzen Raum verändert. Würde ich einen Sessel verrücken, ein Buch vom Tisch nehmen – es würde kaum auffallen. Die Unterbrechung der Stille hingegen ist unüberhörbar. Und es ist nicht einfach *ein Ton,* der den Raum erfüllt, sondern *mein Ton*, *ich* habe ihn hervorgebracht. Das Klavier ermöglicht mir, eine *Wirkung* zu erzielen, die mir vorher nicht zu Gebote stand. Vergleichbar ist dieses Erlebnis vielleicht am ehesten mit dem, was das Baby empfindet, wenn es seine Lautäußerungen das erste Mal bewusst wahrnimmt, nämlich als eigene Schöpfung, und von da an diese neu entdeckte Fähigkeit lustvoll wieder und wieder ausprobiert.

Der große Entwicklungspsychologe Jean Piaget (z.B. 1959) spricht in diesem Zusammenhang von »Zirkulärreaktionen«, womit er darauf hinweist, dass das Baby, anders als bisher, nicht nur auf äußere (soziale) oder innere (körperliche) Reize reagiert, sondern auf einen Reiz, den es selbst erzeugt hat. Der Ton bringt nicht nur den Raum zum Schwingen, sondern auch etwas *in uns*. Dazu kommt, dass der *Ton* – unter der Voraussetzung, dass unser Klavier nicht verstimmt ist – physikalisch gesehen ein stetiges und regelhaftes (durch Ober- und Untertöne im Oktav-, Quint- und Terzabstand abgerundetes) Schwingungsgebilde darstellt, das offenbar Menschen aller Kulturkreise im Unterschied zum (regellosen) *Geräusch* als angenehm, als »gut« empfinden. Mithin habe ich mit nur einer Fingerbewegung nicht nur den Raum um mich, sondern gleichzeitig meine eigene Stimmungslage verändert. Ja, vielleicht ist es gar nicht übertrieben zu sagen, ich habe meine inneren »Geräusche« in diesem Augenblick und für diesen Augenblick zu einem Wohlklang gebracht, so als ob der von mir erzeugte Ton mich selbst zum Instrument genommen hätte, um sich in mir abzubilden. Innen und Außen schwingen im Gleichklang.

2. Der Zweite, dritte, vierte und fünfte Ton

Noch einmal schlagen wir eine Taste an, ein bisschen weiter links oder rechts: wieder ein Ton. Dieser zweite Ton kommt nun aber nicht bloß hinzu. Er steht neben dem ersten und tritt unvermeidlich mit ihm in Beziehung. Als sich unterscheidender (höherer oder tieferer) Ton führt er uns vom Ursprungston weg, schafft somit einen (akustischen) Raum und in diesem Raum eine erste Bewegung, die genau im Augenblick des Erklingens des zweiten Tons eine Entscheidung fordert: Kehren wir mit dem nächsten, dem dritten, Ton zum Ausgangspunkt zurück oder entfernen wir uns noch ein Stück weiter?

Fällt Ihnen etwas auf? Unsere drei Töne – jetzt können wir schon fast von einer *Melodie* sprechen – repräsentieren ein Grundmuster unseres Lebens. Ob wir nun von »Reiz und Reaktion«, von »Triebbedürfnis und Befriedigung«, von »Wunsch und Erfüllung« oder von »Ungleichgewicht und Gleichgewicht« sprechen, immer geht es um die Polarität von *Spannung* und *Entspannung*. Immerwährende Homöostase würde jede Entwicklung verhindern, immerwährende Spannung jedoch letztlich zum Tod führen. Auf einer fortgeschritteneren Entwicklungsstufe finden wir dieses Grundmuster des Lebens in der Ambivalenz zwischen der Freude am Gewohnten und dem Reiz des Neuen; dem Wunsch nach symbiotischer Wiedervereinigung (für den zumeist die Mutter steht) und dem Drang, groß und unabhängig (meist durch den Vater repräsentiert) zu sein; und nicht zuletzt im Phänomen der sexuellen Erregung, die einerseits mit Macht zur Befriedigung drängt (unlustvolle Seite der Spannung), andererseits wird das sexuelle Erlebnis umso erfüllender sein, je länger wir die Entspannung hinauszögern, je mehr wir an Spannung zulassen.

Die Dreitonmelodie, also z. B.

ist wie ein Erregungshauch, ein kleiner Schritt vor die Haustür, ein kurzer Blick hinaus (immerhin!) und gestattet uns unmittelbare Befriedigung, die rasche Rückkehr an den Ausgangspunkt (Haus, Nest, Brust, Hafen...). Entferne ich mich mit dem dritten Ton hingegen noch weiter vom Ursprungston, z. B.

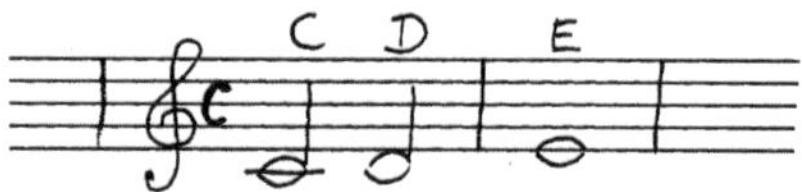

vergrößert sich die Spannung, ja ich erhöhe sie noch dadurch, dass ich bei ihm doppelt so lange verweile. Es drängt mich zurück zum C. Falls mir der Sprung zum C zu groß erscheint, kann ich mich noch eines Zwischenschrittes bedienen. Dieser verzögert zwar die Rückkehr, verringert jedoch die Spannung:

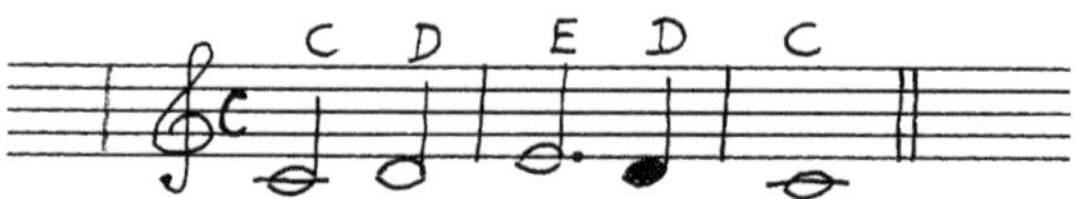

Bleiben wir noch einen Augenblick beim vierten Ton, in unserem Beispiel das D, stehen. Die Verringerung der Spannung könnte uns Mut machen, noch einen kleinen Umweg vorzunehmen, am Ziel noch ein Stück vorbeizulaufen, bevor wir uns endgültig zur Ruhe begeben, also etwa:

Sie werden bemerkt haben, dass wir hier inzwischen von Grundprinzipien des musikalischen Aufbaus sprechen. Die Spannungsbögen können über einzelne Noten/Töne (wie in unseren Beispielen), wenige Takte (wie etwa bei einfachen Volksweisen oder Kinderliedern) reichen, sich aber auch (wie etwa in der Musik der Romantik) über zehn, zwanzig Minuten und länger erstrecken. (Als Hörer dieser Werke kann es mitunter passieren, dass der zugemutete Spannungszeitraum überreizt wird. Wie im zu lange verzögerten Liebesvorspiel kann dann die Spannung/Erregung, statt sich weiter zu steigern, auch zusammenbrechen, während andere gerade aus dieser Verlangsamung oder dem beständigen Wechsel von Annäherung und Wiederentfernung die größte Lust beziehen.)

Natürlich ist das Bewegungsmuster Entfernung – Rückkehr nur die einfachste Form musikalischer Spannungsbögen. Im 2. Lebensjahr beginnt das Kind, nicht mehr nur von der Mutter weg- und wieder zurück zu schauen, weg- und zurück zu kriechen (bzw. zu verlangen wieder aufgenommen zu werden), sondern von der Mutter weg zu einer anderen Person hinzustreben, allmählich in der Entfernung auch zu *verweilen*, lernt mit der Zeit *immer größere Räume* zu nutzen, seine Bewegungen zu variieren, indem es sich langsam *vortastet*, entschlossen *schreitet* oder wie verrückt *rennt*. Dabei kann es geheimnisvoll leise sein, freudig lachen, mitunter auch markerschütternd schreien. Es kann auch an ein und demselben Ort bleiben und so lange springen oder schaukeln, bis es wieder zur Ruhe kommt. Alle diese Varianten psychomotorischer Aktivität finden wir in der Musik wieder, die wir – zumindest ab dem 2. Ton und so lange wir es mit Melodien i. w. S. zu tun haben – als Bewegung verstehen können: in der Folge der Töne, die Räume schaffen und überbrücken und die mit Hilfe der Metrik (= das musikalische »Versmaß«, das durch die Unterteilung in Takte bzw. durch spezifische, gleichbleibende Betonungen innerhalb der Takte erreicht wird), der dynamischen Varianten (= Veränderung der Lautstärke), des Tempos, der Agogik (= Verzögerung und Beschleunigung) und mit Hilfe spezifischer Rhythmen diese Bewegung gewissermaßen energetisch aufladen.

3. Musik als Übergangsraum

Schon bald nach der Geburt nehmen Babys nicht nur mit den Menschen ihrer Lebensumwelt, sondern auch mit Gegenständen Beziehungen auf, wenngleich diese eher flüchtig sind, und diese Gegenstände nur so lange interessieren, als sie im Rahmen der wichtigen Bedürfnisbefriedigungen eine Rolle spielen. Mit einer Ausnahme: Fast alle Babys küren ein Objekt, das nicht nur schon sehr früh selbständige und dauerhafte Attraktivität hat, sondern dessen Bedeutung offenbar beträchtlich über das, was es »objektiv« – das heißt, für uns – bedeutet, hinausgeht. Das können Stoffwindeln, Polsterzipfel, Kuscheltiere u.a. sein. Gemeinsam ist diesen auserwählten Gegenständen, dass das Kind an ihnen absoluten Besitzanspruch erhebt, sie jederzeit verfügbar, also immer da sein müssen und auch nicht verändert (z.B. gewaschen) werden dürfen. Nach dem großen Kinderpsychoanalytiker Donald W. Winnicott helfen diese Objekte den Kindern, über die Erfahrung hinwegzukommen, dass die Mutter nicht immer anwesend und nicht der eigenen Allmacht unterworfen ist. Er nannte sie *Übergangsobjekte* (transitional objects), da sie sich gewissermaßen an die Grenze zwischen äußerer Realität (es gibt sie »wirklich«) und »innerer Realität«, welche sie mit einer subjektiven, phantasierten Bedeutung ausstattet, angesiedelt sind. Wenn wir in diesem Zusammenhang von »Phantasie« sprechen, ist aber (mit Winnicott) festzuhalten, das es dabei um mehr als bloß das Überschreiten bzw. die Negation von »Realität« geht. Die innere Bedeutung der Übergangsobjekte repräsentiert die Erfüllung grundlegender Bedürfnisse, welche die Realität, das heißt die (noch so guten) Beziehungen zu den primären Bezugspersonen (zur »Mutter«) nicht immerfort zu sichern vermag. Daher werden sie gerade dann dringend benötigt, wenn das Gefühl, mit der Mutter (»symbiotisch«) vereint zu sein, gefährdet erscheint, sich das Kind unbeachtet, sich unwohl fühlt und/oder Angst verspürt. (Auch der Schnuller wird alsbald zum Übergangsobjekt und symbolisiert die anwesende Brust = Mutter und ist nicht bloß körperlicher Lustspender, weshalb er als Unterstützung der unvermeidlichen Distanz- und Trennungserfahrungen respektiert werden muss.[2])

Die Übergangsobjekte sind schon da, werden vorgefunden, in ihrer besonderen Bedeutung hingegen vom Kind neu geschaffen – nach Winnicott der erste kulturelle Schöpfungsakt. Allmählich weitet das Kind diese Kompensationsfunktion des einzelnen Übergangsobjekts einerseits auf eigene *Aktivitäten* (mit oder ohne das Übergangsobjekt) aus, andererseits werden in diese Aktivitäten immer neue Bedürfnisse, welche in der Realität nicht hinreichend befriedigt werden können, aufgenommen und ängstigende Situationen in der Vorstellung zu einem guten Ende geführt. Diese Aktivitäten – von denen uns das *Spielen des Kindes* die vertrauteste ist – bezeichnet Winnicott nun als »Übergangs*räume*«. Auch Musik bildet einen solchen Übergangsraum:

2 Zur Lustfunktion des Schnullers vgl. das Kapitel *Über die Sexualität der Kinder* in Band 1 (Figdor 2006a).

Judith ist 8 Jahre alt, liebt klassische Musik und ihr bevorzugtes Spiel ist, mit ihren Puppen und Stofftieren richtiggehende Opernaufführungen zu inszenieren. Die Eltern sind begeisterte Musikliebhaber, der Vater spielt ausgezeichnet Violine, die Mutter Klavier in einem privaten Kammerensemble. Ich habe Videos aus Judith's erstem Lebensjahr gesehen: Sie bedürfen keiner musikalischen Untermalung, denn immer hört man im Hintergrund eine Mozart-Symphonie spielen oder die Callas singen...

Vor kurzem fuhr die Mutter mit Judith und deren Freundin im Auto und drehte Ö1 (den österreichischen Klassik-Radiosender) auf, der gerade ein Opernkonzert sendete. Kaum waren die ersten Töne erklungen, hielt sich die Freundin die Ohren zu und schrie hysterisch: »Aufhören, das halte ich nicht aus!« Nun werden Sie vielleicht annehmen, dass die Freundin im Gegensatz zu Judith von ihrem Elternhaus mit dieser Musik wohl nie vertraut gemacht wurde. Sie irren: ihre Mutter war Opernsängerin! War sie vielleicht eine schlechte Mutter? Nein, Mutter und Kind waren einander zärtlich zugetan. Nur: Die alleinerziehende Mutter musste bereits in ihrer Studienzeit aus künstlerischen und finanziellen Gründen jedes sich bietende Engagement annehmen und in dieser Zeit – da sie aus Sri Lanka stammte und in Wien keinerlei Familie hatte – ihre noch ganz kleine Tochter immer wieder tage-, manchmal wochenweise bei Nachbarn oder Freunden unterbringen.

Wir alle haben mit unseren Eltern gute Erfahrungen gemacht – wenn sie da waren, unsere Bedürfnisse erfüllten, uns halfen, uns zum Lachen brachten – und schlechte – wenn sie nicht da waren, uns Grenzen setzten, kritisierten, schimpften und uns zum Weinen brachten. Für Judith repräsentierte die klassische Musik, besonders die Oper, jene guten Seiten ihrer Mutter, für ihre Freundin hingegen die abwesende Mutter und die sich ihr verweigernde Mutter (wenn sie z.B. Ruhe zum Üben brauchte). Für Judith wurde die Musik zu einem überaus bedeutsamen »Übergangsraum«, der für Geborgenheit, Wärme, Sicherheit und Freude stand und im Gegensatz zur »Realität« jederzeit im wahrsten Sinne des Wortes eingeschaltet werden konnte – auch wenn sie alleine oder ihre Mutter gerade nicht »gut« war. Natürlich wundert es uns nicht, dass sie schon früh wünschte, selbst spielen zu können und mit Freude Klavier lernte, womit sich ihre Macht, die eigene emotionale Befindlichkeit autonom, also in gewisser Unabhängigkeit von ihrer Umgebung (den Erwachsenen) beeinflussen zu können, noch ein bedeutendes Stück vergrößerte.

Die Vorstellungen, die wir mit bestimmten Melodien, Rhythmen, Stücken, Instrumenten oder Musikgattungen unbewusst verbinden, beschränken sich natürlich nicht auf den Bereich der ganz frühen Beziehungen. Musik kann (unbewusst oder bewusst) mit den unterschiedlichsten Menschen, Situationen oder emotionalen Befindlichkeiten assoziiert sein. Die meisten Liebesbeziehungen haben »ihre« Musik, bestimmte Lieder versetzen uns in Urlaubsstimmung, Musikgattungen und Interpreten holen uns die Jugend zurück ... Dementsprechend wecken sie Liebesgefühle, Trauer, Sehnsucht, wühlen auf oder beruhigen und trösten. Diese symbolischen Verknüpfungen erlauben der Musik einen unmittelbaren Zugriff auf unser emotionales Gedächtnis – vergleichbar höchstens der Wirkung von Gerüchen, über die wir aber in weit geringerem Ausmaß willentlich verfügen können.

Die Funktion der Musik als Übergangsraum reicht aber noch tiefer. Erinnern wir uns an die vorher vorgenommene Bestimmung der Musik als Bewegung zwischen den Polen von Spannung und Entspannung. Damit aber ist die Musik das einzige Symbolsystem, das dieses Grundelement biopsychischen Lebens und Erlebens nicht nur ab-*bildet,* sondern sowohl im Akt der Symbolisierung (Komponieren, Spielen, Singen) als auch in der Rezeption der symbolischen Gestalt (Hören) *fühlbar* werden lässt, das zugrundeliegende Körperliche zwar formt, aber nicht aufhebt.

Diese Eigenschaft der Musik ist nicht nur musikpsychologisch von Bedeutung – indem sie uns die Intensität musikalischen Erlebens besser verstehen lässt –, sondern auch von großem entwicklungspsychologischen Interesse. *Gefühle* können wir auch über Sprache, szenische Gestaltung und Bilder ausdrücken, vermitteln und auslösen. Aber diese uns vertrauten Gefühle, wie Liebe, Freude, Freundschaft, Neid, Eifersucht, Hass, Trauer, Leid usw., sind – obwohl sie (auch) körperlich erlebt, »empfunden« werden – das Ergebnis einer doppelten Abstraktion: Erstens hebt die sprachliche Benennung die individuelle Färbung der benannten Empfindung zugunsten einer über-individuellen, gesellschaftlichen »Gestalt« auf. So können wir beispielsweise von »Freude«, »Trauer«, »Sehnsucht« sprechen. Aber lässt sich das, was wir im Augenblick wirklich fühlen, tatsächlich mit diesem Begriff mitteilen? Doch selbst das, was wir fühlen oder zu fühlen meinen ist entwicklungspsychologisch gesehen ein bereits sehr komplexes Gebilde, eine Art affektiv-kognitive Schublade, in der eine Vielzahl von Erlebnissen, typischen Szenen und die zugehörigen psychophysischen Vorgänge »aufgehoben« sind, die für sich »unbewusst«, also unsymbolisiert bleiben. Einfach ausgedrückt: Wenn ich mich z. B. »traurig« fühle, ist unbewusst an diesem »Gefühl« eine große Anzahl von Erlebnissen mit den ihnen zugehörigen Empfindungen »beteiligt«, die von der Gegenwart bis zum Lebensanfang zurückreichen. Man könnte auch sagen: Das jeweilige Gefühl ist ein spontaner Ersatz für Erinnerungen, die durch ein aktuelles Geschehen aktiviert werden. Wenn wir uns Zeit nehmen – und sei es mit Hilfe eines Psychoanalytikers (wenn die betreffenden Erinnerungen verdrängt sein sollten) – könnten wir uns diese Erlebnisse, die im Augenblick bloß als Gefühl lebendig sind, ins Bewusstsein rufen. Nicht wird uns das allerdings mit den Erlebnissen vor dem 3. Lebensjahr gelingen, weil wir vorwiegend sprachlich erinnern, die frühesten Lebenseindrücke in unserem Gedächtnis aber nicht in sprachlicher Form gespeichert sind. *Jean Piaget* bezeichnete die ersten beiden Lebensjahre als senso-motorische Phase (Phase der senso-motorischen Intelligenz), womit er ausdrücken wollte, dass die innere Welt des Babys und ganz kleinen Kindes, also sein Erleben, im wesentlichen aus nichts anderem besteht als dem, was es mit den Dingen (Personen) seiner Umwelt *tut* und dem, was es dabei *empfindet*. Im Übergang zur »begrifflichen Intelligenz« wird diese ganz subjektive Welt durch Worte (Begriffe) und Sätze umgeordnet, ein Entwicklungsschritt, der das Individuum sowohl reicher als auch ärmer macht. Reicher, weil es über die sprachliche (gedankliche) Repräsentation der Welt die Grenzen von Raum und Zeit zu überschreiten vermag, ärmer, weil jene basalen senso-motorischen Erlebnisweisen in der Welt der Begriffe keinen Platz mehr haben: wie es ist, bei der Mutter an der Brust zu liegen; mit dem Vater zu balgen; die ersten Schritte zu wagen; sich plötzlich alleine in einem Raum zu finden; von Hunger überwältigt zu werden… Hier springen nun die von Winnicott beschriebenen Übergangsphänomene (»Übergangsobjekte« und »Übergangsräume«) ein: spielen, bauen, malen. Aber auch sie unterliegen alsbald einer zunehmenden Entfremdung von jenen primären, archaischen Lebensvorgängen: Zwar erleichtern sie dem Kind die Anpassung an die (nicht immer, aber immer wieder) bedürfnisfeindliche Umwelt, was jedoch ihre Inhalte (z.B. Spielthemen) und ihre Form (z.B. die ästhetischen Regeln des Zeichnens, Malens und Gestaltens) betrifft, werden sie zunehmend von der kulturellen Erwachsenenwelt okkupiert. Was einen Zweijährigen affektiv bewegt, wenn er begeistert-wütend ein Packpapier mit Fingerfarben bemalt, ist ziemlich unterschieden von den Gefühlen, die einen etwa Sechsjährigen bewegen, der sich bemüht, eine schöne Landschaft zu malen: archaischer, um vieles körpernäher. Mithin bleiben die Spannungs- und Entspannungsvorgänge und auf ihnen aufbauende senso-motorische Sensationen gewissermaßen *im Körper eingeschlossen* und können somit auch nur als körperliche, d.h. von unserer geistigen (=symbolisch-sprachlichen) Welt, abgetrennte *Zustände* wahrgenommen werden. Mit einer Ausnahme. Und diese Ausnahme ist die Musik![3] Daher ist es wohl auch berechtigt zu sagen, dass Kul-

3 Eine überaus differenzierte Darstellung dieser Zusammenhänge zwischen archaischen Körperprozessen und dem *Singen* findet sich bei Hofrichter 2005. Vgl. zu diesem Thema auch Rauchfleisch 1990 und Leikert 2001.

turen, in welchen Musizieren und Tanzen[4] als zentraler Bestandteil der Alltagskultur existieren, »naturnäher«, ihrer Körperlichkeit weniger entfremdet sind als wir, die in einer Kultur leben, die als sprachsymbolisch dominiert bezeichnet werden kann.

4. Musizieren und psychische Gesundheit

Was heißt eigentlich »psychische Gesundheit«? Zunächst fällt uns dazu vielleicht ein: dass es uns gut geht, wir zufrieden und glücklich sind. Demnach wären wir also »krank« oder »neurotisch«, wenn wir leiden, trauern, eben unglücklich sind? So kann das wohl nicht stimmen, da für unser gegenwärtiges Lebensgefühl äußere, also von uns weitgehend unabhängige Ereignisse und Gegebenheiten ebenfalls eine große Rolle spielen. Die m. E. immer noch treffendste Formulierung stammt von Sigmund Freud, der von der psychoanalytischen Behandlung erwartete, dass sie den Menschen *arbeits-, liebes- und glücksfähig* machen sollte, wobei die Betonung auf *-fähig* zu legen ist. Diese Fähigkeit wünschen wir, unseren Kindern mitgeben zu können, und zwar möglichst ohne auf die nachträgliche Hilfe einer Psychoanalyse angewiesen zu sein. Insofern kann man die Psychoanalytische Pädagogik auch als ein Bemühen verstehen, die Wahrscheinlichkeit von späteren Störungen der Arbeits-, Liebes- und Glücksfähigkeit eines Heranwachsenden durch die Empfehlung bzw. Gestaltung günstiger Entwicklungsbedingungen zu verringern. Dazu ist es nötig, seine zentralen Entwicklungsbedürfnisse möglichst weitgehend zu befriedigen. Das heißt nun keineswegs, alle seiner tausend Alltagswünsche zu erfüllen. *Entwicklungsbedürfnisse* sind z. B. das Bedürfnis, sich sicher, geborgen, (bedingungslos) geliebt zu fühlen (»libidinöse« Bedürfnisse); Anerkennung zu erhalten, respektiert zu werden, sich etwas zutrauen, auf sich selbst stolz sein zu können (»narzisstische« Bedürfnisse); Enttäuschung, Ärger, Wut ausdrücken und darauf vertrauen zu dürfen, dass es sich auszahlt, für Ziele und Interessen zu kämpfen (»aggressive« und »exhibitionistische« Bedürfnisse); das Bedürfnis

4 Dem Tanz könnte man die gleiche Übergangsfunktion wie der Musik zuschreiben. In seiner ursprünglichen, »primitiven« Form dürfte der Tanz jedoch als ein sekundärer, der Musik untergeordneter Übergangsraum zu fassen zu sein, da er sich in erster Linie aus jenen Regungen bzw. Erregungen zu speisen scheint, welche durch die Musik ausgelöst werden: Nicht die Musik begleitet den Tanz, sondern der Tanz die Musik. Das ändert sich, wenn der Tanz formal eigenen Regeln unterworfen wird. In den meisten traditionellen Tanzformen tritt dann der (mehr oder weniger offensichtliche) erotische Charakter des Tanzes in den Vordergrund, während die archaische, senso-motorische Repräsentation bei der Musik verbleibt.

nach Unterstützung beim schwierigen Groß- und Unabhängigwerden (wozu auch gehört, sich zeitweise »zurückfallen« zu lassen und verwöhnt statt gefordert zu werden), zwischen verschiedenen Liebesobjekten beiderlei Geschlechts pendeln zu können, Persönlichkeits- und Lebensmodelle vorzufinden, mit denen sich das Kind identifizieren kann (»Objektbeziehungsbedürfnisse«).[5] Die Befriedigung dieser Entwicklungsbedürfnisse ist anders als bei den vom Kind konkret geäußerten Wünschen (»Alltagsbedürfnissen«), keine Sache des Augenblicks, sondern erfolgt über größere Zeiträume, lässt sich nicht durch isolierte Verhaltensweisen der Eltern (etwa durch zeitweilige Liebesbeteuerungen oder Loben) erreichen, sondern ist abhängig davon, wie das Kind *die Beziehung* der Eltern, Pädagogen zu sich *erlebt*.

Darauf näher einzugehen, würde den Rahmen meines heutigen Vortrages sprengen.[6] Ich muss mich auf die Frage beschränken, was das alles nun mit Musik bzw. Musizieren zu tun hat. Ich denke, viele von Ihnen werden sich bei meiner Aufzählung der zentralen Entwicklungsbedürfnisse die Frage gestellt haben, ob solch eine Erziehung überhaupt realisierbar ist? Und Sie haben mit Ihrer Skepsis natürlich recht. Tatsächlich wären wir, trotz größter Bemühungen, nicht in der Lage, das Zusammenleben mit unseren Kindern so zu gestalten, dass sie alleine von uns Eltern und anderen Bezugspersonen all das bekommen (erleben können), was ihre Entwicklungsbedürfnisse fordern: zu kompliziert ist unsere Gesellschaft, zu groß unsere eigenen Abhängigkeiten und der Anpassungsdruck, dem die Kinder ausgesetzt sind – gäbe es da nicht eine hilfreiche, »dritte« Macht, die kompensiert, was unsere durchschnittliche Lebensrealität den Kindern verweigert: die Macht der *Phantasie*. Kinder, die – aus welchen Gründen auch immer – sich keine Übergangsobjekte erschaffen, haben wenig Chancen, die unvermeidlichen Trennungserfahrungen von der Mutter untraumatisiert zu überstehen; Kinder, die nicht spielen, bzw. sich im Spiel entfalten können, keine Phantasiegefährten erfinden oder sich nicht an Geschichten und Märchen erfreuen können, werden Ängste, neurotische Symptome entwickeln und/oder hyperaktiv werden, in der Schule mit Anpassungs-, Konzentrations- oder Lernproblemen zu kämpfen haben u.a.m. Ver-

5 Die hier von mir vorgenommene Einteilung der Entwicklungsbedürfnisse in »libidenöse«, »aggressive« und »narzisstische« und »Objektbeziehungsbedürfnisse« folgt eher rhetorischen als systematischen Beweggründen. Theoretisch ist eine derartige Abgrenzung eigentlich nicht zulässig. Libidinöse Bedürfnisse haben stets auch einen aggressiven Anteil, beide immer auch einen narzisstischen Aspekt, und jede Art von Bedürfnis entfaltet sich im Rahmen von Objektbeziehungen. (Zum Begriff »Objektbeziehungen« vgl. Kap. 2, Fußnote Nr. 6 in diesem Band).

6 Vgl. dazu Kap. 1: *Wie viel Erziehung braucht der Mensch?* in diesem Band.

gessen wir nicht, dass allein schon der tröstliche Gedanke: »In zwei Stunden (morgen, am Wochenende) ist alles vorbei, wartet Schönes auf mich…« eine Leistung der Phantasie ist, des Vermögens, *sich etwas vorstellen zu können*, welche über eine unangenehme Situation (z.B. in der Arbeit, bei Kindern: Hausübungen, schimpfende Eltern usw.) hinweg- und sie oft ertragen hilft, ohne die wir hingegen in einem Zustand der Deprimiertheit fallen würden oder wir gegen das Zugemutete mit allen Kräften kämpfen müssten.

Betrachten wir also, was das Musizieren dem Kind im Hinblick auf seine zentralen Entwicklungsbedürfnisse zu bieten hat.

- *Libidinöse Bedürfnisse*[7]: Erinnern Sie sich an Judith, der die klassische Musik die guten Erlebnisse mit der Mutter symbolisierte; denken Sie daran, wie in der Musik von den grundlegenden Spannungs- und Entspannungsempfindungen bis zu den komplexen Gefühlen das gesamte Spektrum des menschlichen Affektlebens beheimatet ist, ohne dass irgendeine dieser Regungen auf Ablehnung, Kritik, Zurückweisung stoßen und mein Bedürfnis, mich als Kind geliebt und sicher zu fühlen, gefährden würde. Durch diese Eigenschaften wird die Musik selbst oder auch das Instrument zu einer Art Freund oder Geliebten, das – und zwar lebenslang – jene Funktionen zu erfüllen vermag, die den frühen Übergangsobjekten der Kleinstkinder zukommen: immer da, immer verfügbar zu sein.
- *Narzisstische und exhibitionistischeBedürfnisse:* Erinnern Sie sich an das tolle Gefühl, als wir »den ersten Ton« anschlugen? Den Raum verändern zu können, in den Tönen etwas zu bewirken, zu schaffen, was als *schön* empfunden wird! Darüber hinaus verfüge ich mit der Beherrschung eines Instruments oder meiner Stimme über ein Vermögen, das andere nicht haben, das mich gegenüber den anderen hervorhebt, das ich herzeigen kann, für das ich Anerkennung, Applaus, Sympathie, später vielleicht sogar Bewunderung ernten kann; das mir die Möglichkeit gibt, auf mich selbst stolz zu sein. Und im Gegensatz zum typischen »Als-ob-Spiel« der Kinder ist das, was ich da singe, am Klavier oder mit dem Akkordeon spiele, etwas »Richtiges«, ein Teil der »erwachsenen« Kultur, an der ich teilnehme und mich daher als wirklich »groß« erleben kann!
- *Aggressive Bedürfnisse:* Ich erinnere mich an einen eher schüchternen, neunjährigen Buben, der ein Hadyn-Menuett am Klavier so spielte, als ginge es um die berühmten Anfangstakte der 5. Symphonie von Beethoven oder das dramatische Finale einer Verdi-Oper. Alle Versuche seiner

7 S.o. Fußnote Nr. 5.

Lehrerin, ihn etwa auf das in den Noten stehende »piano« aufmerksam zu machen und ihn zu einem gefühlvollen Vortrag zu bewegen, scheiterten. Wenn man ihm beim Spielen beobachtete, verstand man freilich, warum. In seinen Augen leuchtete und blitzte es, als ob er gerade dabei wäre, ganze Heerscharen von Feinden zu besiegen oder feindliche Krieger zu quälen. (Seine Lehrerin quälte er gerade wirklich!) Aber es bedarf gar nicht der unorthodoxen Interpretation. Der Wechsel von Spannung und Entspannung, der Bewegungscharakter der Musik, die durch Melodie, durch die Variationen von Tempo, Dynamik (Lautstärke) und Rhythmus initiierten Stimmungsveränderungen innerhalb so gut wie jedes Stücks bieten die Möglichkeit, im eigenen Vortrag nicht nur zärtliche, sondern ebenso aggressive Regungen unterzubringen. Und wieder: ohne damit an ernstliche Grenzen zu stoßen, mich oder andere zu gefährden oder mir massive Schuldgefühle einzuhandeln!

- *Objektbeziehungsbedürfnisse:* So wie jede zärtliche, narzisstische oder aggressive Regung immer in ein Beziehungsgeschehen eingebettet ist, und umgekehrt jede Beziehung erst vermittels der Triebregungen lebendig wird, symbolisiert der Bewegungscharakter der Musik nicht nur individuelle Empfindungen (Spannung/ Erregung und Entspannung/Befriedigung), sondern gleichzeitig Beziehungsverhältnisse. Ja, es waren sogar in erster Linie Beziehungs-Metaphern, mit welchen ich versuchte, die Bewegung als *das* Charakteristische von »Musik« (in Abgrenzung zum einzelnen Ton) hervorzuheben: »Ausgangspunkt«, »Verharren«, »Entfernen«, »Zurückkehren«. Im Zusammenspiel verschiedener Stimmen bzw. Instrumente – Melodie(n) und Begleitung (!), polyphone (= mehrstimmige), kontrapunktorische, parallele, imitierende (z.B. Kanon, Fuge) usw. Stimmführung – ergibt sich darüber hinaus ein unübersehbar großes Feld an Beziehungsvarianten, die aktiv gestaltet oder hörend erlebbar werden können und vielfältige Möglichkeiten der *Identifizierung* zur Verfügung stellen: klein und groß, schwach und mächtig, lieblich und überwältigend, traurig und lustig, leidend und triumphierend... Es scheint kaum eine Befindlichkeit, Eigenschaft oder Beziehungskonstellation im Leben zu geben, die wir nicht auch in (so gut wie jeder) Musik wieder finden! Im Gegensatz zur (Beziehungs-)Realität, die uns zumeist für längere Zeiträume nur den einen oder anderen Aspekt von Beziehungsmustern bzw. Identitätsgefühl als dominanten Aspekt zuschreibt.
- Wenn wir von der Bedeutung der Musik für die Befriedigung von Objektbeziehungsbedürfnissen sprechen, dürfen wir nicht vergessen, dass Musizieren nicht nur einen Raum *symbolischen* Beziehungserlebens

eröffnet, sondern selbst in *reale Beziehungen* eingebettet ist. Davon war ja schon bei den narzisstischen Bedürfnissen die Rede: sich zeigen, überlegen sein zu können, Anerkennung zu ernten. Darüber hinaus möchte ich – ohne darauf näher einzugehen – drei weitere, für das Musizieren typische Beziehungs-Konstellationen, denen ein hoher emotionaler Stellenwert beizumessen ist, erwähnen:

- der *Applaus*, welcher mitunter über bloße Anerkennung hinaus für eine kurze Zeit die Illusion »Alle lieben mich« ermöglicht, ein Erlebnis, in dem jede (befürchtete) gegen mich gerichtete Feindschaft erlischt und einen beseligenden Zustand von Angstfreiheit schafft, der unbewusst am ehestens mit der (befriedigenden) symbiotischen Stillsituation vergleichbar ist;
- das *Ensemblespiel*, in welchem die Lust am gemeinsamen Schaffen und die Unentbehrlichkeit des eigenen Beitrags erlebt werden können. Welch ein Unterschied zum sozialen Alltag, in welchem die Konkurrenz mit anderen und das Erleben von Unterlegenheit eine so große Rolle spielt!
- Und schließlich die *Beziehung zum/r Lehrer/in:* Hat sich dem Kind einmal das Musizieren als eine Möglichkeit eröffnet, sich spüren zu können, mit Spannungen umzugehen, aus der Umwelt resultierende Enttäuschungen und Leid zu kompensieren, heftige Gefühle abzureagieren usw., ist es nämlich mit dem Lehrer nicht bloß über einen (mehr oder minder attraktiven) Lernstoff, sondern über eine gemeinsame Liebe verbunden: die Liebe zur Musik als Beziehung zu einem »Gegenstand«, der ganz viel mit beider Persönlichkeit zu tun hat, und in dem sich beide gewissermaßen »treffen«. Es verwundert daher nicht, wenn wir aus den Biographien von Menschen, welche die Musik zu ihrem Hauptlebensinhalt gemacht haben, erfahren, dass die Beziehung zu manchen ihrer Lehrer als emotional höchst bedeutungsvoll, als überaus intime, der Liebesbeziehung zur Mutter oder Vater ähnliche Beziehung beschrieben wird – und zwar nicht nur in musikalischer Hinsicht. Gerade in schwierigen Lebensphasen, die ja meist mit Konflikten mit den Eltern zusammenhängen, kann diese Beziehung als ein Ort ausgleichender, kontinuierlicher Zuwendung und Akzeptanz erlebt werden, der – in dieser Hinsicht – der Bedeutung der Beziehung zwischen Patient und Psychotherapeut nahe kommt.

5. Pädagogische Schlussfolgerungen

Sie werden wahrscheinlich bemerkt haben, dass ich in diesem Vortrag neben »Musik« und »Musizieren« ein Wort besonders häufig bemühte, nämlich das Verb »können«: *Es kann so sein, aber es muss nicht so sein!* Und besonders bei meinem letzten Thema, der Beziehung zwischen Schüler und Lehrer, habe ich mich um große Vorsicht bemüht und meine Aussagen doch ziemlich relativiert: indem ich nicht von Musikschülern im allgemeinen, sondern lediglich von jenen sprach, denen sich die emotionalen Möglichkeiten der Musik bzw. des Musizierens »eröffnet« haben; nicht Biographien ehemals musizierender »Alltagsmenschen«, sondern jene von Musikern heranzog; und selbst da nur auf die große Bedeutung »mancher« dieser Lehrer hinwies. Welche Allgemeingültigkeit – und mithin auch pädagogische Relevanz – beansprucht mithin all das, was ich Ihnen heute erzählte?

Das Problem besteht also darin, dass das Musizieren Heranwachsenden zwar einen großen, vielschichtigen und lebensnahen Erlebnisraum zur Verfügung stellt, es sich dabei aber nur um eine *potenzielle Eigenschaft des Musizierens* handelt, es eben so sein kann, aber nicht muss. Dies hätte sich wahrscheinlich auch hier in diesem Saal gezeigt, als ich Sie einlud, mit Hilfe Ihrer Phantasie zuerst einen und dann mehrere Töne zu »hören« und auf sich wirken zu lassen. Bei einigen von Ihnen wird mir das mehr, bei anderen weniger, bei einigen wohl auch gar nicht gelungen sein. Das kann natürlich auch ein Beziehungsphänomen sein, also etwa davon abhängen, wie sympathisch ich Ihnen bin. In erster Linie aber spiegeln diese Unterschiede im Erleben wohl Unterschiede in Ihrer Empfänglichkeit für Musik wieder. Wenn Musik oder gar Musizieren für Sie schon lange oder schon immer eine große emotionale Bedeutung hatte, wird es für Sie auch leichter gewesen sein, meine nur aus Worten geformten Töne zu hören, zu empfinden, ja vielleicht sogar etwas von den Regungen, Bedürfnissen, Gefühlen und Beziehungskonflikten zu spüren, die in der Musik eine sowohl körperlich erlebbare, zugleich aber auch symbolische Darstellung finden, während ich für andere bestenfalls einen (hoffentlich) nicht ganz uninteressanten Vortrag gehalten habe.

Genauso unterschiedlich wird auch die Konfrontation der Kinder mit dem Lernen eines Instruments verlaufen. Ihre emotionalen Reaktionen werden das ganze Spektrum – von begeistertem Mitgerissen-Sein über Gleichgültigkeit bis hin zur Ablehnung umfassen. Aus diesem Umstand könnte man nun die nahe liegende Schlussfolgerung ziehen, dass die von mir beschriebene entwicklungsförderliche Funktion des Musizierens zwar für Kinder wie die klassik- und opernbegeisterte Judith (von der ich vorher erzählt habe) gegeben sei, sich bei Kindern hingegen, die eine solche positive und intensive Beziehung zur Musik nicht schon mitbringen, kaum einstellen wird. Daher könnte man meinen, wäre der Versuch, solche Kinder anzuhalten, dennoch ein Instrument zu lernen, genauso sinnlos, wie einem kleinen Buben, dessen Spielleidenschaft sich auf Konstruktionsspiele, z.B. Lego, beschränkt, eine oder mehrere Puppen in die Hand zu drücken – obwohl der entwicklungspsychologische Wert des Puppenspiels als unbestritten gilt. Man könnte freilich noch eine andere Schlussfolgerung ziehen: gerade jene von den Musen nicht geküssten Kinder *jedenfalls* ein Instrument lernen zu lassen, wenn nötig mit Druck. Schließlich, so könnte man argumentieren, lernen die Kinder auch schreiben, lesen und rechnen, obwohl die meisten nicht gerne in die Schule gehen!

Beide Schlussfolgerungen haben – obwohl sie zu ganz entgegengesetzten Resultaten führen – einiges für sich. Tatsächlich ist es so, dass dieser theoretische Widerspruch den Konflikt gar nicht so weniger Eltern spiegelt: Einerseits wünschen sie sich, ihr Kind würde ein Instrument lernen, scheuen aber davor zurück, weil der Sohn oder die Tochter gar keine Lust dazu hat. Schließlich will man die eigenen Kinder nicht zu etwas zwingen, was doch eigentlich Quelle von Freude sein soll! Andererseits halten sie sich vielleicht vor Augen, dass es ihnen heute, als Erwachsene, leid tut, kein Instrument spielen zu können und würden sich wünschen, die eigenen Eltern hätten sie einst dazu angehalten. Also was tun: dem Kind die Entscheidung überlassen oder als Eltern für das Kind entscheiden, auch über seinen Kopf hinweg?

Ich meine, dass diesem Konflikt ein Bild vom Kind eingeschrieben ist, das mit der Art und Weise, wie die meisten Kinder *erleben*, wie sie dazu kommen, etwas zu *wollen* oder *abzulehnen*, wie sich ihre *»Interessen«* bilden, wenig zu tun hat:

- Die Vorstellung, dass aus Zwang (innere) Freiheit erwachsen könnte, hat schon Kant als Illusion entlarvt. Wenn zum Cello-, Klavier- oder Flötenunterricht gezwungene Kinder nicht schon früher rebellieren, werden sie mit dem Musizieren spätestens dann aufhören, wenn sie sich frei genug fühlen, sich von den Wünschen und Erwartungen der Eltern zu distanzieren.
- Ebenso unzutreffend ist aber die Annahme, Kinder, die keine Lust haben, ein Instrument zu erlernen, hätten keinerlei Beziehung zur Musik. Eher ist es so, dass der »Musikgeschmack« vieler Kinder abseits dessen liegt, was sie den Erwartungen ihrer Eltern oder ihrer Musikschule bzw. -lehrer mögen und lernen bzw. spielen sollten. Was wir hier umgangssprachlich als »Musikgeschmack« bezeichnen, ist aber nichts anderes als die Bestimmung jener Art von Musik, in welcher der Kontakt zwischen

der Emotionalität des Kindes und dem symbolischen Raum der Musik *bereits stattgefunden hat*. Mit anderen Worten: In gewisser Weise sind die meisten Kinder »eine Judith«, auch wenn es zunächst nicht die klassische Musik ist, die sie zu bewegen vermag.

– Ich habe gerade gesagt: »zunächst«. Die Vorstellung: »Entweder will das Kind (hier: ein Instrument) lernen oder es will nicht« geht an der Tatsache vorbei, dass man sich immer nur *wünschen* kann, was man schon kennt, bzw. vorstellbar ist. Könnten wir keine Erfahrungen machen, die darüber hinausgehen, wäre Entwicklung ausgeschlossen: Wir könnten nichts Neues entdecken, kennen, lieben (oder auch ablehnen) lernen. Selbst die schon musikbegeisterten Kinder, die gerne ein Instrument lernen, stehen immer wieder vor der Herausforderung, nicht nur das zu spielen, was ihnen gefällt, sondern sich an ein neues Stück heranzuwagen, also das angenehme Erlebnis, etwas gut zu können, gegen das Noch-nicht-Können und die damit verbundene Arbeit auszutauschen.

Aus diesen Überlegungen lässt sich ein vierstufiges Vorgehen ableiten bzw. empfehlen: Dabei richtet sich die unterste Stufe an ganz kleine Kinder bzw. Kinder, deren Beziehung zur Musik sich auf das passive Hören von CDs, Videos etc. beschränkt. Auf der obersten Stufe hingegen haben die Kinder die Attraktivität des Musizierens bereits für sich bereits so weit entdeckt, dass sie spielen lernen wollen, und ihnen jene förderlichen Erfahrungen offen stehen, von denen ich heute erzählte. Auf jeder dieser Stufen geht es darum, etwas schon Vorhandenes mit etwas Neuem zu verknüpfen, also das Kind einen Schritt über das hinauszuführen, was es schon mag (und wünscht):

(1) *Vom Konsumieren elektronischer Musikträger, also z.B. CDs, zum Life-Erlebnis.* Dabei sollte man zunächst ruhig im Bereich des bestehenden »Musikgeschmacks« bleiben: Kindern, die sich bislang ausschließlich an »populärer« Musik erfreuten, unvorbereitet einen dreistündigen Opernabend zuzumuten, ist selten von großem Erfolg gekrönt.

(2) *Vom passiven Zuhören zum physischen Kontakt, Kennenlernen und Ausprobieren von Instrumenten.* Es handelt sich dabei um einen besonders wichtigen Zwischenschritt (der meistens nicht stattfindet) und zwei Funktionen erfüllt: erstens, vom bloß passiven Konsumieren ausgehend, das (lustvolle) Erleben des Musik-*Machens* zu ermöglichen; zweitens dem Kind die Gelegenheit zu geben, das Instrument zu entdecken, das zu ihm »passt«, es fasziniert, zu dem es (erfahrungsgemäß sehr spontan) eine besondere Beziehung aufbaut.

Das Instrument ist gewissermaßen das Organ, welches mir den Zutritt zur Welt der Musik, auch ihrer psychischen Seite, ermöglichen soll. Habe ich erst einmal *mein* Instrument gefunden, ist die Chance um vieles größer, dass sich mir diese Welt auch tatsächlich eröffnet.

(3) Vom spielerischen Ausprobieren zum probeweisen Lernen. Dabei geht es also um eine Alternative sowohl zum »Willst Du lernen oder nicht?« als auch zum »Ich will dass du lernst!« Systematischen Instrumentalunterricht ausprobieren zu können, ist genau das, was Kinder, die die ersten beiden Stufen hinter sich gebracht haben, am allernächsten liegt. Es ist ein Kompromiss zwischen der erwachten Lust, eventuell noch verbliebener Skepsis und der Angst vor Überforderung oder vor der zu großen Einbuße von Freizeit.

(4) Von der Hoffnung, schöne Musik machen zu können, zur Erfüllung dieser Hoffnung. Genau hier kommt mein Vortrag zu seinem quasi natürlichen Ende. Denn die Voraussetzungen dafür zu schaffen, dass diese Hoffnung sich tatsächlich erfüllt, liegt nun primär nicht mehr bei Ihnen, sondern in den Händen des Lehrers bzw. der Lehrerin. Wir müssten also an dieser Stelle einen Publikumswechsel vornehmen. Wären Sie *Musikpädagogen*, würde ich Ihnen jetzt sagen, dass es gerade in der Arbeit mit Anfängern an einem Instrument weder darum gehen dürfte, die Musik – und das heißt auch: die Freude und die Befriedigung, die Musizieren bescheren kann – zugunsten des Trainings technischer Grundfertigkeiten zu vernachlässigen, noch darum, dem Kind alle Schwierigkeiten aus dem Weg zu räumen, und lediglich »hübsche«, jedoch anspruchslose und ganz einfach gesetzte Stücke zu spielen. Im Prospekt einer niederösterreichischen Musik-Schule etwa werden Eltern mit folgender »Aufklärung« auf die »Ernsthaftigkeit« des musikalischen Unterrichts hingewiesen:

»Die Zeit, die man für das Erlernen eines Musikinstruments benötigt, wird oftmals unterschätzt. Der Glaube, dass eine Lernzeit von zwei bis drei Jahren ausreicht, um auch nur einigermaßen (!) musizieren zu können, entspricht nicht der Realität.«

Mit anderen Worten: »Du willst Klavier (Akkordeon/Gitarre etc.) lernen, Kind? Wenn du glaubst, dass Dich da etwas Schönes und Freudvolles erwartet, dann lass es bleiben. Knochenarbeit ist es, was auf Dich zukommt!« (Was um alles in der Welt bewegt »Musikpädagogen«, sich als Dienstleister für sadistische Eltern und masochistische Kinder anzupreisen?) Auf der gegenüberliegenden Seite des musikpädagogischen Spektrums finden wir die Slogans mancher musikpädagogischer Verlage, wie etwa:

- »Easy Hits for Kids«
- »[Nach der Methode] ist das Spielen der Stücke keine Kunst mehr«,

womit den Kindern nicht nur abgesprochen wird, dass sie durchaus bereit sind, sich zu konzentrieren und anzustrengen, wenn es um etwas geht, woran ihnen liegt. Auch das Ausmaß erlebbarer Befriedigung im Musizieren verringert sich beträchtlich. Wie soll ich mich selbst bestätigen, Stolz empfinden, Anerkennung genießen, wenn das, was ich tue, »kinderleicht«, »keine Kunst« (!) ist?[8] Worum es hingegen in erster Linie ginge, wäre, das Kind – und das heißt: das Kind mit all dem, was es emotional beschäftigt und ihm wichtig ist – mit dem, was Musik und Musik-Machen bieten kann, *in Kontakt zu bringen*, bzw. dort, wo ein solcher Kontakt schon besteht, ihn zu vertiefen, sodass das Kind von sich aus das Bedürfnis entwickelt, zu lernen, weiterzukommen.

Das heißt nun aber nicht, dass Sie als Eltern zu dieser 4. Stufe gar nichts beitragen können. Mein Rat: Sprechen Sie mit verschiedenen Musikschulen bzw. Instrumental- und Gesangslehrern über Ihre Vorstellungen, machen sie sich ebenso ein Bild von dem, was ihr Kind voraussichtlich im Unterricht bei diesem Lehrer/ dieser Lehrerin erwartet, wie es viele Eltern heute schon bei der Auswahl eines Kindergartens oder einer Schule tun.[9]

Sollten Sie Eltern ganz kleiner Kinder sein bzw. noch Kinder bekommen wollen oder als Erzieherin mit Kleinkindern arbeiten, wäre es denkbar, dass Sie aus meinen Ausführungen eine weitere Schlussfolgerung ziehen: dass es pädagogisch günstig wäre, Kindern alle Arten von Musik, aber auch das aktive Musik-Machen schon möglichst früh nahe zu bringen, sei es durch gemeinsames Spielen und Singen oder die so genannte »Musikalische Früherziehung«, die viele Musikschulen, Konservatorien und Musik-Universitäten für Kleinkinder (auch mit Eltern) anbieten. An dieser Schussfolgerung habe ich allerdings absolut nichts auszusetzen (Diesen letzten Satz müssen Sie sich als Fortissimo-Kadenz vorstellen).

* * *

Vielen Dank für Ihren lebhaften Beifall: Ich fühle mich anerkannt, erfolgreich, geliebt und symbiotisch umschlossen. Um dieses Gefühl noch ein wenig länger auskosten zu können, eine kleine Zugabe:

---

8 Zur kritischen Diskussion solcher musikpädagogischer Konzepte vgl. Röbke 2000, 2004.

9 Zur Zusammenarbeit von Eltern und Instrumentalpädagogen vgl. Figdor 2005c.

Haben Sie selbst als Kind ein Instrument gelernt? Oder gehören Sie zu den Erwachsenen, die es bedauern, dazu nie die Gelegenheit gehabt zu haben? Nun, wie wäre es, wenn Sie es einfach jetzt (noch einmal) versuchen!? Es ist erfahrungsgemäß nicht zu spät. Sie werden es voraussichtlich nicht mehr zum Virtuosen bringen. Aber einiges von dem, was Musizieren für Ihre Kinder bereithält, könnte auch Ihrer Seele wohl tun!

Schluss: Wie erzieht man »psychoanalytisch-pädagogisch«?

Ein Leitfaden in Thesenform

Vorbemerkung

Der Titel dieses Schlusskapitels, »Wie erzieht man psychoanalytisch-pädagogisch?« ist ein Zitat, und zwar ein Zitat aus dem Protokoll einer studentischen Arbeitsgruppe eben jenes Universitätsseminars, über das ich im 1. Kapitel dieses Bandes berichtete. Interessanterweise handelte es sich dabei nicht um eine Arbeitsgruppe, die zu Beginn des zweisemestrigen Seminars, sondern vor der letzten Sitzung tagte. Auf mein Nachfragen erläuterte die Gruppe, dass sie mit dieser Frage ihrem Bedürfnis nach einer Art *allgemeiner Orientierung* Ausdruck verleihen wollte, was psychoanalytisch-pädagogisches Erziehen *im Wesentlichen* ausmache, und zwar unabhängig von der jeweiligen individuellen und situativen Besonderheit der Probleme und Themen, über die wir in diesem Jahr sprachen und nachdachten.

Eben dieses Bedürfnis könnten aber auch die Leser dieser beiden Bände über die »Praxis der psychoanalytischen Pädagogik« haben. So entstand die Idee dieses »Leitfadens in Thesenform«, dessen Ausführung mir allerdings ebenso wenig leicht fiel, wie seinerzeit die Antwort auf die Frage der Studenten. Denn worum es mir in jedem Seminar wie auch bei diesen beiden Büchern ging, war *pädagogische Aufklärung*. Darunter verstehe ich aber weit mehr als die bloße Vermittlung von Informationen. »Pädagogisch aufklären« heißt für mich, Eltern und Pädagogen in die Lage zu versetzen, sowohl das, was in ihren Kindern vorgeht als auch die Gefühle und Gedanken, die die Kinder bei ihnen auslösen, besser spüren, verstehen zu können. Es ist mir also um den Verstehensprozess *während des Lesens* zu tun. Verstehensprozesse jedoch lassen sich nicht »zusammenfassen«. Wie aber kann dann ein solcher »abschließender Leitfaden« aussehen?

Das Ergebnis ist eine wenig systematische Aneinanderreihung von *Botschaften*, denen ich besondere Praxisrelevanz beimesse und daher Eltern und Pädagogen gerne besonders ans Herz legen möchte. Auf die vorstehenden Kapitel bezogen handelt es sich zum Teil um Wiederholungen von schon Gesagtem, zum Teil um Betrachtungen aus einem etwas anderen Blickwinkel, schließlich wird wohl auch der eine oder andere neue Gedanke darunter sein. Leiten ließ ich mich dabei von dem Bemühen, zum Abschluss dieser beiden Bücher das, was man als *grundsätzliche psychoanalytisch-pädagogische Haltung* bezeichnen kann, noch einmal deutlich herauszuarbeiten. Dementsprechend würde ich mir wünschen, dass meine Leser dieses Kapitel auch wirklich als letztes lesen.

15 Thesen bzw. Botschaften

1.

Jedes Kind, auch das erste, ist genau genommen ein Zweitgeborenes: Vor ihm existiert bereits in der Phantasie der Eltern sein »Entwurf«, also Vorstellungen davon, wie es sein oder sich entwickeln könnte. Dieses phantasierte Wesen beinhaltet Wünsche ebenso wie Befürchtungen; Vorstellungen der Eltern von sich, ihren eigenen Stärken und Schwächen; und schließlich auch all das, was sich die Eltern (bewusst oder unbewusst) vornehmen zu tun oder zu vermeiden. Mit diesem »projektierten« Kind (bzw. projektierter Kind-Eltern-Beziehung) tritt nun das *reale* Kind in Konkurrenz. *Wenn Eltern nicht bewusst ist, dass ihre – an sich ganz normalen – Phantasien über den realen Ankömmling eben nur Phantasien sind, sondern erwarten, dass das wirkliche Kind dem entworfenen Phantasiekind tatsächlich entspricht, kann das zu großen pädagogischen Problemen führen*, die am ersten Lebenstag (mitunter schon während der Schwangerschaft) beginnen und – im ungünstigsten Fall – Kind und Eltern lebenslang nicht loslassen: Solche Eltern neigen nämlich dazu, ihr Kind permanent mit dessen »Vor-Bild« zu vergleichen, *statt sich an ihm, wie es ist, zu erfreuen und darauf, wie es wird, neugierig sein zu können*; solche Eltern neigen dazu, das Kind bzw. sein Verhalten immer nur zu bewerten (»Ist es so, wie es sein *sollte*?), *statt die Besonderheit und Einzigartigkeit ihres Kindes entdecken und verstehen zu wollen.*

2.

Es gibt keinen wirklichen Grund, sich vor dem eigenen Kind zu fürchten! Sie dürfen darauf vertrauen, dass Ihr Kind Sie liebt – auch dann, wenn es gerade wütend oder auf Sie böse sein sollte – und dass es am glücklichsten ist, wenn zwischen ihm und der Mama und/oder dem Papa Harmonie herrscht: denn dann muss es selbst keine Angst haben.

3.

Denken Sie aber immer auch daran, dass es ganz normal ist, wenn diese Harmonie zeitweise gestört ist, weil wir alle (Kinder wie Erwachsene) Harmonie nur dann erleben können, wenn die Bedürfnisse und Wünsche, die uns gerade bewegen (»Alltagsbedürfnisse«), befriedigt sind, oder deren Befriedigung in Aussicht steht. Da es aufgrund der Besonderheiten der kindlichen Psyche, aufgrund gesellschaftlicher Verhältnisse und unserer eigenen Bedürfnisse *völlig unmöglich ist*, alles zu erfüllen, was das Kind gerade möchte, *muss es zwangsläufig immer wieder zu Konflikten zwischen Ihnen und dem Kind kommen.*

4.

Obwohl es also unmöglich ist, dem Kind alle aktuellen Wünsche zu erfüllen, gibt es sowohl für Eltern als auch Pädagogen *keinen Grund, warum sie sich eine solche vollständige Befriedigung nicht wünschen sollten*: Das Anerkennen der kindlichen Bedürfnisse heißt ja nicht automatisch, dass ich sie befriedigen muss. Oder umgekehrt, verlangt der Umstand, dass ich ein Bedürfnis der Kinder nicht befriedigen kann, noch nicht, dass das Kind »unrecht« hat, oder ich ihm die Dringlichkeit seines Bedürfnisses absprechen muss.

5.

Halten Sie sich vor Augen, dass wir uns nur so lange lebendig fühlen, solange wir etwas wollen, also uns auf etwas freuen können, für Ziele kämpfen, im eigenen Tun Sinn erleben und uns erlauben zu träumen. Dann wird es Ihnen gelingen, sich über die Bedürfnisse ihres Kindes und seine Anstrengungen, zu bekommen, was es möchte, *auch dann freuen zu können, wenn Sie ihm die Befriedigung verweigern müssen.* Dann werden Sie aber auch nicht mehr damit hadern, dass das Kind nicht will, was Sie wollen, sondern werden *bedauern*, dass es Ihnen gerade nicht möglich ist, ihm zu geben oder zu erlauben, was ihm so wichtig ist.

6.

Dieses Bedauern, »Mit-Leiden« ist der beste Garant dafür, dass die (unvermeidlichen) Konflikte nicht eskalieren, wobei hier unter Eskalation gemeint ist,

- dass die Frustration größer ausfällt als nötig gewesen wäre;
- dass beim Kind zur Frustration noch dazukommt, dass es die Erwachsenen als aggressiv erlebt, was immer auch angst macht.

Der Grund liegt auf der Hand: Wenn ich bedaure, jemanden etwas angetan zu haben, versuche ich automatisch, dessen Enttäuschung so gering wie möglich zu halten, Kompromisse zu finden oder ihn mit der Aussicht auf etwas (anderes) Schönes zu trösten. Hadere ich hingegen mit dem anderen, fehlt mir sowohl die Bereitschaft, ihm was Gutes zu tun, noch kann ich mich so einfühlen, dass ich das Richtige finde, damit sich der andere (hier: das Kind) wieder freuen kann. Dazu kommt zweitens, dass das Kind unser »Nein!« zwar zunächst als Aggression erlebt, die jedoch angesichts unseres Bemühens um Kompromisse, Ersatzbefriedigung (»Wiedergutmachung«) vom Erleben liebevoller Zuwendung abgelöst wird. Ärgern wir uns jedoch über seine Wünsche und seinen Kampf um deren Befriedigung, kommt im Erleben der Kinder zur Aggression unseres »Neins« noch die Aggression unseres Ärgers dazu.

7.

Halten Sie sich vor Augen, *dass wir als Erwachsene in unserer Fähigkeit, die Wünsche und Gefühle der Kinder zu verstehen, beeinträchtigt sind:*

- einerseits durch die Sprachlosigkeit der ganz Kleinen bzw. die (bis in die Pubertät andauernde) mangelhafte Fähigkeit auch der älteren Kinder, Wünsche und Gefühle sprachlich auszudrücken;
- zweitens dadurch, dass ein großer Teil der Wünsche und Gefühle, die wir selbst als Kinder hatten, inzwischen der Verdrängung verfallen sind.

Daraus folgt: Wenn wir ein Kind in seinem Verhalten nicht verstehen, heißt das keinesfalls, dass es »keinen Grund hat«, sich so aufzuführen, wie es sich aufführt. Im Gegenteil: Je weniger wir ein Kind verstehen, desto bedauernswerter ist es. (Möge es mir gelungen sein, mit diesen zwei Bänden diese Verstehensdefizite etwas zu verringern!)

8.

Kinder wegen der »Unzulänglichkeit« der Welt wie unserer eigenen zu bedauern, heißt freilich durchaus nicht, dass wir unseren Kindern gegenüber andauernd ein schlechtes Gewissen haben müssten: Kinder können die Frustration, die wir ihnen mit unseren Geboten und Verboten antun, durchaus verkraften, wenn wir ihnen (wie beschrieben) zugewandt bleiben. Darüber hinaus sind einige dieser Frustrationen für die körperliche, geistige und seelische Entwicklung der Kinder unter Umständen sogar notwendig. Allerdings unter einer Voraussetzung: *dass die Befriedigung der Entwicklungsbedürfnisse des Kindes gesichert bleibt* (vgl. die folgende These). Dann nämlich können wir unsere »*Schuld*«, die darin besteht, unseren Kindern nicht nur Freude zu schenken, sondern immer wieder auch Enttäuschungen bereiten zu müssen, *verantworten.* Dadurch wird diese Schuld aber auch erträglich – im Unterschied zu den gravierenden Schuldgefühlen, die wir hätten, wenn wir glauben, unseren Kindern wirklich Schaden zugefügt zu haben.

Was ich hier, auf Konflikte im pädagogischen Alltag bezogen, als »verantwortete Schuld« bezeichne, entspricht der Haltung, die wir ganz automatisch einnehmen, wenn wir unseren Kindern z.B. eine unangenehme medizinische Behandlung, etwa einen Zahnarztbesuch, zumuten müssen: Das Kind wird uns ganz selbstverständlich Leid tun, wenn wir auf den Arztbesuch bestehen müssen, obwohl es vielleicht Widerstand leistet. Dennoch werden wir kein schlechtes Gewissen haben, weil wir wissen, dass das, was wir dem Kind zumuten, ihm zwar im Augenblick wehtut, ihm aber nicht wirklich schadet, sondern nützt.

9.

Diese »Entwicklungsbedürfnisse«, deren Befriedigung Eltern und Pädagogen sicherstellen müssen, sind im wesentlichen: dass ich als Kind

(1) mich von den Menschen, die mir am wichtigsten sind, geliebt fühle, und zwar ohne etwas dazutun zu müssen;
(2) ich diesen Menschen ihre Liebe zurückgeben kann und erlebe, dass sie angenommen wird;
(3) ich mich sicher und geborgen fühlen kann und mir um meine Existenz und Zukunft keine großen Sorgen machen muss;
(4) ich mich – so wie ich bin – anerkannt und respektiert fühle;
(5) ich meine Gefühle – auch aggressive – spüren und ausdrücken kann und darf;
(6) ich erfahre, dass es in Ordnung ist, auf meine Wünsche und Bedürfnisse zu hören und sie befriedigen zu wollen (auch wenn die Befriedigung nicht möglich sein sollte), einfach deshalb, weil sie zu mir gehören;
(7) ich mir in meiner Phantasie ausmalen kann, was in der Realität nicht möglich ist;
(8) ich zu mehr als einer Person eine intensive Beziehung aufbauen kann;
(9) unter diesen mir wichtigsten Personen beide Geschlechter vertreten sind;
(10) ich weiß, woher ich komme und – falls Mutter und/oder Vater nicht

(mehr) verfügbar sind – ich mir ein Bild von ihnen machen kann, das auch gute Eigenschaften enthält;

(11) *dass man mir hilft, die Welt entdecken zu können und man sie mir dort, wo das nicht ausreicht, erklärt;*

(12) *wozu auch gehört, dass man mir meine Ängste nimmt, wo diese nicht angebracht sind, und erst recht, mir nicht Angst zu machen, wo es gar keine Gefahr gibt;*

(13) *ich meinen Lieben vertrauen kann, von ihnen nicht betrogen werde;*

(14) *und umgekehrt ich erleben kann, dass man auch mir vertraut.*

(15) *ich erleben kann, dass die, die ich liebe und die für mich Bedeutung haben, mich schätzen und auf mich auch stolz sind.*

(16) *ich mit meinen Eltern und an ihnen (an ihrer gegenseitigen Beziehung) erfahren kann, dass es schön ist, zu leben, dass das Leben – dazu gehören auch zukünftige Beziehungen – Glück verheißen kann. Und zwar selbst dann, wenn die ursprüngliche Liebesbeziehung zwischen ihnen zu Ende gegangen sein sollte.*

10.

Als Eltern oder Pädagogen die Befriedigung dieser Entwicklungsbedürfnisse zu gewährleisten ist im Grunde nicht besonders schwer, handelt es sich doch mit wenigen Ausnahmen um nichts anderes als *jene Bedürfnisse, deren Befriedigung auch wir von einem Partner, den wir lieben und von dem wir uns geliebt fühlen können, ganz selbstverständlich erwarten*: Wenn wir mit unseren Kindern ähnlich umgehen, wie wir es brauchen (würden), um uns selbst in einer Liebesbeziehung zufrieden zu fühlen, brauchen wir nicht mehr viel zusätzlich »zu erziehen«.

11.

Es gibt noch einen anderen Weg, die Entwicklungsbedürfnisse der Kinder angesichts der alltäglichen Lebensanforderungen nicht zu vernachlässigen: Überlegen Sie sich wenigstens einmal in vierzehn Tagen, wie viel an Befriedigung Ihre Tochter, Ihr Sohn bzw. die Ihnen anvertrauten Kinder im Hinblick auf ihre Entwicklungsbedürfnisse erfahren konnten. Dieses Nachdenken lässt sich auf die (meist nicht allzu schwere) Beantwortung der folgenden 5 Fragengruppen reduzieren:

- *Liebes- und Sicherheitsbedürfnisse:* Wie viel an Liebe und Geborgenheit konnte mein Kind in den letzten zwei Wochen erleben? Habe ich mich genug um eventuelle Ängste gekümmert? (s.o. These 9, die Entwicklungsbedürfnisse 1, 2, 3, 8, 9, 12)
- *Wünschen, Wollen und sich ausdrücken dürfen*: Hatte mein Kind genügend Möglichkeiten, sich auszudrücken und auszutoben, zu spielen, sich kreativ zu äußern? (5, 6, 7)
- *Narzisstisches Gleichgewicht*: Konnte mein Kind Erfolge erleben, die sein Selbstbewusstsein stärken? Habe ich ihm genug Anerkennung gezollt, gezeigt, wie stolz ich auf es bin? (4, 6, 10, 14, 15)
- *Schöne Erlebnisse*: Haben wir in hinreichendem Ausmaß (für uns beide) schöne Zeit miteinander verbracht oder musste sich das Kind übermäßig mit Fernsehkonsum trösten? Gab es in den zwei Wochen Ereignisse, auf die bzw. über die sich mein Kind freuen konnte? (Betrifft alle Entwicklungsbedürfnisse)
- *Entdeckungs- und Lernbedürfnisse*: Konnte mein Kind irgendwelche Erfahrungen machen, die es interessant und spannend finden konnte? Wie viel habe ich ihm von meiner Lebenserfahrung und meinem Wissen vermittelt, und zwar ausschließlich, um ihm etwas *zu geben* und nicht um es – etwa im Dienst einer Forderung – zu belehren. (Das tun wir nämlich laufend!) (11)

Die Befriedigung von Entwicklungsbedürfnissen ist keine Sache des Augenblicks, sondern vollzieht sich über längere Zeiträume, ist ein zentraler Bestandteil erlebter Beziehungen. Daher läuft man als Eltern oder als Pädagogen auch kaum Gefahr, durch einzelne Handlungen oder Unterlassungen gleich die ganze Entwicklung des Kindes zu gefährden. Die vorgeschlagenen Fragen können demnach wie ein Messinstrument verstanden werden, das Auskunft darüber gibt, wie hoch/tief der »Befriedigungsstand« in dem jeweiligen »Bedürfnisreservoir« ist. Fallen einzelne dieser »Messungen« eher negativ aus (viel Stress, wenig Erfolgserlebnisse, keine Unternehmungen usw.) kann man sich in Ruhe Möglichkeiten des Gegensteuerns bzw. des »Wiederauffüllens« überlegen.

12.

Vergessen Sie das Sprichwort »Was Hänschen nicht lernt, lernt Hans nimmermehr«! Vertrauen Sie darauf, dass aus einem Hänschen, dessen Entwicklungsbedürfnisse hinreichend befriedigt wurden, ein Hans wird, wie Sie ihn sich wünschen, auch wenn er sich jetzt – eben als Häns*chen* – ganz und gar »unvernünftig«, »egoistisch« usw., also »kindisch« benimmt. (Wann sonst sollen Kinder kindisch sein dürfen?) Natürlich müssen Kinder Regeln einhalten und sich anpassen können. Zu einem sich gesund entwickelnden Kind gehört aber auch dazu, dass es dieser Anpassung Widerstand entgegensetzt.

13.

Anpassungsdruck, der von anderen Personen oder Institutionen ausgeht, ist von Ihnen als Eltern unmittelbar schwer zu beeinflussen. Verstehen Sie sich nicht als diplomatische Vertretung von Kindergarten, Schule, Großeltern, Onkeln, Tanten oder Fahrgästen von Straßenbahn und Bus: *Ihre Loyalität muss dem Kind gelten*! (Denken Sie an meinen obigen Vergleich mit Liebesbeziehungen!) Ihr Kind muss merken, dass Sie emotional *auf seiner Seite stehen.*

14.

Dem entspricht ein Rat an Erzieher/innen und Lehrer/innen: *Delegieren Sie nicht Verantwortung für das, was Sie für pädagogisch wichtig erachten, an Eltern.* Vor allem die Verlängerung der Schule in den Familienalltag bedeutet nicht nur eine Belastung der Liebes- und Sicherheitsbedürfnisse des Kindes, sondern fällt in Form von Schulfrust und Lernunlust auf Sie zurück. Je eher es Ihnen gelingt, die Entwicklungsbedürfnisse der Kinder auch im Kindergarten oder in der Schule zu berücksichtigen oder gar, den Lernstoff mit diesen Entwicklungsbedürfnissen zu verknüpfen, desto leichter werden Sie sich mit Ihrer Aufgabe tun, desto weniger werden Sie das Bedürfnis haben, von den Eltern unterstützt zu werden.

15.

Mein letzter (aber vielleicht wichtigster?) Rat: Mit den Thesen dieses Leitfadens kann der Balanceakt zwischen gesellschaftlicher Anpassungsforderungen, Ihren und den Wünschen der Kinder sowie deren Entwicklungsinteressen zwar gelingen, dennoch kann es auf diesem Weg, den wir »Erziehung« nennen, immer wieder einmal Hindernisse, Schwierigkeiten, Krisen geben.

Das ist kein Zeichen von Versagen, sondern gehört einfach dazu. *Scheuen Sie dann nicht davor zurück, professionelle Hilfe (Erziehungsberatung oder Supervision) in Anspruch zu nehmen*! Das Eingeständnis von Unsicherheit in Erziehungsfragen gehört mit zu den wichtigsten pädagogischen Kompetenzen! Kinder solcher Eltern bzw. Pädagogen dürfen mit vollem Recht als besonders privilegiert gelten.

Literatur

Abelin, E.L. (1975): Some further observations and comments on the earliest role of the father. *Int. J. of Psa.* 56, 293–302

Barth-Richtarz, J. (2006): 5 Jahre Obsorge beider Eltern. Eine Bilanz. *FamZ* 1/2006, 43–47

Bettelheim, B. (1975): Kinder brauchen Märchen. München: DTV 1980

Bittner, G. (1981) (Hg.): Selbstwerden des Kindes. Ein neues tiefenpsychologisches Konzept. Fellbach: Bonz

Bittner, G./ Ertle, Ch. (1985) (Hg.): Pädagogik und Psychoanalyse. Würzburg: Königshausen & Neumann

Bittner, G. (1986): Gibt es eine psychoanalytische Pädagogik? *Kind und Umwelt* 50, 34–41

Bittner, G. (1996): Kinder in die Welt, die Welt in die Kinder setzen. Stuttgart/Berlin/Köln: Kohlhammer

Bovensiepen, G./ Hopf, H./ Molitor, G. (2002) (Hg.): Unruhige und unaufmerksame Kinder. Psychoanalyse des hyperkinetischen Syndroms. Frankfurt/M: Brandes & Apsel [2]2004

Brauns-Hermann, C./ Busch, B.M./ Dinse, H. (1997) (Hg.): Ein Kind hat das Recht auf beide Eltern. Neuwied/Kriftel/Berlin: Luchterhand

Datler, W. (1993): Zur Frage nach dem Bildungsbegriff in der Psychoanalytischen Pädagogik. In: Muck/ Trescher 1993

Datler, W. (1995): Bilden und Heilen. Auf dem Weg zu einer pädagogischen Theorie psychoanalytischer Praxis. Mainz: Grünewald

Datler, W. (2003): Erleben, Beschreiben, Verstehen. Vom Nachdenken über Gefühle im Dienst der Entfaltung von pädagogischer Professionalität. In: Dörr/ Göppel 2003, 241–265

Dörr, M./ Göppel, R. (2003) (Hg.): Bildung der Gefühle. Innovation? Illusion? Intrusion? Gießen: Psychosozial-Verlag

Erikson, E.H. (1959): Identität und Lebenszyklus. Frankfurt/M.: Suhrkamp [13]1993

Fatke, R. (1985): »Krümel vom Tisch der Reichen«? Über das Verhältnis von Pädagogik und Psychoanalyse aus pädagogischer Sicht. In: Bittner/ Ertle 1985, 47–60

Figdor, H. (1989a): »Pädagogisch angewandte Psychoanalyse« oder »Psychoanalytische Pädagogik«? In: *JB für Psychoanalytische Pädagogik* 1, Mainz: Grünewald 1989, 136–172

Figdor, H. (1989b): Können neurotische Kinder »pädagogisch geheilt« werden? Pädagogisch relevante Anmerkungen zum Verhältnis von Trieb-, Struktur- und Objektbeziehungstheorie. In: Sasse/Stoellger 1989, 297–304

Figdor H. (1990): Wer nicht erkennen will, muß glauben. Nachträgliches zu Jürgen Körner und Volker Schmid. *JB für Psychonalytische Pädagogik* 2, Mainz: Grünewald 1990, 141–148

Figdor, H. (1991): Kinder aus geschiedenen Ehen: Zwischen Trauma und Hoffnung. Gießen: Psychosozial-Verlag [8]2004

Figdor, H. (1993): Wissenschaftstheoretische Grundlagen der Psychoanalytischen Pädagogik. In: Muck, M./ Trescher, H.-G. 1993

Figdor, H. (1995): Psychoanalytisch-pädagogische Erziehungsberatung. Die Renaissance einer klassischen Idee. *Sigmund Freud House Bulletin Vol.* 19/2/B, 21–87. Wiederaufgelegt in APP Schriftenreihe Nr. 2/1998

Figdor, H. (1997): Scheidungskinder – Wege der Hilfe. Gießen: Psychosozial-Verlag [5]2005

Figdor, H. (2005a): Psychoanalytische Pädagogik und Kindergarten: Die Arbeit mit der ganzen Gruppe. *JB für Psychoanalytische Pädagogik* 15/2005, 97–126

Figdor, H. (2005b): Hat Margaret Mahler doch recht? Die Diskussion über Daniel Sterns Kritik an Margaret Mahlers Loslösungs- und Individuationstheorie. Ein systematischer Überblick. *Z.f. Theorie und Praxis der Psychoanalyse* 4/2005

Figdor, H. (2005c): Elternarbeit in der Instrumental- und Gesangspädagogik. Ein Beitrag zur Kooperation von Musikpädagogik und Psychoanalyse. *Üben & Musizieren* 6/2005, 8–12

Figdor, H. (2006a): Praxis der Psychoanalytischen Pädagogik I. Vorträge und Aufsätze. Gießen: Psychosozial-Verlag

Figdor, H. (2006b): Lässt sich das Kindeswohl quantifizieren? Ein Beitrag zur Diskussion über die Rolle von Sachverständigen bei Trennung und Scheidung. Österr. Richterzeitung: 01/06, 12–23

Figdor, H. (2007): Patient Scheidungsfamilie. Gießen: Psychosozial-Verlag (in Vorbereitung)

Figdor, H./ Barth-Richtarz, J. (2006): Evaluationsstudie über die Auswirkungen der Neuregelung des Kindschaftsrecht-Änderungsgesetzes 2001, insbesondere der Obsorge beider Eltern. Wien: BM. f. Justiz

Freud, S. (1905d): Drei Abhandlungen zur Sexualtheorie. G.W., Bd. 5; StA Bd.V. Frankfurt/M.: Fischer

Freud, A. (1954): Psychoanalyse und Erziehung. In: Die Schriften der Anna Freud. Band V. München: Kindler, S. 1311–1320

Fthenakis, W.E. (1988): Väter. 2Bde. München: DTV

Fürstenau, P. (1979): Zur Psychoanalyse der Schule als Institution. In: Fürstenau, P. (Hg.): Zur Theorie psychoanalytischer Praxis. Stuttgart: Klett 1979

Grieser, J. (1998): Der phantasierte Vater. Zur Entstehung und Funktion des Vaterbildes beim Sohn. Tübingen: ed. diskord.

Gier, A. (1998): Das Libretto – Theorie und Geschichte. Frankfurt/M./Leipzig: Insel 2000

Goldstein, J. / Freud, A./ Solnit, A.J. (1979): Diesseits des Kindeswohls. Frankfurt/M.: Suhrkamp, 1982

Heinemann, E./ Hopf, H. (2006): AD(H)S. Symptome, Psychodynamik, Fallbeispiele, Psychoanalytische Theorie und Therapie. Stuttgart: Kohlhammer

Hofrichter, U. (2005): Stimme und Stimmpädagogik unter tiefenpsychologischen Aspekten. Wien: Diss. an der Univ. f. Musik und darstellende Kunst

Leber, A. (1985): Wie wird man »Psychoanalytischer Pädagoge?« In: Bittner/Ertle 1985

Leikert, S. (2001): Orpheusmythos und Symbolisierung des primären Verlusts: Genetische und linguistische Aspekte der Musikerfahrung. *Psyche* 12/01, 1287-1306

Mahler, M./ Pine, F./Bergmann, A. (1975): Die psychische Geburt des Menschen. Symbiose und Individuation. Frankfurt/M.: Fischer 1980

Muck, M./ Trescher, H.-G. (1993) (Hg.): Grundlagen der Psychoanalytischen Pädagogik. Gießen: Psychosozial-Verlag [2]2001

Petri, H. (1999): Das Drama der Vaterentbehrung. Freiburg i.B.: Herder

Piaget, J. (1959): Das Erwachen der Intelligenz beim Kinde. Ges. Werke 1 (StA), Stuttgart: Klett 1975

Proksch, R. (2002): Rechtstatsächliche Untersuchung zur Reform des Kindschaftsrechts. Köln: Bundesanzeiger-Verlag

Randolph, R. (1990): Psychotherapie – Heilung oder Bildung? Pädagogische Aspekte psychoanalytischer Praxis. Heidelberg: Schindele

Rauchfleisch, U. (1990): Psychoanalytische Betrachtungen zur musikalischen Kreativität. *Psyche* 12/90, 1113–1140

Richter, H.-E. (1963): Eltern, Kind und Neurose. Zur Psychoanalyse der kindlichen Rolle in der Familie. Reinbek: Rowohlt.

Röbke, P. (2000): Vom Handwerk zur Kunst. Didaktische Grundlagen des Instrumentalunterrichts. Mainz: Schott

Röbke, P. (2004): Musikschule – wozu? Atzenbrugg: Volkskultur NÖ

Rotmann, M. (1981): Der Vater der frühen Kindheit – ein strukturbildendes drittes Objekt. In: Bittner 1981

Rotmann, H. (1978): Über die Bedeutung des Vaters in der »Wiederannäherungsphase«. *Psyche* 12, 1105–1147

Sasse, O./ Stoellger, N. (1989) (Hg.): Offene Sonderpädagogik. Innovationen in sonderpädagogischer Theorie und Praxis. Frankfurt/M.: Peter Lang

Scherf, W. (1984): Einführung. In: Grimm, J./ Grimm, W.: Kinder- und Hausmärchen. München: DTV, 5–20

Schmid, V. (1990): Einige Bemerkungen in kritischer Absicht zu H. Figdor: »Pädagogisch angewandte Psychoanalyse« oder »Psychoanalytische Pädagogik«? *JB für Psychoanalytische Pädagogik* 2, Mainz: Grünewald 1990, 122–129

Spitz, R. (1954): Die Entstehung der ersten Objektbeziehungen. Stuttgart: Klett 1957

Spitz, R. (1965): Vom Säugling zum Kleinkind. Stuttgart: Klett

Steinhardt, K./ Datler, W./ Gstach, J. (2002) (Hg.): Die Bedeutung des Vaters in der frühen Kindheit. Gießen: Psychosozial-Verlag

Trescher, H.-G. (1985): Theorie und Praxis der Psychoanalytischen Pädagogik. Mainz: Grünewald ^{3}1979

Trescher, H.-G. (1993): Handlungstheoretische Aspekte der Psychoanalytischen Pädagogik. In: Muck, M./ Trescher H.-G. 1993

Winnicott, D.W. (1971): Vom Spiel zur Kreativität. Stuttgart: Klett-Cotta ^{2}1979

Winterhager-Schmid, L. (1992): »Wählerische Liebe« – Plädoyer für ein kooperatives Verhältnis von Pädagogik, Psychoanalyse, und Erziehungswissenschaft. In: *JB für Psychoanalytische Pädagogik* 4. Mainz: Grünewald 1992, 52–65

Zwettler-Otte, S. (1994): Kinderbuch-Klassiker psychoanalytisch. Erweiterte Neuauflage: Von Robinson bis Harry Potter. Kinderbuch-Klassiker psychoanalytisch. München: DTV 2002

Inhalt von Band 1

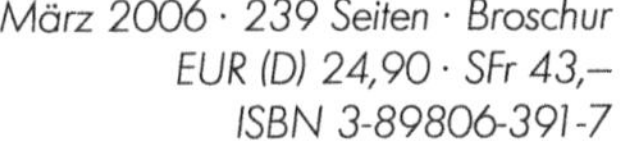

März 2006 · 239 Seiten · Broschur
EUR (D) 24,90 · SFr 43,–
ISBN 3-89806-391-7

Drei- bis sechsjährige Kinder erleben die Welt auf besondere Weise: noch stark bezogen auf primäre Bezugspersonen und verhaftet in magischen Vorstellungen, machen sie vielfältige soziale Erfahrungen in Vorschuleinrichtungen. Die Beziehungen innerhalb der Familie wie auch zu Gleichaltrigen und PädagogInnen in Kindertagesstätten gestalten maßgeblich das Aufwachsen und somit die psychische Entwicklung der Vorschulkinder. In diesem Band wird aus psychoanalytisch-pädagogischer Perspektive der Frage nachgegangen, wie Kinder die vielfältigen sozialen und institutionellen Realitäten erleben und verarbeiten. Zentral wird diskutiert, wie Vorschuleinrichtungen – als erste Bildungsinstitutionen – den kindlichen Bedürfnissen und gesellschaftlichen Anforderungen gerecht werden können.

April 2006 · 228 Seiten · Broschur
EUR (D) 22,– · SFr 38,50
ISBN 3-89806-407-7

Aus unterschiedlichen Perspektiven – der sozialwissenschaftlichen, neurobiologischen, psychoanalytischen und pädagogischen – geht dieser Sammelband der Frage nach, wie Lernen zustande kommt und durch welche Umstände es behindert oder gefördert wird. Der besondere Beitrag der Psychoanalytischen Pädagogik hierzu liegt darin, die für das Lernen wichtigen psychodynamischen Antriebs- und Gefühlskomponenten zur Geltung zu bringen und für die pädagogische Beziehung im Einzelfall handhabbar zu machen.

PsV
Psychosozial-Verlag

Goethestr. 29 · 35390 Gießen · Tel. 0641/9716903 · Fax 77742
bestellung@psychosozial-verlag.de
www.psychosozial-verlag.de

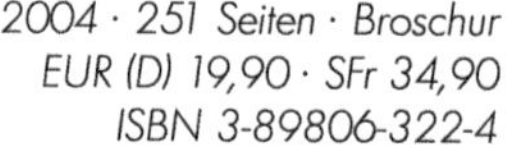

2004 · 251 Seiten · Broschur
EUR (D) 19,90 · SFr 34,90
ISBN 3-89806-322-4

Dass viele Kinder unter der Scheidung ihrer Eltern leiden, dass sie verschiedene Symptome ausbilden, ist heute unbestritten. Wie aber wirkt sich eine Scheidung langfristig auf die psychische Entwicklung aus? Figdor beschreibt die individuell verschiedene Psychodynamik des kindlichen Scheidungserlebens in Abhängigkeit davon, welche Hilfestellung das Kind durch die Umwelt (vor allem die Eltern) erfährt, und kommt zu der Einsicht, dass sichtbare Symptome nichts über tatsächliche Belastung, Bewältigung und langfristige Auswirkungen aussagen.

Dieses Buch ist ein »Reiseführer« in die Seele von Kindern, die von der Scheidung oder Trennung ihrer Eltern betroffen sind, sowie in die Gefühlswelt der Eltern. Es stellt damit zum einen ein theoretisches Grundlagenwerk dar, ist zugleich aber auch ein Ratgeber für Betroffene.

2005 (5. Aufl.) · 272 Seiten · Broschur
EUR (D) 19,90 · SFr 34,90
ISBN 3-932133-09-9

Aufbauend auf seinem ersten Buch über Scheidungskinder führt Figdor hier die vielfältigen Konfliktebenen, die bei Trennungen der Eltern eine Rolle spielen, vertiefend aus.

»Die Lektüre ist ein Gewinn nicht bloß für Scheidungseltern und nicht bloß für Fachpädagogen, sondern für alle, die über die emotionale Welt der Eltern-Kind-Beziehung belehrt sein wollen.«

Saarländischer Rundfunk

Psychosozial-Verlag

Goethestr. 29 · 35390 Gießen · Tel. 0641/9716903 · Fax 77742
bestellung@psychosozial-verlag.de
www.psychosozial-verlag.de

www.ingramcontent.com/pod-product-compliance
Ingram Content Group UK Ltd.
Pitfield, Milton Keynes, MK11 3LW, UK
UKHW040023200726
13854UKWH00001B/327

9 783898 065597